UTE SCHEUE
CHRISTIAN KÜTTNER

Abschied vom Größenwahn

Wie wir zu einem menschlichen Maß finden

Bibliografische Information der Deutschen Nationalbibliothek:
Die Deutsche Nationalbibliothek verzeichnet diese Publikation
in der Deutschen Nationalbibliografie; detaillierte bibliografische
Daten sind im Internet über http://dnb.d-nb.de abrufbar.

© 2020 oekom, München
oekom verlag, Gesellschaft für ökologische Kommunikation mbH
Waltherstraße 29, 80337 München

Lektorat: Laura Kohlrausch, oekom verlag
Korrektorat: Maike Specht
Satz: Ines Swoboda, oekom verlag

Druck: Friedrich Pustet GmbH & Co. KG, Regensburg

ISBN 978-3-96238-205-6

Vorwort
Von Größenwahn und Heilungschancen
9

Einleitung
Größenwahn oder menschliches Maß
15

Widerstandsfähigkeit und Resilienz · Abschied
vom Größenwahn · Größenwahn und Steigerungslogik · Gefangen in der imperialen Lebensweise ·
Die Idee des menschlichen Maßes · Moderne Verfechter
des Maßes · Wo die Vordenker zu kurz dachten ·
Alles ist Körper, alles ist Beziehung · Es gibt
kein Ich an sich · Bewegung als menschliches Maß ·
Das menschliche Maß spricht alle Sinne an · Unbefriedigte
Bedürfnisbefriedigung · Auf der Suche nach
»Genüssamkeit« · Glück gibt es gratis · Die Goldene Regel
als globales Band · Menschengemachte Strukturen
formen Menschen · Verbote helfen beim Maßhalten ·
Das planetarische Maß

Kapitel 1
Ernährung: bio – selbstversorgend – regional
65

Geniale Fähigkeiten von Tieren und Pflanzen · Stakeholder
und Steakhalter · Der agroindustrielle Scheinriese ist
planetenfeindlich und ineffizient · Überwältigende Mehrheit
für die Agrarwende · Eine Selbstversorgung von Großstädten
ist möglich · Regenerative Landwirtschaft · Fleisch oder
fleischlos? · Regeneration der Ökosysteme · Wasser, das
regenerative Lebenselixier · Der Berliner Wasserkörper ·
Vision für das Jahr 2030

Kapitel 2

Lebensorte: verbindend – klimafreundlich – glücklich machend

100

Städte nach menschlichem Maß · Die Mutter aller öffentlichen Plätze · Mikropolitik in der Agora · Medellín – von der Mordmetropole zur Bürgerstadt · Bauen frisst Ressourcen · Einfamilienkisten oder ökosoziale Nachbarschaften · Grünstädte und Blaustädte im Zeichen der Erderhitzung · Städte entscheiden weltweit über Klimaschutz · »Klimanotstand« · Zukunftskommunen sind im Kommen · Wer Straßen sät, erntet Verkehr · Autobahnen und Flughäfen: Einfach nix mehr machen · Vision für das Jahr 2035

Kapitel 3

Wirtschaft: regenerativ – selbstführend – auf das Gemeinwohl achtend

139

Freie Marktwirtschaft ohne Freiheit und Markt · Verantwortungslose Handels- und Handlungsketten · Schädliche Scheinriesen · Weltwirtschaft paradox · Trägheit, Angst und purer Selbsterhalt · Homo oeconomicus oder Homo cooperativus · Selbstgeführte Betriebe · Gemeinwohl-Wirtschaft und Allmende-Verbünde · Lebensfreundliche Technik · Bionik: die Natur als Vorbild · Kosmopolitischer Lokalismus · Dezentrale Energie · Wovor habt ihr Angst? · Vision für das Jahr 2040

Kapitel 4

Gesundheitswesen: heilend – fürsorglich – kommunal

182

Körper, Geist und Seele · Heilkunst besteht aus Verbindung · »Ware Gesundheit« oder wahre Gesundheit · Der Zusammenhang zwischen Gesundheit und Glück · Pflege: ein Vergleich zwischen Deutschland und Skandinavien · »Heilung ist Beziehungskunst« · Vision für das Jahr 2045

Kapitel 5

Demokratie: sinnstiftend – nah – offen

211

Wahldemokratie mit direkter und konsultativer
Demokratie ergänzen · Konsensieren statt Mehrheitsprinzip · Rechtspopulistische Angstbewirtschaftung ·
Die Schweizer Demokratie und die »Gletscherinitiative« ·
Die Imperien werden zerfallen · Kleine Staaten
funktionieren besser · Wie Verwaltungen (nicht)
funktionieren · Alle Macht dem Kleinen · Gemeinden,
Kommunen und Regionen brauchen Selbstbestimmungsrechte · Resonanz zwischen Wählenden
und Gewählten · Europa der Regionen · Weltbürger
und Weltparlament · Globale Charta der Kommunen und
Regionen · Vision für das Jahr 2050

Resümee

Abschied vom Größenwahn

256

Merksätze · ABC der Menschen- und
Planetenfreundlichkeit · Vision für das Jahr 2055 ·
Horizonte eröffnen

Anmerkungen
269

Danksagung & Bildnachweis
283

Vorwort

Von Größenwahn und Heilungschancen

Unsere einzigartige Erde hat in mehr als 100 Millionen Jahren
unglaubliche Vielfalt entwickelt. Menschlicher Größenwahn hat
binnen weniger Jahrhunderte vieles davon zerstört.

Es war einer der größten Fehler in der Menschheitsgeschichte,
die Natur beherrschen zu wollen. Dadurch entstand die »große
Trennung«, die die Menschen von der Natur und die Menschen
untereinander separierte. Epidemien, Klimakrise und Artensterben sind, so riesig jedes dieser Probleme bereits allein betrachtet auch ist, nur Symptome dieser Trennung. Betonierte Städte
beginnen sich zu überhitzen. Überwärmte Meere und begradigte
Flüsse treten irgendwann über die Ufer. Pestizidbesprühte Pflanzen und Insekten sterben aus. Billiarden winziger Lebewesen, die
das lebendige Ökosystem unseres Planeten bilden, bringen zum
Ausdruck, dass sie die Belastungen nicht mehr ertragen. Artensterben und Erderhitzung lassen Eltern verzweifeln, weil sie ihren
Kindern heute nicht mehr das Grundversprechen geben können:
»Euch wird es mal besser gehen als uns.« All das geschieht, weil
wir auch noch den letzten Tropfen Nutzen aus unserem Planeten
herauspressen wollen.

Dieses Buch war bereits fertig geschrieben, als sich Anfang 2020 die Corona-Pandemie über den Globus zu wälzen begann. Es war, als wollte das Virus der Menschheit demonstrieren: Seht her, was ich anrichten kann, wenn ich mich genauso exponentiell vermehre wie euer Wirtschaftswachstum und euer Energie- und Ressourcenverbrauch.

Wie dramatisch die Folgen von Corona noch sein werden, war bei Abschluss des Manuskripts nicht absehbar. Aber schon jetzt zeichnet sich ab, dass die Ereignisse unsere Sichtweise stärker bestätigen, als uns selbst lieb ist: Die größenwahnsinnige Art der Globalisierung führt zu immer neuen Krisen und Katastrophen. »Vielleicht haben wir zu lange geglaubt, dass wir unverwundbar sind, dass es immer nur schneller, höher, weiter geht. Aber das war ein Irrtum«, formulierte Bundespräsident Walter Steinmeier in seiner Osteransprache.

Um den großen Problemen dieser Zeit zu begegnen, bedarf es eines radikalen Umdenkens vom herrschenden Größenwahn. »Mehr vom Gleichen«, also mehr Geld, mehr Großtechnik, mehr Digitalisierung, wird uns nicht retten, es reproduziert die große Trennung nur. Wir brauchen in allen Lebensbereichen neue Systeme mit resilienten Strukturen: kleinteilig, selbstorganisiert, lokal angepasst, menschen- und planetenfreundlich. Ernährung, Stadt- und Landleben, Wirtschaft, Gesundheit, Politik – überall muss ein radikales Umdenken geschehen, weg vom HöherSchnellerWeiter, weg von der »Degeneration« hin zu einer neuen »Regeneration«. Im Deutschen haben wir dafür das wunderschöne Wort »Heilung«.

In diesem Buch begeben wir uns auf der Suche nach dem verschütteten menschlichen und planetenfreundlichen Maß, das uns krisenfest macht und Orientierung gibt, um Heilung in allen Lebensbereichen zu bewirken. Diese Suche ist wie Gartenarbeit: Wenn wir erst einmal anfangen umzugraben und dabei die unglaubliche Vielfalt des Lebens in jedem Quadratmeter Muttererde entdecken, dann begreifen wir, wie im Kleinen das Große möglich wird.

Heilung und Resilienz sind möglich, und sie liegen in der Wieder-Verbindung, in der Aufhebung der großen Trennung. Das geschieht dann, wenn wir der Natur zuhören und von ihrem unendlichen Variationsreichtum an Stoffwechsel-Lösungen lernen. Wenn wir neuen Beziehungsreichtum zwischen uns Menschen entwickeln. Und wenn wir uns als biologische Wesen wiederentdecken, die ein menschliches und planetenfreundliches Maß in sich tragen, das ohne Ausbeutung von der Fülle der Welt leben kann.

Wir sind uns sicher, dass es trotz allem noch Optimismus, Mut und Hoffnung gibt, wie sie Vaclav Havel definierte: »Hoffnung ist nicht die Überzeugung, dass etwas gut ausgeht, sondern die Gewissheit, dass etwas Sinn hat, egal, wie es ausgeht.« Oder sollen wir besser die männliche Endung von Optimismus in »Optimisma« ändern? Dafür muss man die Wikipedia-Definition von Optimismus leicht anpassen: »Optimisma ist eine Lebensauffassung, in der ich alles mit weiblichem Mut von der besten Seite betrachte; sie bezeichnet eine heitere, zuversichtliche und lebensbejahende Grundhaltung, eine philosophische Auffassung, wonach in unserer Welt sich vieles zum Besseren entwickelt.«

Optimisma soll also nicht heißen, dass alles gut wird – das wissen wir nicht. Optimisma soll nicht heißen, dass Frauen jetzt mal schnell den Dreck wegmachen, den Männer in den letzten 200 Jahren hinterlassen haben, oder dass Frauen »gut« und Männer »böse« seien. Der Begriff »Optimisma« soll alle Menschen ermuntern, stärker ihre weiblich-fürsorgliche Seite zu entwickeln und zu leben.

Kalte und warme Sprache

Wir bemühen uns in diesem Buch, kalte Begrifflichkeiten aus Ökonomie und Wissenschaft durch warme, lebendige Wörter zu ersetzen. Abstrakte Begriffe wie »Infrastruktur« versuchen wir zu vermeiden, auch wenn uns das nicht immer gelingt. Ebenso alles Aggressive, das aus dem Militär kommt oder damit assoziiert werden könnte: »aus der Schusslinie bringen«, »Zielgruppe« oder »die

Bombe hochgehen lassen«. Begriffe wie »Naturkapital«, »Ökosystemdienstleistungen« oder »sozialökologische Transformation« werden Sie hier nicht finden. Die ersten beiden finden wir scheußlich, weil sie Lebendiges verdinglichen. Natur ist Natur, also ein Selbstzweck, und kein »Kapital« und keine »Dienstleistung« am Menschen. Und die »sozialökologische Transformation« klingt entgegen den Absichten ihrer Erfinder bedrohlich, weil sie an Transformatoren von Hochspannungsleitungen erinnert. Wir verwenden stattdessen den Begriff »ökosozialer Umbau«.[1]

Zu einer guten Sprache gehört auch, dass sie geschlechtergerecht ist. Viele neue Formen mit Gendersternchen oder Unterstrichen lesen sich jedoch holprig und umständlich. Wir verwenden stattdessen neutrale Formen: Lehrkräfte, Beschäftigte, Jugendliche. Oder abwechselnd männliche und weibliche Formen, also »Bauern und Gärtnerinnen« oder »Dichter und Denkerinnen«.

Auch Metaphern aus dem mechanischen Zeitalter versuchen wir zu vermeiden. Gedanken und Gefühle bestehen nicht aus Daten, sondern enthalten Stimmungen, Gerüche, Bilder und vieles mehr. Wir bemühen uns zudem, Begriffe aus der biologischen, sozialen oder technischen Welt nicht zu vermengen, also Dinge nicht zu vermenschlichen und Menschen nicht zu vertieren oder zu verdinglichen. Denn in der Geschichte wurde viel Unheil angerichtet, indem Minderheiten mit Tieren gleichgesetzt wurden (»Parasiten«, »Ungeziefer«, »Drecksäue«) und biologische Körper mit Gemeinwesen (»Volkskörper«).

Auch so mancher positiv gemeinte Begriff ist problematisch. Die »Umwelt« heißt für uns »Mitwelt«, weil sie aus Lebewesen mit eigenen Rechten und eigener Würde besteht und nicht zur reinen Umgebung von Menschen entwürdigt werden sollte. »Commons« kann man mit dem schönen alten Wort »Allmende« beschreiben, denn auch Wikipedia oder Computerprogramme mit offenen Quellen sind im übertragenen Sinne gemeinsam genutzte Wiesen und Weiden. Und die eher negativ besetzte »Globalisierung« wollen wir ersetzt sehen durch den positiven Gedanken der »Planetarisierung«.

Wir reden auch nicht von der »Nachhaltigkeit«, die von Konzernen und PR-Abteilungen bis zur Unkenntlichkeit ausgewaschen wurde, sondern von »Resilienz«, »Regeneration« und »Heilung«. Mensch und Natur sind durch jahrhundertelange Ausbeutung inzwischen so schwer beschädigt, dass es nicht mehr ausreicht, »nachhaltig« weitere Schäden zu vermeiden. Es geht um weit mehr: um Regeneration statt Degeneration, um das Heilen von Wunden, die der extraktive Größenwahn in den Planeten und ausgebeutete Menschenmassen schlug. Im Wort »ReGeneration« stecken zudem die kommenden Generationen, die ebenso wie wir das Recht haben, auf einer intakten Erde zu leben. Konzeptuell ist hier auch die zumeist von Frauen verrichtete unbezahlte Care-Arbeit enthalten, also Haushaltsführung, Kochen, Eigenversorgung, Kindererziehung und Pflege von Älteren – eben all das, was zur täglichen Regeneration von Körper und Seele nötig ist.

Menschen lieben Geschichten

Weil Menschen Geschichten lieben, versuchen wir am Ende jedes Abschnitts, eine Vision zu entwickeln, um das jeweilige Thema als Geschichte zu erzählen und damit sinnlicher und anschaulicher zu machen. Und um »Möglichkeitsräume« aufzumachen. Denn alles Menschenmögliche, den Menschen Mögliche, passiert zweimal: das erste Mal in Gedanken, das zweite Mal in Wirklichkeit. Unsere erste Vision zum Thema Welternährung bezieht sich auf das Jahr 2030, bis wir im Resümee am Ende im Jahr 2055 landen. Wir sind überzeugt davon, dass die Menschheit eine Wirtschaft und Landwirtschaft ohne Abfall und Ausbeutung entwickeln kann. Diese neue Ökonomie wird zusammen mit neuen regionalen Demokratien dafür sorgen, dass es ökosozial und gerecht für alle zugeht. Das alles wird kleinteilig sein, demokratisch, dezentral, selbstorganisiert – eben nach menschlich-sinnlichem Maß, eingebettet in ein planetarisches Bewusstsein.

Einleitung

Größenwahn oder menschliches Maß

Wer wagt es, sich donnernden Zügen entgegenzustellen?
Die kleinen Blumen zwischen den Eisenbahnschwellen.

ERICH KÄSTNER

Gigantisch ist der Mann, der da in der Wüste aufragt. Er ist von so ungeheurer Größe, dass selbst ein Gebirge neben ihm streichholzschachtelklein wirkt. Jim Knopf und Lukas der Lokomotivführer, die auf der Lok »Emma« durch die Wüste tuckern, bekommen einen gehörigen Schreck. Und noch wunderlicher wird die Sache, als der Riese mit dem Strohhut und dem langen weißen Bart sich ihnen nähert und dabei bei jedem Schritt kleiner wird. Hundert Meter entfernt ist er nur noch so hoch wie ein Kirchturm, fünfzig Meter weg wirkt er bloß noch so hoch wie ein Haus, und als er neben ihnen steht, ist er sogar kleiner als Lukas. »Mein Name ist Tur Tur«, stellt er sich vor.

Der Autor Michael Ende hat in seinem Kinderbuch »Jim Knopf und Lukas der Lokomotivführer« dieses eindrückliche Bild gezeichnet, das viele moderne Phänomene auf den Punkt bringt: Ein Scheinriese schrumpelt beim Näherkommen zu einem natürlichen Maß zusammen. Zuerst beeindruckt er zwar durch seine schiere Größe, aber die ist eben nur scheinbar, mit nichts dahinter. Seine Macht beruht nur auf Anschein. Betrachtet man ihn aus der Nähe, ist er auf ein menschliches Maß geschrumpft.

In unserer Welt gibt es jede Menge realer Scheinriesen, allerdings sind sie leider selten so freundlich wie Tur Tur: gigantische Ölkonzerne und marktbeherrschende Agrounternehmen, Hegdefonds, Großbanken, Chemie- und Pharmakonzerne, Versicherungen, Internetriesen ... Auch wir könnten unsere Sehgewohnheiten ändern und sie als das sehen, was sie wirklich sind. Dazu müssen wir nur unsere Augen auf einen historischen Horizont einstellen. Dann sähen wir klar und deutlich: Alle Riesen, die aus menschengemachten Organisationen bestehen, sind Scheinriesen. Imperien, Weltreligionen, Großmächte, transnationale Konzerne, Großbanken, Institutionen – egal: Beim Näherkommen zeigt sich, dass sie in Wirklichkeit entweder immer schon aus lauter kleinen Einheiten bestehen oder mit der Zeit in solche zerfallen werden. Oder gänzlich zu Staub. Irgendwann, früher oder später. Ausnahmslos!

Die modernen Naturwissenschaften legen den Trugschluss nahe, die Welt und ihre Wesen funktionierten wie Maschinen; selbst der Psychoanalytiker Sigmund Freud sprach gerne vom »seelischen Apparat« und »Trieben«, die Dampfkesseln ähneln. Heute, im Zeitalter der Computer, sehen viele die Welt als mechanischen Speicher und Gehirne als Festplatte. Das führte zu dem Irrglauben, man müsse auch Unternehmen, Institutionen und Staaten als zentral gesteuerte mechanische oder digitale Apparate aufbauen, möglichst groß, damit sie optimal funktionieren.

Das könnte falscher nicht sein. Denn in allererster Linie leben wir in komplexen vernetzten Ökosystemen und bestehen selbst aus komplexen vernetzten Ökosystemen. Der Mensch ist keine Maschine! Zentral gesteuerte Organisationen und mechanisch gesteuerte Prozesse laufen daher nicht nur unserer Mitwelt zuwider, sondern auch der menschlichen Natur. Wenn wir Landwirtschaft, Städte, Wirtschaft, Technik und Demokratie dagegen nach dem Modell lebendiger Selbstorganisation gestalten, wird es der Menschheit und dem Planeten am Ende entschieden besser gehen.

Wir sind überzeugt: Das Zeitalter des Zentralismus, der Großindustrie und der Großorganisationen geht zu Ende. Nicht nur, weil es uns – wie Covid-19 zeigte – höchst krisenanfällig macht. Nicht nur, weil unendliches Wachstum auf einem endlichen Planeten unmöglich ist. Nicht nur, weil die Klimakatastrophe einen ökosozialen Totalumbau erfordert. Sondern auch, weil die Menschheit mit Bionik, bestimmten dezentralen Internetanwendungen und erneuerbaren Energien über neue Techniken verfügt, die die Genialität der Natur und ihrer selbstorganisierten Ökosysteme nachahmen. Diese könnten weltweit einen weitgehend krisenfesten »kosmopolitischen Lokalismus« möglich machen, wie der Soziologe Wolfgang Sachs das nennt.

Widerstandsfähigkeit und Resilienz

Kosmopolitischer Lokalismus bezieht sich gedanklich gleichzeitig auf die Erde als Krume unter den Füßen und auf die Erde als ganzen Planeten. Praktisch gesehen, geht es um die Schließung von Stoffkreisläufen, die Förderung von Regionalwirtschaft und die Pflege nachbarschaftlicher und kooperativer Netzwerke. Oder in den Worten von John Maynard Keynes: »Ideen, Wissen, Kunst, Gastfreundschaft, Reisen sind Dinge, die ihrer Natur nach international sein sollen, aber lasst Güter in der Heimat herstellen, wann immer es sinnvoll und praktisch möglich ist.«[2] Im Gegensatz zu herkömmlicher Industrie mit ihren zentralisierten Fabriken und Kraftwerken funktionieren solche Netze ganz ähnlich wie zellulare Netzwerke von Organismen. Sie wachsen auch in ähnlich organischer Weise – und beenden ihr Wachstum, sobald es ab einer bestimmten Größe dysfunktional wird.[3] Energie und Güter können auf diese Weise an den lokalen Bedarf angepasst produziert werden, was jede Menge Treibhausgase spart. Denjenigen Unternehmen und Institutionen, die sich nach dem Vorbild der Natur lebendig und kleinteilig organisieren, gehört die Zukunft.

Die rasend schnelle Verbreitung des Coronavirus über die globalen Flug- und Handelsrouten hat deutlich gemacht, wie verletzbar die Menschheit durch die Hyperdynamik der Globalisierung geworden ist. Plötzlich waren Alltagsgüter nicht mehr zu kaufen, weil die »Werkbank der Welt« in China weitgehend stillstand. Medikamente und Masken waren nicht mehr lieferbar, weil sie aus Kostengründen dort hergestellt werden.

Lokale, selbstorganisierte Systeme sind wesentlich besser gegen Krisen und Katastrophen gewappnet, sie sind »resilient«. Der Begriff stammt von dem lateinischen Verb »resilire« ab und bedeutet »abprallen«, »zurückspringen«, aber interessanterweise auch »schrumpfen«. Im Ingenieurswesen werden damit hochelastische Materialien bezeichnet, die nach einem Aufprall oder einer Verformung wieder ihre ursprüngliche Form annehmen. Die Psychologie meint damit Menschen, die unter extremen Bedingungen aufwuchsen – Armut, Diskriminierung, Krieg, Flucht – und dennoch später zu lebenszufriedenen Erwachsenen wurden, weil sie widerstandsfähig, belastbar, anpassungsfähig, aufmerksam, neugierig und voller Selbstvertrauen waren.

Der kanadische Ökologe Crawford Stanley Holling dehnte den Begriff der Resilienz 1973 auf die Ökologie aus. Resilienz sei hier die Fähigkeit eines Ökosystems, auch bei externen Störungen weiter zu funktionieren. Je mehr Störungen ein System aushalte und abfedere, desto resilienter sei es. Später unterschied Holling ökologische Resilienz von Ingenieurs-Resilienz am Beispiel eines Schutzwaldes. Wenn viele Bäume absterben, sei der Wald als Ökosystem noch nicht bedroht. Handele es sich aber um einen Schutzwald oberhalb eines Dorfes, ginge durch den Verlust der Bäume vielleicht trotzdem dessen Schutzfunktion verloren. Die ökologische Resilienz wäre in diesem Fall eine andere, höhere als die Ingenieurs-Resilienz der Funktion für den Menschen.

In der Landwirtschaft zieht ökologische Resilienz oft Ingenieurs-Resilienz nach sich: Eine artenreiche Weide oder ein Acker voller unterschiedlicher Feldfrüchte übersteht eine Dürrezeit wesentlich besser als ein Feld monokultureller Pflanzen, die alle gleich schnell vertrocknen. Zudem hilft ein resilientes Ökosystem, das Nährstoffe dauerhaft in den Boden bringt, auch in Zukunft die Ernte zu sichern.

Der Wunsch nach resilienten Systemen wird immer größer, je mehr die Krise zum Dauerzustand wird. Finanzkrise, Eurokrise, Flüchtlingskrise, Demokratiekrise, Klimakrise, Hungerkrise, Wasserkrise, Coronakrise – in den letzten Jahren ist die Krise der neue Normalzustand geworden. Kein Wunder also, dass der Begriff »Resilienz« auch in wirtschaftspolitischen Konzepten, etwa denen der EU, vermehrt auftaucht. Die Zukunftsforscher Stephan Rammler und Felix Beer sehen Resilienz zusammen mit Zukunftsfähigkeit gar schon als »Leitkonzept des 21. Jahrhunderts«. Weil »die wiederholte Störung des Gleichgewichts« der Normalfall geworden sei, sei Resilienz nicht technisch-statisch zu sehen, sondern als Fähigkeit, sich anzupassen und »ständig neu zu erfinden«, also die Institutionen und Systeme bei vollem Betrieb zu transformieren – wie auf einem Schiff, das »bei vollem Seegang umgebaut« werde.[4]

In der Coronakrise zeigte sich indes, dass unsere heutige Wirtschaft und unser Gesundheitswesen eben nicht resilient sind. Sie leiden an den größenwahnsinnigen Wachstumsfantasien ihrer Macher und Manager sowie an Monokulturen und Oligopolen wie Großbanken, Internet-»Superstars«, marktbeherrschenden Auto- und Flugzeugbauern, Pharmakonzernen und Finanzfonds, die Kliniken und Pflegeheime aufgekauft haben.

Ein »artenreiches« resilientes wirtschaftliches Ökosystem bestünde vor allem aus kleinen und mittleren Unternehmen, Genossenschaften sowie öffentlichen und kommunalen Betrieben der Daseinsfürsorge. Kleinere Länder, die Alltagsgüter wie Essen, Kleidung, Energie und Gebrauchsgegenstände selbst erzeugen und ein kommunales Gesundheitssystem betreiben, sind wesentlich krisenfester.

Das Stockholm Resilience Centre hat es sich zur Aufgabe gemacht, mit seinem Konzept der »Planetarischen Grenzen« die Widerstandsfähigkeit des Planeten zu erforschen und zu erhalten, indem es Mensch und Natur zusammendenkt. Es definiert auf seiner Webseite: »Resilienz ist die Kapazität eines Systems – ob Individuum, Wald, Stadt oder Wirtschaft –, mit Veränderungen umzugehen und sich weiterzuentwickeln.«[5] Kernelemente einer resilienten Gesellschaft seien Diversität; Redundanz (Doppelmoppelschleifen); vielfältige Beziehungen und reichhaltige Vernetzungen; ein systemisches Zusammenspiel der Teilbereiche; Lernfähigkeit; Partizipation und Ko-Kreation sowie dezentrale Steuerungsprozesse. Auf viele Beispiele, die wir in diesem Buch schildern, treffen diese Kriterien zu.

Biologen und Systemtheoretikerinnen weisen darauf hin, dass die resilientesten Systeme durch Selbstschaffung und Selbstorganisation entstehen. Ob Moleküle, Zellen, Fischschwärme, Computernetze oder Versorgungsstrukturen: Kleine, modulare, miteinander vernetzte Systeme können sich hierarchiefrei selbst steuern und auf Gefahren schnell und situationsangepasst reagieren. Sie brauchen nicht auf Befehle von oben zu warten, sondern verständigen sich untereinander, von Gleichgestellten zu Gleichgestellten, Peer to Peer (siehe Abbildung Seite 63 unten).

Resilienz hängt auch eng mit der internen Vielfalt und Fehlerfreundlichkeit eines Systems zusammen. Beim Ausfall einer Art kann bei ausreichender Vielfalt eine andere deren Aufgabe übernehmen und Fehlfunktionen ausgleichen. Das ist in ökologischen Systemen genauso wie in Wirtschaft und Politik. Laut »Diversity«-Forschung sind Belegschaften umso erfolgreicher, je bunter ihre Zusammensetzung in punkto Geschlecht, Alter, Klasse und Herkunft ist. In der Politik gilt das genauso – nur ist die Erkenntnis leider noch nicht bis in die Breite des Bundestags vorgedrungen. Rund 70 Prozent der Abgeordneten sind Männer, etwa 20 Prozent Juristen – ein ziemlich öde, fast monokulturelles Feld.

Abschied vom Größenwahn

All die Großstaaten und ihre Zentralverwaltungen, so wagen wir zu prognostizieren, werden irgendwann in Zukunft Macht abgeben und Verantwortung dezentralisieren, oder sie werden auseinanderfallen. Das legt schon ein Blick in die Vergangenheit nahe: Ein Hundertjähriger von heute hat noch erlebt, dass nach Ende des Ersten Weltkriegs vom Osmanischen Reich und von Österreich-Ungarn nur noch ein Restchen übrig blieb. Der Zweite Weltkrieg schrumpfte Deutschland klein. Es wurde nach der Wiedervereinigung zwar wieder etwas größer, doch dafür zerfielen Jugoslawien und das riesige Sowjetreich. Inzwischen versucht Russland wieder Stärke durch Größe zu zeigen, aber es sieht nicht danach aus, als könne Putins Zentralverwaltung die enormen ökonomischen und ökologischen Probleme der kommenden Jahre von Moskau aus meistern.

Die Gründe für das Auseinanderfallen von Großmächten sind komplex, höchst unterschiedlich und natürlich nicht auf einen Nenner zu bringen. Dennoch fällt in der Tendenz auf: Die Anzahl der Staaten nimmt zu, weil Großreiche zerfallen. Seit 1878 ist die Zahl der Staaten in Europa und in der Welt »ständig gestiegen, von 1900 bis heute in Europa von 22 Staaten auf 50 und weltweit von 50 auf 195 Staaten. Im 20. Jahrhundert entstand alle neun Monate ein neuer Staat«, schreibt der Historiker Egbert Jahn.[6]

Womöglich wird auch das einst so imperienstolze Großbritannien bald schrumpfen, weil Schottland und Wales nicht mehr zu den »Brexiteers« gehören wollen und Irland sich vielleicht mit Nordirland wiedervereinigt. Großbritannien spielt im internationalen Fußball schon lange mit vier Nationalmannschaften: England, Nordirland, Schottland und Wales. Beschleunigt die Brexit-Bewegung vielleicht nur eine historische Entwicklung, die aus Großbritannien mit seinen 66 Millionen Menschen vier bis sechs Staaten regionaler Größe entstehen lässt?

Unabhängig von möglichen Staatsteilungen ändert sich zudem die Bedeutung einzelner Nationen. Weil die »fossile Ära« zu Ende geht, wird sich nach einer Studie einer hochrangigen Kommission der International Renewable Energy Agency (IRENA) das Machtgefüge in Weltpolitik und Weltwirtschaft umkrempeln.[7] Investoren haben im Zuge der »Divestment«-Bewegung jetzt schon sagenhafte elf Billionen Dollar aus fossilen Branchen abgezogen und investieren in erneuerbare Energien. Alle Länder, für die Energiedaten vorliegen, sind in der Lage, sich komplett selbst mit Ökostrom zu versorgen. Dadurch werden Handelsrouten für Öl und Gas unwichtiger, etwa die Straße von Hormus oder russische Gaspipelines. Die »Petrostaaten« – Saudi-Arabien, Irak, Iran, Libyen und andere – verlieren an Macht, das OPEC-Kartell der Ölproduzenten könnte auseinanderfallen. Nationen, die auf grüne Technik setzen, gewinnen hingegen deutlich an Einfluss. In der EU würden die Energiekosten um bis zu zehn Prozent fallen, wenn ihre Mitgliedsstaaten Ökostrom produzierten und über eine EU-weites intelligentes Stromnetz verteilten. Jenen Staaten, die sich rechtzeitig umstellen, winken Milliardengewinne durch grüne Technik. »Die Transformation wird bemerkenswerte Vorteile und Möglichkeiten erzeugen. Sie wird die Energiesicherheit und Energieunabhängigkeit der meisten Länder stärken; Wohlstand und Jobs schaffen; Ernährungs- und Wassersicherheit befördern sowie Nachhaltigkeit und Gerechtigkeit verbessern«, heißt es am Ende der Studie. Die Anzahl von Konflikten um Öl & Co werde zurückgehen, und Macht werde zunehmend dezentralisiert und verteilt.

Ein Auseinanderfallen droht auch transnationalen Konzernen. Heute machen die Deutsche Bank, RWE, Bayer sowie VW und andere Autokonzerne vor, was irgendwann allen blüht: Sie werden entweder gänzlich kaputtgehen oder sich kleinteilig reorganisieren. Diese Riesen, einstmals Herzstück der deutschen Industrie, zeigten bereits vor der Coronakrise mit Kursabstürzen und strategischer Ratlosigkeit, dass sie nur Scheinriesen sind. Die Deutsche Bank verkalkulierte sich mit Finanzspekulationen und schmutzigen Geschäften. RWE wollte lange nicht einsehen, dass eine zentrale Energieversorgung mit Kohle und Atom in der Klimakrise keine Zukunft hat. Laut Monitoring-Bericht der Bundesnetzagentur sinkt jedoch der Anteil der konventionellen Stromerzeugung stetig und damit auch die Macht der alten Energieriesen.[8] Bayer schließlich wollte nicht glauben, dass Monsantos Glyphosatprodukte giftig sind und die Aktienwerte des Unternehmens schwer belasten. VW, Daimler, BMW und Co. manipulierten in krimineller Weise

Abgasnormen und weigerten sich einzusehen, dass Benziner und Dieselautos nicht zukunftsfähig sind; jetzt zahlen sie die Zeche in Milliardenhöhe.

In all diesen Fällen hatten die Führungsfiguren dieser Riesenkonzerne massive Wahrnehmungsstörungen. Sie konnten sich einfach nicht vorstellen, Scheinriesen zu sein. Umgeben von willfährigen Beratern, die zu feige sind, ihren Chefs zu widersprechen, glauben sie, dass sie mit schädlichen Produkten und Produktionsweisen weiterhin erfolgreich sein werden – einfach weil sie es in der Vergangenheit auch waren. So, wie es war, muss es immerdar sein.

Aber alle zentralisierten, autoritären und hierarchischen Organisationen sind von gestern und vorgestern. Sie schädigen massiv Mensch und Natur. Sie behindern das kreative Denken ihres Personals. Sie verschleudern die von ihren Beschäftigten erarbeiteten Werte.

Die Jugendlichen von »Fridays for Future« sehen die Prioritäten weitaus klarer. Greta Thunberg fragte: »Warum sollen wir in die Schule gehen, wenn wir keine Zukunft haben?« Und Franziska Wessel aus Berlin formulierte einen scheinbar selbstverständlichen, aber doch so gefährdeten Wunsch: »Ich möchte überleben. Wir möchten, dass die Menschheit überlebt.« Das wird nur möglich sein, wenn die Welt sich von der wachstumsfixierten und deshalb größenwahnsinnig gewordenen Ökonomie verabschiedet. Aus unserem *ego*zentrischen Weltbild könnte – formal durch den Tausch von bloß zwei Buchstaben – ein *geo*zentrisches werden, wie der Arzt und Autor Christoph Zink vorschlägt.[9] Ökologie contra Ökonomie: Wenn die Menschheit auf dem Planeten überleben will, brauchen wir die Verwandlung des jetzigen degenerativen Wirtschaftssystems in ein neues, regeneratives.

Wir alle sind aufgerufen, liebevolle Sterbebegleitung des alten Systems zu leisten, und dieses Buch will dazu seinen kleinen Beitrag leisten.

Größenwahn und Steigerungslogik

»Größer, schneller, weiter!«, so lautet das Motto der Moderne, das Wirtschaft und Gesellschaften weltweit antreibt. Ihre drei obersten Götter heißen Geld, Bürokratie und Technik, und alle drei sind höchst gefräßig. Sie kriegen nie genug, sie wollen mehr, mehr, mehr. Obwohl eigentlich Produkte menschlicher Gehirne, haben sie uns unterjocht und sind zum Selbstzweck mutiert.

Geld will zu mehr Geld werden: Transnationale Konzerne fressen sich durch die Ressourcen des Planeten und verwandeln seine lebendigen Landschaften in totes Kapital. Die Bürokratie will stets mehr verwalten und muss deshalb immer größer werden. Und weil sie mit zunehmender Größe immer komplexer, unüberschaubarer und ineffizienter wird, verlangt sie nach noch mehr Ressourcen und Menschenmaterial. Der Verwaltungsaufwand, die Verwaltung zu verwalten, wird größer und größer. Das gilt auch für ihre elektronische Variante: Digitalisierung wird zwar als Rationalisierung und Effizienzsteigerung gepriesen, verlangt aber de facto nach immer mehr Geräten, Maschinen, Netzen, Programmierarbeit, Sicherheitsüberprüfungen, externen Firmen, Apps, Wartungsarbeiten, Reparaturen, Dokumentationspflichten etcetera. Technik braucht immer mehr Technik, um mit ihren eigenen unabsichtlichen Folgen fertigzuwerden, und wuchert dabei unentwegt weiter.

Begonnen hat dieses dem Zweck entkoppelte Wachstum im 16. Jahrhundert in England mit der Einhegung und Privatisierung der Allmenden. Kleine Leute wurden von ihren Gemeinschaftswiesen, -wäldern und -weiden in die Städte vertrieben, hatten nichts mehr zu essen und mussten sich als Tagelöhner verdingen. Der Wirtschaftssoziologe Karl Polanyi definierte diesen Prozess als »Große Transformation« und »Entbettung« der Wirtschaft aus der Gesellschaft. Die politisch gewollte Zulassung sogenannter freier Märkte für die »fiktiven Waren Arbeit, Boden und Geld« habe dazu geführt, so Polanyi, dass sich eine »Marktgesellschaft« mit industriellen und nationalstaatlichen Strukturen herausbildete.[10] Die Ökonomie dominierte nunmehr das Soziale und nicht mehr die Gesellschaft die Wirtschaft. Kauf- und Tauschprozesse begannen die sozialen Beziehungen zu ersetzen.

Mit dieser Wirtschaftsweise hat sich die Menschheit ein System erschaffen, das als Herrschaft des Menschen über die Natur gedacht war, sie aber inzwischen selbst versklavt hat. Denn es funktioniert nur, wenn Geld durch immer mehr Produktion und Waren zu noch mehr Geld wird. Und damit wurde das Geld zum neuen Gott: körperlos, allmächtig, universell gültig. Es will angebetet werden, scheinbar golden in alle Ewigkeit strahlen, unabhängig von Raum und Zeit. Früher ging man in Tempel, heute in Konsumtempel. Früher ging man in Frühmessen, heute in Verkaufsmessen. Früher musste man dort seine Schuld beichten, heute muss man seine Schulden begleichen, in Privathaushalten oder Staaten. Früher waren Kirchen der herrschende Mittelpunkt von Dörfern und Städten, heute sind es Bankhäuser, die die Citys beherrschen. In Manhattan oder Frankfurt am Main ragen Silhouetten der Banken längst höher als Kirchtürme in die Wolken. Das Geld strebt in den Himmel und reißt alles mit. Alles muss wachsen und umschnüren, alles muss größer, schneller und gewichtiger werden, weil sonst Kredite und Schulden nicht mehr bezahlt werden können und das Wirtschaftswachstum zum Erliegen kommt.

Die der Wirtschaft innewohnende Steigerungslogik hat die Loslösung der Finanz- von der Realwirtschaft bewirkt und ihre Entkoppelung von den ursprünglich wesentlich bescheideneren menschlichen Grundbedürfnissen. Alles wächst in die Höhe und Breite: Konzerne und Organisationen, Flugzeuge, Flughäfen, Bankkonten, Autos, Häuser, Maschinen, Fernseher, Kühlschränke und ihr Inhalt. Nur wer sich im Raum ausdehnt, überlebt. Womöglich gibt es deshalb zum ersten Mal in der Menschheitsgeschichte mehr Übergewichtige als Unterernährte, ganze 1,2 Milliarden. Mehr als zwei Drittel der US-Amerikaner, vor allem die männlichen, sind übergewichtig bis fettleibig.[11]

Für diese Expansion mag es eine Rolle spielen, dass ein Teil unseres Gehirns immer noch im Steinzeitmodus funktioniert. Wir lieben es, groß zu sein und einen Überblick darüber zu haben, ob irgendwo in der Steppe ein feindliches Raubtier lauert. Deshalb wohl unsere Vorliebe für Herausragendes und Hochstehendes, für Kathedralen oder Wolkenkratzer. Wir lieben es auch, schnell zu sein, damit wir hungrigen Löwenmäulern entkommen. Daher vielleicht unser Hochgefühl, wenn wir in schnittigen Sportwagen über die Autobahn peitschen. Und unser Verdauungssystem liebt Fett und Süßes, das es in der Bauchgegend als Rettungsring für kommende Nahrungskrisen anlegt.

Männer liegen hier vorne, wie auch in anderen Bereichen. Wer hat den Längsten? Das ist ein uraltes Spiel unter Jungs. Wohl deshalb ist unter den Milliardären dieser Welt ein Wettkampf ausgebrochen, wer die längste Jacht hat. Sieger war zwischenzeitlich die »Eclipse« von Roman Abramowitsch mit 162,5 Metern. Damit übertrumpfte sie den Kahn des Emirs von Dubai um 50 Zentimeter. Abramowitsch scheiterte jedoch beim Versuch, im Hafen der Stadt Antibes an der Côte d'Azur anzulegen, weil die »Eclipse« an keine Anlegestelle mehr passte.[12] Inzwischen hat sich ein Mitglied einer arabischen Königsfamilie mit der 180 Meter langen »Azzam« ein noch unpraktischeres Boot zugelegt.[13] Man muss aber nicht einmal zu den Reichsten der Reichen schauen, um solch absurde Phänomene zu beobachten – da reicht ein Blick aus dem Fenster. Denn oft passen auch die mehrheitlich von Männern gefahrenen SUVs nicht mehr in Parkbuchsen oder Autowaschanlagen.[14]

Auch Hochhäuser folgen dieser Logik. Nach dem »Wolkenkratzer-Index«, den der Ökonom Andrew Lawrence 1999 entwickelte, fällt die Fertigstellung des jeweils höchsten Gebäudes der Welt mit ökonomischen Krisen zusammen.[15] So brach die Börsenpanik von 1908 nach Vollendung des Singer Buildings in New York aus; dem Chrysler und dem Empire State Building folgte die Weltwirtschaftskrise von 1929; dem Bau des World Trade Center die Stagflation von 1973; der Fertigstellung der Petronas Towers in Kuala Lumpur die Asienkrise von 1997; dem Burj Khalifa in Dubai die Finanzkrise von 2008; dem Shanghai Tower 2012 die Turbulenzen in China. Zur Begründung dieses seltsam anmutenden Zusammenhangs verweist der Ökonom darauf, dass die Rekordbauten stets im Boom und Geldüberfluss als Denkmäler der Epoche geplant wurden. Kurz nach diesem Boom überschritt die Wirtschaftsentwicklung stets ihren Höhepunkt, es folgte der Niedergang.

Lawrence hat allerdings die psychoanalytische Komponente übersehen: Wenn sich Staatsführer mit Omnipotenz-Bauten zu überbieten versuchen, erinnert das ebenfalls an die Spiele kleiner Buben. Die Nase oder andere Organe vorn hat derzeit übrigens ausgerechnet der zerfallende Staat Irak, der in Basra The Bridge plant; jene »Brücke« soll demnächst 1.152 Meter hochsteigen. Im Bau ist zudem der Kingdom Tower im saudi-arabischen Dschidda, er soll 1.107 Meter emporragen. Dagegen sind die Hochhäuser in Europa eher lächerlich: Das höchste, das Lakhta Center, steht in Sankt Petersburg und ist 462 Meter hoch, gefolgt von den Skyland Towers in Istanbul mit 293 Metern.[16] Wenn die Voraussage des »Wolkenkratzer-Index« stimmt, drohen dem Irak und Saudi-Arabien bald der große Abgang – womöglich auch wegen der fallenden Ölpreise. Zu wünschen wäre es, dass diese sich ankündigenden Krisen die frauenfeindlichen Scheichs wegfegen und ihre Phallokratie zur Fallokratie machen. Wolkenkratzer als orgiastische Architektur der Macho-Moderne: Höher. Schneller. Weiter. Krawumm.

Gefangen in der imperialen Lebensweise

Aber bitte keine Missverständnisse: Es liegt weder an einem allgemein-menschlichen Hang zu Steinzeitdenken noch an bestimmten Religionen, noch an einzelnen Machos, dass die Welt so aus den Fugen geraten ist. Sondern an der erwähnten Steigerungslogik der heutigen Wirtschaft. Der Politikwissenschaftler Ulrich Brand nennt das die »imperiale Lebensweise«. *Imperial*, weil sie sich ständig ausweiten muss, auf der Armut und Ausbeutung anderswo beruht und andere Lebensarten, etwa von Indigenen, verdrängt und vernichtet. Und *Lebensweise*, weil sie tief in unseren Alltag eingedrungen ist – so tief, dass wir längst vergessen haben, dass es auch anders geht.

Ihren Vorlauf hatte die imperiale Lebensweise im Kolonialismus und Imperialismus, der ab dem 16. Jahrhundert von Europa ausging und viele Gesellschaften nachhaltig zerstörte. Indien, China und andere Nationen waren damals hoch entwickelt. Noch zu Beginn des 19. Jahrhunderts verfügten die Länder des globalen Südens über fast zwei Drittel des Welteinkommens, Mitte des 20. Jahrhunderts waren es dann weniger als ein Drittel.[17] Viele »Entwicklungsländer« von heute wurden damals in einen »entwicklungsbedürftigen« Zustand zurückentwickelt.

Wenn die einen immer kleiner geschrumpft werden, können die anderen sich immer mehr ausdehnen. Die Ansprüche der Bewohner und Bürgerinnen westlicher Konsumgesellschaften sind in den letzten Jahrzehnten enorm gestiegen – auch weil die Preise für Massengüter stark sanken, dank Billiglöhnen im globalen Süden. In den 1960er-Jahren konnte sich kaum jemand einen kleinen Farbfernseher für 2.500 Mark leisten, heute stehen riesige Flachbildschirme ab 100 Euro in fast jedem Haushalt. Fliegen war damals ein Luxus, heute kann fast jedermensch hierzulande für 9,99 übers Wochenende nach London oder Mallorca jetten. Auch Kleidung wurde rasant billiger. Deshalb kaufen wir Deutschen heute im Schnitt 60 Kleidungsstücke pro Jahr – und tragen sie nur noch halb so lang wie vor 15 Jahren.[18] Der internationale Warenaustausch hat sich deshalb seit 1950 mehr als verdreißigfacht. Die meisten Konzerne stellen ihre Produkte nicht mehr selbst her, sondern kaufen weltweit dort ein, wo Arbeitskräfte und Vorprodukte am billigsten sind, und pappen auf das Endprodukt nur noch ihr Markenlogo. Transportkosten fallen dabei kaum ins Gewicht.

Diese Art von Wirtschaftswucherung rechnet sich immer weniger. Die internationale Wirtschaftsprüfungsgesellschaft KPMG, die alles andere als kapitalismusfeindlich ist, kam in ihrer

Studie »Expect the Unexpected« von 2012 zu einem Schluss, der die Absurdität unseres Wirtschaftssystems offenbart: Durch jeden Dollar ökonomischen Wachstums entstehen demnach im Schnitt 41 Cent Schäden an Mensch und Natur. Das Wirtschaftswachstum besteht also fast zur Hälfte aus Schäden! Selbst KPMG rät deshalb zur Umschichtung von Investitionen in »grüne« Bereiche.[19]

Die gesamtgesellschaftliche Steuerung ist in Deutschland wie in anderen überentwickelten Nationen und ihren Zuvielisationen außer Kontrolle geraten. Immer mehr Bereiche bedienen vor allem die eigenen Zwecke, weil sie zu groß, zu komplex, zu unüberschaubar geworden sind. Der Finanzsektor dient nicht mehr der Wirtschaft, sondern der Geldvermehrung in immer weniger Händen. Die Digitalisierung dient der Digitalisierung. Die Technik dient der Technik und nicht mehr der Erleichterung des menschlichen Alltags. Die Wissenschaft dient der Wissenschaft, weil Forscher miteinander konkurrieren und ihre Arbeitgeber mit immer mehr Fachaufsätzen beeindrucken wollen. Die Parteienpolitik dient nicht mehr dem Gemeinwohl, weil Parteien vor allem andere Parteien niederkonkurrieren möchten. Medien dienen anderen Medien, weil Journalisten und Reporterinnen ihresgleichen beeindrucken und Journalistenpreise abräumen wollen. Und alle diese Teilbereiche sind nicht mehr in der Lage, sich mit anderen Teilbereichen zu verständigen, was eigentlich die gemeinsamen Ziele alles Wirtschaftens und Wurschtelns sind.

Viele Teilbereiche unserer Gesellschaft sind zudem in Konkurrenz zueinander aufgestellt. Im besten Falle arbeiten sie aneinander vorbei, oft genug aber widersprechen sich ihre Ziele diametral, und sie bekämpfen sich gegenseitig. Auto- oder Baukonzerne planen immer noch eine Verdopplung oder Verdreifachung ihrer Kapazitäten, als ob es keine Klimakrise gäbe. Das Ergebnis sind Chaos, Verschleuderung von Ressourcen, Wut und Frustration bei vielen Beteiligten.

Offenbar gibt es eine bestimmte Schwelle, ab der menschengeschaffene Organisationen und Institutionen so komplex sind, dass sie ineffizient werden und die Kreativität ihrer Mitglieder ersticken. Ab wann das der Fall ist, variiert stark und ist von vielen Faktoren abhängig. Wenn eine Organisation aus der Krise nicht mehr herauskommt, kann man jedoch sicher sein, dass die Schwelle überschritten und das menschliche Maß vergessen wurde. Aber was genau ist das, ein menschliches Maß?

Die Idee des menschlichen Maßes

»Der Mensch ist das Maß aller Dinge, der seienden, dass sie sind, der nichtseienden, dass sie nicht sind«, formulierte der altgriechische Philosoph Protagoras. Aristoteles kam später zu dem Schluss, es gehe beim menschlichen Handeln immer um das richtige Maß, was für ihn gleichbedeutend mit dem mittleren Maß war, mit Mäßigung und Maßhalten. Auch die antike Baupraxis beruhte auf der griechischen Lehre von den richtigen Maßen mit ihren zentralen Begriffen »symmetria«, »proportia« und »eurythmia«. »Symmetrie« und »Proportion« sind uns heute noch geläufig, etwas weniger die »Eurythmie« – grob übersetzt: die »schöne Bewegung« –, die viele beispielsweise als Bewegungskunst aus Waldorfschulen kennen.

Der römische Architekt Vitruvius Pollio beschrieb in einem Traktat, wie sich direkt aus den Proportionen des menschlichen Körpers Kreise und Quadrate gewinnen ließen: »Ferner ist natürlicherweise der Mittelpunkt des Körpers der Nabel. Liegt nämlich ein Mensch mit gespreizten Armen und Beinen auf dem Rücken, und setzt man die Zirkelspitze an der Stelle des Nabels ein und schlägt einen Kreis, dann werden von dem Kreis die Fingerspitzen beider Hände und die Zehenspitzen berührt. Ebenso, wie sich am Körper ein Kreis ergibt, wird sich auch die Figur eines Quadrats an ihm finden. Wenn man nämlich von den Fußsohlen bis zum Scheitel Maß nimmt und wendet dieses Maß auf die ausgestreckten Hände an, so wird sich die gleiche Breite und Höhe ergeben, wie bei Flächen, die nach dem Winkelmaß quadratisch angelegt sind.« Vitruvius beeinflusste zahlreiche Baumeister und Künstler, die wie er das menschliche Maß als Maß sahen, das unserem Körper quasi innewohnt. Albrecht Dürer berief sich in seinen »Vier Büchern von menschlicher Proportion« auf ihn. Und Leonardo da Vinci entwarf in einer weltberühmt gewordenen Skizze den Homo vitruvianus: einen Mann, dessen ausgestreckte Extremitäten von einem Quadrat und einem Kreis umgeben werden, genau so, wie es Vitruvius geschildert hatte. Das Bild ist heute auf Krankenversicherungskarten zu bewundern, auf italienischen Ein-Euro-Münzen oder auch auf Donald-Duck-Bänden mit einem vitruvianischen Enterich samt ausgestreckten Watschelhänden und -füßen.

Neben Kunst, Ästhetik und Stadtplanung taucht das menschliche Maß auch in philosophischen, ökonomischen und ökologischen Diskursen auf. Doch woraus besteht es eigentlich? Erstaunlicherweise hat sich kaum ein Autor je die Mühe gemacht, es zu definieren. Einer der Letzten, der es versuchte und damit scheiterte, war der Architekt Le Corbusier. Er entwickelte in der Tradition von Vitruvius den »Modulor« – ein Proportionssystem, das eine mathematische Ordnung in die Architektur einführen sollte. Corbusier ging von 183 Zentimetern als angeblicher Standardgröße des Menschenkörpers aus, um daraus weitere geometrische Maße abzuleiten. Ein auf den ersten Blick erkennbarer grober Fehler: So groß sind vor allem erwachsene Männer aus dem globalen Norden. Frauen, Kinder, Greise und Menschen aus südlicheren Ländern weichen damit von der Kategorie »Mensch« ab. Aus einem so schlecht definierten Maß kann letztlich nichts Gutes wachsen: Corbusiers erste, 1947 in Marseille gebaute »Unité d'Habitation« – also »Wohneinheit«, böse übersetzt mit »Wohnmaschine« – ist ein Koloss, der Menschen in 18 Geschossen und 337 Wohneinheiten tendenziell zu Maschinenteilen verdinglicht. Allen architektonischen Lobeshymnen zum Trotz.

Diejenigen, die sich mit dem »menschlichen Maß« beschäftigen, scheinen damit zu rechnen, dass wir intuitiv dieses Maß als »menschengerecht« erkennen. Oder sie definieren es insgeheim als moralisch gut – im Gegensatz zum »unmenschlichen« Maß.

Doch das Beispiel Le Corbusier zeigt: Man kann sich buchstäblich damit verrechnen. Das Leben in unwirtlichen Städten gewöhnt vielen offenbar den Sinn für dieses Maß ab, sodass wir es nicht mehr intuitiv wahrnehmen. Unsere Kunstwelten verkrüppeln Sinnlichkeit und Sinne: Sie werden gleichermaßen überreizt und abgestumpft, sie gehen ein wie erbarmungswürdige Topfpflanzen-Krüppelchen in neonbeschienenen Großraumbüros.

Moderne Verfechter des Maßes

Des Menschen Maß entdecken wir in scheinbar paradoxer Weise vor allem in der nichtmenschlichen Natur. Die meisten von uns brauchen Wälder mehr als Beton, Sonne mehr als Kunstlicht, Landschaften mehr als Autobahnen, Vogelgesang mehr als Motorenlärm, artenvielfältige kleinteilige Natur mehr als weltweit einheitlich langweilig aussehende Einkaufsmeilen. Weil der Mensch auch ein Naturwesen ist.

Leopold Kohr und sein Schüler Ernst Friedrich Schumacher dachten schon in den 1950er-, 1960er- und 1970er-Jahren in diese Richtung. Leopold Kohr (1909–1994) war ein überzeugter Anhänger kleiner überschaubarer Einheiten. Der anarchistisch angehauchte Jurist, Staatswissenschaftler und Publizist aus Österreich hatte während des Nationalsozialismus in Paris eine Widerstandsgruppe gegründet. Nach Kanada geflüchtet, schrieb er dort witzgepfefferte Artikel über die seiner Meinung nach notwendige Zerschlagung von Großmächten. Sein Hauptwerk, »Das Ende der Großen«, erschien 1957 – auch dafür erhielt er später den Alternativen Nobelpreis. Kleinheit sei »das geheimnisvolle Prinzip der Gesundheit der Natur«, schrieb er, »und Größe das Prinzip der Teilung.« Teilung stelle deshalb »das Prinzip der Heilung« dar. Bücher würden in Kapitel zerlegt, Tage in Stunden, Sprachen in Wörter. »Nur das Primitive ist mit einem einzigen Tarzanschrei zufrieden.«[20] Der Zusammenbruch der großen Imperien einschließlich der Sowjetunion, prophezeite der Freigeist, sei unvermeidlich.

Bei einem Urlaub in Salzburg lernte Kohr 1979 den Zukunftsforscher und Atomkritiker Robert Jungk, den Begründer der Selbstversorgerbewegung John Seymour sowie den Philosophen Ivan Illich kennen. Ihre Ideen waren sehr ähnlich. Kohr war ebenfalls von der Notwendigkeit der Selbstversorgung überzeugt: »Was wir grundlegend brauchen, sollte möglichst aus der Region kommen«, schrieb er.[21] Illich wurde später zum Globalisierungskritiker und Systemtheoretiker *avant la lettre*, indem er die Schein-Effektivität von Systemen aufdeckte. Wenn man alle Materialien, Kosten und Schäden zusammenrechne, sei das Fahrrad dem Auto zigfach überlegen, meinte er schon damals. Das moderne Bildungssystem hielt er für genauso menschenfeindlich wie das heutige Gesundheitswesen (siehe Kapitel 6).

Ernst Friedrich Schumacher (1911–1977) war Ökonom. Als Wirtschaftsberater nach Indien eingeladen, hatte er beobachten müssen, dass die »Entwicklungshilfe« Unternehmen half, aber nicht Menschen und schon gar nicht Armen. Seitdem kritisierte er die Wirtschaftswissenschaften als eine Art Religion. Sie basierten auf »einer Definition des Kostenbegriffs, bei dem alle kostenlosen Güter ausgeschlossen sind«, schrieb er etwa. »Das aber bedeutet, er gehört zum System der Wirtschaftswissenschaft, der Abhängigkeit des Menschen von der Natur keine Beachtung zu schenken.«[22] Weil er diese Abhängigkeit wieder in den Blick rückte, stand für ihn fest, dass unbegrenztes Wachstum »in einer begrenzten Welt unmöglich« ist.[23] Die Ausbeutung fossiler Energien hielt der weitsichtige Denker für unmoralisch und kontraproduktiv. Da ihre Weltvorräte ungleichmäßig über den Erdball verteilt seien, »ist es klar, dass ihre immer raschere Ausbeutung eine Gewalttat gegen die Natur darstellt, die unvermeidlich zur Gewaltanwendung unter den Menschen führt«.[24]

Schumacher sah sich als Schüler von Kohr und goss dessen Ideen in einen griffigen Slogan: »Small ist beautiful – die Rückkehr zum menschlichen Maß«. So lautete denn auch der Titel seines Weltbestsellers, mit dem er bis heute unzählige Akteure und Denkerinnen beeinflusst. Anstelle von Gigantismus plädierte er dort für das »menschliche Maß« und eine »Miniaturisierung von Technik«. Anstelle der Ausweitung des internationalen Handels empfahl er die Stärkung der Lokalökonomie. Anstelle der ständigen Steigerung von Bruttosozialprodukt und Konsum machte er sich stark für ein Optimum an Glück. Er war sich sicher: »Der Mensch ist klein, und daher ist klein schön. Wer auf Riesenhaftigkeit setzt, der setzt auf Selbstzerstörung.«[25]

1965 gründete der Deutsch-Brite die Intermediate Technology Development Group, die angepasste Technologien für die südlichen Länder forderte und förderte. Für sein Wirken erhielt er zahlreiche internationale Ehrungen. In den 1970ern und 1980ern entstanden auf dem Campus der TU Berlin und an etlichen anderen Orten alternative Techniken für südliche Länder, etwa Windräder und Solaranlagen, die damals noch völlig unbekannt waren. Schumacher starb schon 1977, doch seine Ideen sind bis heute fruchtbar. 1980 wurde eine Schumacher-Society im britischen Bristol und im US-amerikanischen Massachusetts gegründet, 1986 die New Economics Foundation in London und 1988 das Schumacher-College in Süd-ostengland. Dieses wiederum beeinflusste Rob Hopkins, den Gründer der weltweiten Transition-Town-Bewegung, die es sich zum Ziel gesetzt hat, fossile Energien zu minimieren und den Lebensgenuss in Gemeinden zu maximieren.[26]

Schumacher war auch ein Vordenker dessen, was heute »Post-wachstum«, »Degrowth« oder »Wachstumsbefreiung« heißt und von Barbara Muraca, Marianne Gronemeyer, Tim Jackson, Niko Paech oder dem Konzeptwerk Neue Ökonomie vertreten wird.

Seit dieser Zeit sind industrielle Verfahren mit Nanotech-nik, Mikrobiologie und Computerchips selbst immer kleinteiliger geworden, und die früheren Industrieländer haben sich zunehmend zu postindustriellen Dienstleistungs-Gesellschaften gewandelt. Dennoch ist das Industriesystem keineswegs verschwunden, son-dern nur aus unserem westlichen Blickwinkel geraten. Die zentrale Werkbank der Welt steht jetzt in China – verbunden mit immenser Ausbeutung von Menschen und Natur. Und die Infrastrukturen, die den weltweiten Konsumhunger bedienen, sind größer und mächtiger denn je: Bergbaugesellschaften, Energiekonzerne, transnationale Logistik- und Handelsketten, Internethändler. Da sie sich größtenteils in Privatbesitz befinden, hat sich auch die ungleiche Verteilung des Reichtums dieser Welt auf ein historisch ungekanntes Ausmaß verschärft.

Wo die Vordenker zu kurz dachten

Kohr und Schumacher haben ihre Überlegungen allerdings stets auf Politik und Wirtschaft beschränkt, statt sie auf den Alltag, die Natur und das ganze sinnliche Leben einschließlich vorwiegend weiblicher Care-Arbeit auszudehnen. In dieser Hinsicht waren sie doch Männer ihrer Zeit. Und sie definierten auch nirgendwo, was das »menschliche Maß« eigentlich ausmacht.

Um dieser Frage auf den Grund zu gehen, betreten wir neue Wege, lassen uns von den Vordenkern inspirieren und fangen zugleich noch mal bei null an. Im Unterschied zu bisherigen Ideen versuchen wir dabei, den menschlichen Körper mitzudenken – und zu klären, wie er den Geist prägt.

Seit René Descartes behauptete, dass Körper und Geist getrennte Einheiten seien, hat sich diese grundfalsche Denkweise des Westens überallhin ausgebreitet. Längst wissen wir eigentlich, dass der Geist ohne Körper keinen einzigen Gedanken fassen geschweige denn handeln könnte. Wir können unserer Körperlichkeit in unserem Denken nicht entfliehen. Dennoch gilt es in vielen Wissenschaften wie der Ökonomie immer noch als en vogue, den Körper zu ignorieren.

Dabei ist es höchst aufschlussreich, unsere Geschichte und unsere Gesellschaften aus der Perspektive des Körperlichen zu betrachten. Alles, was die Menschheit auf ihrem langen Weg in die heutige Moderne erfunden hat – Geräte, Maschinen, Organisationen und Institutionen –, sind schließlich bewusste oder unbewusste *Versuche, die Reichweiten des menschlichen Leibes zu vergrößern.*

Steinzeitmenschen verlängerten mit Faustkeilen und Schabern die Kraft ihrer Arme, mit Speeren, Pfeil und Bogen deren Reichweite. Mit Beginn der Landwirtschaft entstand die Vorratshaltung, also eine neue *zeitliche* Reichweite, die es unseren Vorfahren ermöglichte, Hungerzeiten durchzustehen. Kleider und Häuser sind zweite und dritte Körperhüllen, die vor Regen, Kälte und Hitze schützen und guten Schlaf sichern sollen, Städte eine vierte Hülle.

Rituale und Religionen stärken die menschliche Kooperation durch gemeinsame Werte und Handlungsanleitungen – ein Überlebensmittel für verletzliche Menschenkörper in allen raumzeitlichen Situationen. Ehen, Familien und Rentenversicherungen sind Generationenverträge, die Schwache schützen sollen, Kinder und Alte, die noch nicht oder nicht mehr für sich selbst sorgen können. Autos und Flugzeuge haben unsere körperliche Fähigkeit, irgendwohin zu enteilen, enorm ausgeweitet – unsere »Weltreichweite«, wie Soziologe Hartmut Rosa das nennt. Massenmedien und Internet sind unsere verlängerten Augen, Ohren und Münder; mit Kameras und Mikrofonen transportieren sie Bilder und Töne aus allen Gegenden der Welt in unseren Gesichtskreis.

Staaten sind Organisationseinheiten, die idealerweise das körperliche und geistige Gemeinwohl aller fördern sollen – in der Realität aber oftmals vor allem den Machthunger der Herrschenden befriedigen. Herrschaft ist die Fähigkeit, andere Menschen und Lebewesen für das eigene Ego zu instrumentalisieren – etwa Soldaten in Marsch zu setzen, um das eigene Imperium auszudehnen. Auch dieser Machthunger setzt darauf, die Reichweite des eigenen Egos und Körpergeistes immer weiter auszudehnen.

Menschen können mit ihren Geisteskräften darüber nachdenken, wie das All und die Welt aussieht und wie Naturkräfte im Kleinsten wirken. Das ist eine grandiose Fähigkeit. Doch unsere begrenzte Körperlichkeit und unser empathisches Fühlen kommen da oft nicht mit. Wir können gut global denken, aber nur lokal fühlen. Ein fernes Unrecht oder Leid berührt uns viel weniger als das unseres Kindes oder unserer Nachbarin. Auch die Klimakatastrophe war für zu viele Menschen zu lange eine zu abstrakte Behauptung. Bis Greta Thunberg in Schweden die traumatisierenden Waldbrände im Dürresommer 2018 erlebte und im August 2018 mit ihrem Schulstreik begann. Die extremen Hitzesommer von 2018 und 2019 sowie die Brände in Kalifornien und Australien machten vielen sinnlich klar, was es bedeutet, solche Temperaturen aushalten zu müssen. Diese Einsicht musste erst bei den Körpern der Menschen ankommen, um als Bedrohung wirklich gefühlt zu werden. »Die Erde hat Fieber. 41 Grad – das ist ein Notfall!«, warnte der Arzt und Kabarettist Eckart von Hirschhausen auf dem globalen Klimastreiktag von Fridays for Future in Berlin.

Alles ist Körper, alles ist Beziehung

Wir alle wurden als Menschenbabys geboren. Und als solche hatten wir existenzielle Bedürfnisse, die in erster Linie, aber nicht nur, mit unserem Stoffwechsel zu tun hatten. Hunger! Trinken! Haut! Wärme! Schutz! Das Baby greift nach der Mutter, sein Wunsch nach Nähe wird zum Raumsinn, es lernt, seine Bewegungen in den Raum zu strecken und zu koordinieren. Erwachsene sind groß, ich bin klein, meine Hand wird noch kleiner, wenn ich sie ausstrecke, oben ist anders als unten, nah fühlt sich anders an als fern. So lernt sein Gehirn, Beziehungen, Raum und Zeit zu verknüpfen.

Aus den Bewegungen der Babyhände, die sich an Spielzeug aller Art schulen, entstehen *Hand*lungen. Wir alle lernen zuerst zu greifen und dann zu be*greifen*. Menschliche Erkenntnis ist unmöglich ohne unseren Körper und seine Sinne. Wir denken immer auch körperlich. Auch wenn wir lesen, nehmen wir die Wörter nicht direkt auf, sondern lesen uns selbst mit unserer inneren Stimme vor. Wenn wir nachdenken, formt diese Stimme unsere Gedanken – wir erzählen dabei immer irgendjemandem. Hirnforscher wie Joachim Bauer weisen darauf hin, dass menschliches Bewusstsein nur durch Außenbeziehungen entstehen kann, dadurch, dass das Kleinkind von anderen als »du« angesprochen wird.[27] Bewusstsein entsteht aus Beziehungen und Bezügen. »Ich bin, weil du bist« – diese Definition des südafrikanischen »Ubuntu«-Philosophie, die Nelson Mandela zur politischen Versöhnung motivierte, ist wörtlich zu nehmen. Alles Leben – und damit auch das »richtige« menschliche Maß – ist Bezogenheit und besteht aus Beziehung.

Auch der menschliche Raumsinn entsteht als Maß- und Beziehungsgefühl. Wir setzen uns zum Gesehenen in Beziehung und merken unbewusst oder bewusst, wie kalt oder warm sich Objekte anfühlen, wie abweisend oder schützend. Das gilt für unsere gesamte Umgebung: für Häuser, Straßen, Landschaften, für Städte und Natur, aber auch für abstraktere Gebilde wie Unternehmen, Institutionen, Nationen. Wir fühlen uns darin wohl oder unwohl, real oder gedanklich.

Laut der Neurolinguistin Elisabeth Wehling ist Erkenntnis nur als *embodied cognition* möglich, als verkörperte Erkenntnis. Abstrakte Konzepte werden mit Konzepten des körperlich Erfahrbaren »gerahmt«, abstrakte Ideen werden über Metaphern an körperliche Erfahrungen gebunden.[28] Unser Gehirn hat gelernt, Raum und Zeit zu verknüpfen – wobei sich das perspektivische Denken, etwa in der Kunst, wohl erst im 15. Jahrhundert entwickelte.[29] Wir glauben, dass die Zukunft vor uns liegt, die Vergangenheit *hinter* uns.[30] Weil wir dank Schwerkraft mit den Füßen an der Erde kleben, hat unser Kopf und Geist automatisch eine Ausrichtung nach oben. Alles, was oben ist oder nach oben ragt, gilt vielen von uns unbewusst als »gut« und erstrebenswert: Eltern, Türme, Himmel, Chefs und meist männliche Gottheiten. Worauf wir mit Füßen treten, gilt als minderwertig – zum Nachteil der »weiblichen« Erde und der dünnen Humusschicht, die unser aller Leben trägt, aber vernachlässigt und misshandelt wird. Den Staat denken viele ebenfalls in Körperkategorien: Er hat ein »Oberhaupt«, »Staatsorgane«, »Körperschaften« sowie »politische und militärische Arme« – und konnte nur deshalb im »Dritten Reich« so leicht zum »Volkskörper« mit »Führer« mutieren.

Dennoch bleibt uns eine intuitive Vorliebe für das Kleine und Überblickbare. Denn wir wollen die Kontrolle behalten – über unseren Körper und unsere Lebensweise. Das gibt uns ein Gefühl der Freiheit. Machthaber, die uns vorschreiben wollen, wie wir zu leben haben, sind den meisten Menschen unangenehm.

Auch die menschliche Würde, laut deutschem Grundgesetz der höchste aller Werte, hat eine körperliche Komponente. Wer Würde besitzt, bewegt sich *im aufrechten Gang, zeigt Rückgrat, verbiegt sich nicht.* Das Wort leitet sich vom Althochdeutschen *wirdi* ab, das »Wert, Ansehen, Bedeutung aufgrund sozialer Stellung« meinte. *Ansehen* meint wortwörtlich das An-Sehen. Würdige Menschen ziehen die Aufmerksamkeit und die Blicke vieler auf sich. Gleichwertige und gleichwürdige Menschen begegnen sich *auf Augenhöhe*.

Es gibt kein Ich an sich

Der Religionsphilosoph Martin Buber veröffentlichte 1923 sein wohl dichtestes und weitsichtigstes Werk »Ich und Du«. Er war überzeugt: »Es gibt kein Ich an sich. Es gibt nur das Ich des Grundwortes Ich-Du und das Ich des Grundwortes Ich-Es.« Das widerspricht erst einmal dem Alltagsdenken. Schließlich bin ich doch ich. Aber ganz tief drinnen weiß jeder Mensch auch: Ich bin nicht allein.

Fangen wir bei der Beziehung zwischen Ich und Es an: »Ohne Es kann der Mensch nicht leben.« Damit meint Buber die ganze Welt um uns herum. Wenn ich sage, ich will etwas, ich fühle etwas, ich denke etwas, ich tue etwas, geht es im ersten Moment nur um mich, es ist der Versuch, mich von der Welt abzugrenzen. Aber wenn ich ehrlich bin, will ich mich dabei als Teil der Welt erfahren. Und ob ich will oder nicht, erschafft mein Denken und Tun doch immer wieder nur eine der vielen kleinen anderen Es-Welten um mich herum. Beim Ich-Es geht es um Abgrenzen, aber zugleich um das Sammeln von Welterfahrung. »Ich-Es bedeutet für uns Bestand«, schreibt Buber.

Einen ganz anderen Reiz hat die Beziehung zwischen Ich und Du. Da geht es um Verbindung, Beziehung, um das daraus entstehende »Sekundenglück«, wie der Sänger Herbert Grönemeyer das nennt. Wir brauchen das Es zum Leben, aber »wer nur im Ich-Es lebt, ist nicht Mensch«. Wer Du spricht, hat kein Etwas zum Gegenstand. Martin Buber sagt: »Das Du kann man nicht suchen, es lässt sich nicht finden, es begegnet mir.« Träume ich von einem mir lieben Menschen oder erlebe ich einen Moment engster Verbundenheit, sind das die Momente, wo ich nicht mehr Ton bin, sondern mich eins fühle mit der großen Melodie. Doch einen Augenblick später versuche ich schon wieder, über einzelne Töne nachzudenken, die Wörter im Vers zu suchen, die Farbe der Augen oder Haare meiner Liebsten zu ergründen. Dann ist der Moment der Einheit schon vorbei. Und ich erlebe mich in der Du-Ferne.

Bewegung als menschliches Maß

Als Autorin habe ich es mir angewöhnt, jeden Morgen durch den Wald zu laufen, bevor ich mich an den Schreibtisch setze. Für mich ist Bewegung in der Natur die beste Methode, um meine Gedanken ins Fließen zu bringen. Wenn ich ein Buch schreibe, fallen mir beim Laufen plötzlich Fehler und Mängel auf, ohne dass ich den Text vor mir habe. Oder mir kommen neue Ideen. Viele meiner Texte und Bücher sind im Wald entstanden. Und wenn ich mit jemandem ein schwerwiegendes Problem besprechen will, dann lade ich diese Person zum Spaziergang ein. Wenn man sich geschmeidig nebeneinanderher bewegt, ist es viel leichter, Unangenehmes in gutem Ton zu formulieren, als wenn man sich konfrontativ gegenübersitzt.

Offenbar geraten parallel zu den Körperbewegungen auch Gedanken in Bewegung. Im Sitzen hingegen erstarren sie. Bewegung ist ein starkes Bedürfnis, das uns glücklich, zufrieden und kreativ macht. Beim Sport ist es angenehm, den Wind oder die Sonne auf der Haut zu spüren oder die Kraft des eigenen Körpers. Und das genießt auch unser Kopf. Wobei die Bewegungsart sekundär ist: Die einen rennen, die anderen besuchen einen Tangokurs, die Dritten schwimmen oder spielen Fußball.

Schulen, die auf das menschliche Maß beim Lernen achten, haben daher das Potenzial von Bewegung entdeckt. Sie wissen, dass Stillsitzen Lernen behindert und Hüpfen, Laufen, Springen es befördert. In manchen Grundschulen gibt es inzwischen alle 20 Minuten Bewegungsübungen, damit der Geist eine Pause machen und die Klasse danach wieder konzentriert mitarbeiten kann. In anderen dürfen Kinder und Jugendliche auf dem Boden lümmeln und sich körperlich in jeder Art verrenken, wenn sie Aufgaben lösen.

Auch in unseren geistigen Vorstellungen ist Bewegung ständig präsent. *Wie geht es? Wie läuft es?*, fragen wir täglich in vielen Sprachen. Wir reden andauernd von *Wegen*, die wir *beschreiten*. Oder von *Lebenswegen*. Wir *treten auf der Stelle*, bis es endlich wieder *vorwärts geht. Fortschritt* ist für uns positiv. Ins Gefängnis zu kommen aber negativ, weil uns unsere Bewegungsfreiheit genommen wird. Unbewusst setzen wir Freiheit weniger mit Meinungs- als mit *Bewegungsfreiheit* gleich – was Autolobbyisten weidlich ausnutzen.

Das menschliche Maß spricht alle Sinne an

Wie wir wahrnehmen und denken, bleibt uns meist verborgen. Nur etwa zwei Prozent unserer Nerven-, Sinnes- und Geisteswahrnehmungen werden uns überhaupt bewusst. Alles andere läuft automatisch, vor- und unbewusst.[31] Andauernd sind Milliarden Nervenzellen damit beschäftigt, Hitze und Kälte wahrzunehmen, Herz, Atmung, Leber, Verdauung und andere innere Organe zu koordinieren, das Körpergleichgewicht zu stabilisieren, »unwichtige« Sinneswahrnehmungen von »wichtigen« zu unterscheiden, Bewegungsabläufe zu koordinieren und vieles mehr. Unser Bewusstsein schwimmt wie eine winzige Insel auf all diesen unbewussten Vorgängen.

Unsere Umgebung ist voll von Reizen, die unbewusste Affekte in unserem Stammhirn und dem damit verbundenen limbischen System auslösen.[32] Dieses »Reptiliengehirn«, 200 bis 300 Millionen Jahre alt, ist auch für Gefühle der Spannung und Entspannung verantwortlich. Ohne dass wir uns dessen gewahr wären, sucht das »Tier« in uns ständig die Umgebung ab, ob sie Gefahren birgt. Und wenn ja, pumpt es Adrenalin und andere Stresshormone in die Blutbahn, damit wir im Ernstfall über drei überlebenswichtige Reflexe verfügen: angreifen, totstellen oder wegrennen. Der innere Dino hat unsere Vorfahren in Hunderttausenden Jahren auf das Überleben geeicht. Viele dürften ihn in stressigen Coronazeiten kennengelernt haben.

Das menschliche Maß sollte möglichst alle Sinne ansprechen, sie aber nicht überreizen. Je ausgewogener wir mit allen Sinnen wahrnehmen, desto besser geht es uns. Ein Beispiel: Ein Brandenburger Biobauer beschrieb das Glück, das ihm eine Karottenernte bescherte, einmal mit allen ihm verfügbaren Sinnen: »Die Luft ist rein und frisch. Es riecht nach Herbst und feuchter Natur. Unter der Last der Trautropfen biegen sich die Möhrenblätter. Kalt, aber rein fühlt der Tau sich an und benässt den Pullover bis zum Ellenbogen. Irgendwo im Nebel rufen die Kraniche, und die Stare verursachen ein permanentes Grundgeräusch, welches erst richtig auffällt, wenn sie, wie auf ein Kommando hin, plötzlich alle auffliegen. Die Möhren stecken sehr fest in der Erde. Bei dem Ruck der Ernte entströmt ein Geruch von Möhre und feuchter Erde. Durch das Abdrehen des Möhrenlaubes verfärben sich die Hände durch den Saft der Möhrenblätter leicht gelblich. Der weiche Boden strahlt eine leichte Kühle aus, die nach und nach in die Knie zieht. Zuletzt schmeckt die Möhre leicht saftig-süß, erdig-würzig.«

Damit sie menschliche Bedürfnisse in bestem Sinne erfüllen, sollten Dinge und Umgebungen also überschaubar sein, beeinflussbar, abwechslungsreich, kleinteilig, alle Sinne ansprechend, sie aber nicht überreizend, rhythmisch, farbig, pulsierend. Alles Große oder gar Gigantische wirkt hingegen eintönig oder sogar bedrohlich und erschlagend.

Unbefriedigte Bedürfnisbefriedigung

Das menschliche Maß so zu definieren, dass es möglichst gut Bedürfnisse befriedigt, ist allerdings nicht unproblematisch, denn diese sind lenk- und manipulierbar. Die Konsumindustrie lebt davon, dass sie Menschen süchtig nach ihren Produkten macht, indem sie grundlegende Bedürfnisse niemals stillt. »Die Kluft zwischen den Begehrlichkeiten und den Befriedigungsmöglichkeiten wird beständig erweitert«, beobachtete die Autorin Marianne Gronemeyer.[33]

Dafür sorgt allein schon die Werbung. Jeden Tag prasseln Tausende Reklamebotschaften auf uns ein – in Supermärkten und Einkaufspassagen, auf Plakaten im öffentlichen Raum, in Fußballstadien, auf T-Shirts und Markenartikeln, als Sponsoring von Veranstaltungen in Kitas, Schulen und Universitäten, als Beilagen in Zeitungen, als Trailer im Radio und Fernsehen, als Banner auf Smartphones und Websites. In den 1980ern waren es täglich etwa 650 bis 850, heute sind es angeblich bereits 10.000 bis 13.000.[34] Wir nehmen die Botschaften kaum mehr wahr, aber in unserem Unterbewusstsein hinterlassen sie doch gewaltige Spuren. Sie beeinflussen Kaufentscheidungen und Leitbilder. Frauen werden auf vielen Plakaten versext und verdinglicht. Kinder lernen von klein auf Doppelstandards: Man darf wie in der Werbung lügen, wenn es den eigenen Interessen dient. Politiker preisen ihre Parteien an, als würden sie Waschmittel verkaufen. Wahlkämpfe verkommen zu Werbeplakat-Schlachten, die Städte und Dörfer verunstalten. Was privat als unmoralisch gilt – Selbstlob, Propaganda, Lügen –, ist im wirtschaftlichen und politischen Raum erlaubt oder sogar angeblich unverzichtbar. Das kommerzialisiert die Politik, verbiegt moralische Werte und ist einer von mehreren Gründen für die Krise der Demokratie.

Die Allgegenwart verführerischer Werbung hat dazu geführt, dass wir nicht mehr nachdenken, was wir wirklich begehren, sondern uns von fremden Instanzen lenken lassen. Unserem Bedürfnis nach Bewegung kommen wir nicht mehr mit Laufen und Tanzen nach, sondern mit schnellen Sportwagen. Unsere Sehnsucht nach Ruhe und Entspannung befriedigen wir nicht mehr mit Stillsitzen an einem See, sondern mit Flugreisen in die Karibik. Unseren Wunsch nach Sicherheit und Geborgenheit kommen wir nicht länger mit der Pflege familiärer und nachbarschaftlicher Beziehungen nach, sondern mit Versicherungen gegen alle möglichen vermeintlichen Lebensrisiken.

Der Ökonom John Maynard Keynes unterschied »absolute« und »relative« Bedürfnisse: »Absolut« sind demnach etwa Hunger und Durst; wir fühlen das unabhängig von anderen Menschen. »Relativ« sind Bedürfnisse, deren Befriedigung uns ein Überlegenheitsgefühl gegenüber anderen gibt – also Statuskonsum. Hunger ist leicht zu stillen. Statuskonsum ist tendenziell unstillbar, wenn man nichts an der ungleichen Verteilung des Reichtums ändert. Ähnlich argumentiert Fred Hirsch mit seinem Konzept der »Positionsgüter«: Diese ziehen ihren Wert aus Knappheit. Brillanten, Jachten und Villen sind typische »Positionsgüter«. Doch je mehr Eigenheime in Vorstädten entstehen, desto mehr verlieren diese an Wert und An-Sehen, weil Natur zubetoniert wird und der Verkehr zunimmt. Unterm Strich sind Positionsgüter ein Nullsummenspiel.[35]

Woher stammt die Sucht nach dem Immer-mehr? Der US-Kulturphilosoph Charles Eisenstein glaubt: »Sucht entsteht, wenn Grundbedürfnisse nicht erfüllt werden. Die Esssüchtige ist nicht eigentlich hungrig nach Nahrungsmitteln; sie ist hungrig nach Verbundenheit.« In der Suchttheorie, führt er aus, gebe es das Konzept des Suchttransfers: »Wir suchen durch Wachstum andere Bedürfnisse zu erfüllen, Bedürfnisse, die, weil sie qualitativer Natur sind, von Wachstum nie befriedigt werden können.« Im Grunde sehnten sich alle menschlichen Wesen »nach Verbundenheit, Gemeinschaft, Schönheit, Heiligkeit und Intimität«. Doch weil all das in unseren Kunstwelten immer mehr verschwinde, »wird mit Imitaten reagiert«. Das Trauma unserer Entbehrung treibe die kollektiven Süchte an.[36]

Auf der Suche nach »Genüssamkeit«

Der Umweltpsychologe Michael Hunecke rät deshalb als Gegenstrategie, dass wir die Quellen unserer immateriellen Zufriedenheit pflegen und stärken: Genussfähigkeit. Achtsamkeit. Selbstakzeptanz. Selbstwirksamkeit. Sinnfindung. Solidarität. Wer die kleinen Freuden des Alltags hochhält und dafür dankbar ist, wer in seiner Tätigkeit Sinn und Selbstwirksamkeit erfährt, hat es nicht nötig, mit Luxusgütern zu protzen.[37] Genuss und Genügsamkeit können sich vereinigen zu einem neuen Grundgefühl der »Genüssamkeit«.

Wenn Menschen mehr nach innen horchen würden, welche Bedürfnisse sich hinter ihren Konsumwünschen verstecken, sagt auch die Berliner Friedensaktivistin Bosiljka Schedlich, dann »bräuchten sie nicht so viel Speck um sich herum anzusetzen in Form von Fettpolstern oder in Form von dicken Bankkonten, die sie nicht in Lebensfreude umwandeln können, weil die Summen auf den Bankkonten nur oder hauptsächlich aus Nullen bestehen. Sie würden dann nicht mehr in Kauf nehmen, dass Menschen leiden müssten, um diese Nullen zu erzeugen, dass Natur vernichtet wird, Erde, Wälder, schließlich sogar Menschen selbst. All diese Nullen stehen letztlich für ihre Angst, sie glauben, dass sie damit dem Tod entkommen könnten, dass sie sich dagegen versichern könnten. Die ganze Banken- und Versicherungsbranche lebt von diesem Wahn!«[38]

»Jede Zunahme von Bedürfnissen erhöht die Abhängigkeit des Menschen von äußeren Mächten und somit seine Existenzangst«, wusste E. F. Schumacher.[39] Wir sollten lernen, diese Angst bewusst wahrzunehmen – um sie loszuwerden. Dann können wir die Kontrolle über unser Leben zurückgewinnen und statt der »Ware Freiheit« wahre Freiheit genießen.

Glück gibt es gratis

Unser leiblich-seelisch-geistiges Wohlergehen entsteht, wenn
Grundbedürfnisse gestillt werden. Für das »leibliche Wohl« sorgen
bekanntlich Essen, Trinken und Schlafen. Aber auch Hautkontakt,
Kleidung, moderate Wärme, Behausung, Schmerzfreiheit. Und
Bewegung wie Spazierengehen, Sport und Feiern. Das »seelische
Wohl«, das Glückshormone im Gehirn purzeln lässt, entsteht emo-
tional und zwischenmenschlich. Also durch Liebe, Geborgenheit,
Sexualität, Kinderaufziehen, Fürsorge, Freundschaft, Vertrauen,
Solidarität sowie – ganz wichtig – durch Naturerlebnisse und Begeg-
nungen mit nichtmenschlichen Lebewesen. Das »geistige Wohl«
entspringt dem Raum zwischen Ich und Gesellschaft und umfasst
Arbeit, Selbstentfaltung, Kreativität, Anerkennung, Autonomie und
Selbstwirksamkeit.

Wenn all das gegeben ist, blüht Glück im Sinne von Lebenszufriedenheit auf. Liebe, Freundschaft, Vertrauen, intakte Natur,
gesellschaftlich anerkannte Arbeit und Selbstwirksamkeit stehen
laut internationaler Glücksforschung ganz oben auf der Liste der
Faktoren, die Menschen am zufriedensten machen.¹ *Und sie alle
sind gratis zu haben. Alles, was glücklich macht, ist schon da. Es muss
nicht gekauft und nicht »verdient« werden.* Zum Beispiel: die Wärme
geliebter Menschen. Ein fröhlicher Nachbarschaftschor. Sonne, die
sich in einem See spiegelt. Der Geruch von Babyhaut. Das Lächeln
eines Fremden. Ein blühender Apfelbaum voller summender Bienen. Und so vieles andere in Hülle und Fülle.

Die Goldene Regel als globales Band

Wie können wir gegenseitig unsere Grundbedürfnisse erfüllen? Wie
können wir miteinander glücklich werden? Mit der Goldenen Regel.
Sie ist ebenso einfach wie uralt und besagt: »Behandele andere so,
wie du selbst behandelt werden möchtest.« Wenn du dir Empathie
wünschst, dann empfinde Mitgefühl auch mit anderen, egal, woher

sie kommen und was sie denken und empfinden. Diese Regel ist weltumspannend, es gibt sie praktisch in allen Religionen, Philosophien und Kulturen. Deshalb ist sie das ideale Grundgerüst für eine globale Ethik – worauf auch das »Projekt Weltethos« hinweist, gegründet vom deutschen Theologen Hans Küng.

Konfuzius hat die Goldene Regel so formuliert: »Was du selbst nicht wünschst, das tue auch anderen nicht an.« In einer Grundlagenschrift des Hinduismus heißt es: »Man soll niemals einem anderen antun, was man für das eigene Selbst als verletzend betrachtet.« Einer von Buddhas Aussprüchen war: »Was da für mich eine unliebe und unangenehme Sache ist, wie könnte ich das einem anderen aufladen?« In der jüdischen Thora heißt es: »Der Fremde, der sich bei euch aufhält, soll euch wie ein Einheimischer gelten, und du sollst ihn lieben wie dich selbst.« Und: »Tue nicht anderen, was Du nicht willst, dass sie Dir tun.« Im Neuen Testament der Bibel spricht Jesus: »Alles, was ihr also von anderen erwartet, das tut auch ihnen!« Es heißt dort auch: »Liebe deinen Nächsten wie dich selbst.« Im Islam besagt Hadith 13: »Keiner von euch ist gläubig, solange er nicht für seinen Bruder wünscht, was er für sich selbst wünscht.« Und in der Zeit der Aufklärung schrieb Kant den »kategorischen Imperativ« nieder, der, in einen einfachen Reim übersetzt, so klingt: »Was du nicht willst, das man dir tu, das füg auch keinem andern zu.« Wenn wir uns alle daran hielten, könnten wir in Frieden miteinander leben, egal, an wen wir glauben oder ob wir überhaupt glauben.

Die UN-Nachhaltigkeitsziele kann man als Versuch sehen, die Goldene Regel auf die ganze Menschheit auszudehnen: Alle Menschen sollen gleichwürdig leben können. Die UN-Mitgliedsländer sind verpflichtet, bis 2030 die 17 Ziele zu verwirklichen, damit nicht nur Reiche in reichen Ländern genug zu essen und zu trinken haben und ein angenehmes, gesundes und selbstbestimmtes Leben führen können, sondern die gesamte Weltbevölkerung. Denn es ist genug für alle da. Die 17 Ziele verheißen allen Mitgliedern der Menschheit: keine Armut, kein Hunger, Gesundheit und Wohlergehen, hochwertige Bildung, Geschlechtergleichheit, sauberes Wasser, saubere Energie, menschenwürdige Arbeit, gute Infrastruktur, mehr Gleichheit, nachhaltige Kommunen, nachhaltige Wirtschaft, Klimaschutz, Meeresschutz, Artenschutz, Frieden und internationale Partnerschaften zur Erreichung dieser Ziele.

Hierzulande können wir unsere Grundbedürfnisse allerdings oft nur dann erfüllen, wenn wir gegen die Goldene Regel verstoßen, auch wenn wir das moralisch ablehnen. Einfach weil die vorgegebenen Strukturen uns zwingen, diese zu nutzen. Wir heizen und fahren mit fossilen Energien, obwohl sie Südseeinseln untergehen lassen und Klimaflüchtlinge produzieren. Wir schlucken Medikamente, die in Tierversuchen entwickelt wurden. Wir ernähren uns von Monokulturen, die Lebewesen ausrotten. Uns wird das Recht vorenthalten, mit unserer Lebensweise niemandem Leid anzutun.

Es müsste ein Grundrecht geben, niemandem zu schaden. Auf dieses Recht pochen auch Forscher wie Stephan Lessenich oder das junge ILA-Wissenschaftskollektiv. Im Westen bestehe eine »verkürzte Sichtweise auf Freiheit mit Blick auf Privilegien«, kritisiert es. »Die Aufgabe von Privilegien bedeutet nicht nur Verlust oder Verzicht: Die Bedürfnisse von anderen einzubeziehen hilft auch dabei, die eigenen Bedürfnisse zu beachten. Denn das Leben auf Kosten anderer ist zu einem gewissen Grad auch Selbst-Feindschaft. Zu wissen, dass man anderen durch das eigene Verhalten schadet, ist schmerzhaft. Das Privileg aufzugeben, auf Kosten anderer zu leben, kann befreien.«[41]

Menschengemachte Strukturen formen Menschen

Wir Menschen lieben unsere Kinder und Enkel und möchten ihnen die beste Zukunft bieten. Wir lieben die Natur, Tiere und Pflanzen. Wir sind kooperativ. Wir bevorzugen Gleichheit und Fairness. Wir sind fähig zu Resonanz und Empathie, zu Solidarität und Selbstregierung, zu Demokratie und Frieden, zu Freiheit und Selbstreflexion. Wir haben Sehnsucht danach, Sinnhaftes zu tun und Positives in die Welt zu tragen. Warum gibt es dennoch so viel Gewalt, Ausbeutung, Zerstörung? Eine Erklärung dafür ist, dass destruktive Handlungen schneller und tiefgreifender wirken als konstruktive. Mit einem Gewaltakt kann man einen Menschen in Sekunden traumatisieren; danach sind Psychologen und Therapeutinnen für Jahre damit beschäftigt, seine Gesundheit wiederherzustellen.

Der israelische Historiker Yuval Noah Harari legt in seinem Bestseller »Kurze Geschichte der Menschheit« überzeugend dar, dass die Entwicklung von Homo sapiens entscheidend durch den Glauben an gemeinsame Ideen vorangebracht wurde. Sehr verkürzt zusammengefasst: Rituale, Religionen und Institutionen aller Art vermitteln zwischen Menschen, auch wenn sie weit voneinander entfernt leben, und erzeugen Vertrauen (»die glauben dasselbe wie ich«). Diese menschengemachten Strukturen und Organisationen wirken auf uns zurück, positiv wie negativ.

Der Stadtplaner Jan Gehl befand: »Erst formen wir die Städte, dann formen sie uns.« Der von ihm beobachtete Effekt gilt für alle menschengemachten Strukturen: Erst formen wir das Geld, dann formt es uns. Erst formen wir die Wirtschaft, dann formt sie uns. Erst formen wir die Politik, dann formt sie uns. Erst formen wir Institutionen, dann formen sie uns. Erst formen wir Autos, dann formen sie uns. Erst formen wir die Werbung, dann formt sie uns. Erst formen wir Algorithmen, dann formen sie uns.

Dieser Zusammenhang muss aber nicht zwangsweise schlecht sein. Wenn wir es schaffen, Organisationsweisen zu formen, die nach menschlichem Maß funktionieren, holen diese das Beste aus Menschen heraus. Städte, öffentliche Räume, Gebäude, Verkehrswege, Institutionen, Organisationen, Betriebe, Bildungsstätten, Kliniken und Pflegeheime – sie alle sollten selbstorganisiert und kleinteilig geformt sein, die Sinneslust befriedigen und Möglichkeiten zur Regeneration bieten. Dann fühlen sich Menschen dort wohl und lebenszufrieden. Sie leben und arbeiten dort gerne, werden seltener kriminell und gewalttätig, haben weniger Frustkäufe und Frustflüge in ferne Gefilde nötig, fühlen sich erfüllt.

Verbote helfen beim Maßhalten

Zum menschlichen Maß und zur Goldenen Regel gehören aber auch Verbote. Mord und Totschlag sind aus gutem Grund untersagt, ebenso Raub, Beleidigung, Körperverletzung und vieles mehr. Politiker trauen sich jedoch nicht, mitweltschädliche Praktiken zu verbieten, weil sie glauben, ihre Wählerschaft würde sich dann von ihnen abwenden, und weil sie sich mit Wirtschaftslobbyisten anlegen müssten. Besonders die Grünen sind gebrannte Kinder, seit sie einen wöchentlichen »Veggie Day« in den Kantinen der Republik einführen wollten und die Boulevardpresse dagegen Sturm lief. Aber zu glauben, alle Verhaltensänderungen könnten nur freiwillig erfolgen, ist ein großer Irrtum.

»Ich finde es furchtbar, dass die Politik vor Verboten eine solche Angst hat. Es ist schlimm, dass sie als Politiker heute bis zur Blödigkeit darauf erpicht sein müssen, beliebt zu sein, und sich nie trauen, etwas zu machen, das vernünftig ist«, sagt auch der Philosoph Richard David Precht. Und bringt einen vielleicht überraschenden Aspekt ein: »Die Menschen lieben Verbote. Das ist etwas, was Politiker nicht verstehen. Die meisten Leute sind natürlich erst einmal dagegen, aber nachher sind sie froh, dass es die Verbote gibt. Denken Sie nur an das Verbot, in öffentlichen Räumen und Gaststätten nicht mehr rauchen zu dürfen ... Wenn Sie in Deutschland etwa die Massentierhaltung verbieten wollten, hätten Sie bereits jetzt eine Bevölkerungsmehrheit dafür. Natürlich wäre erst mal die Folge, dass der Fleischpreis steigt. Dann würden sich die Leute ein bisschen ärgern. Und innerhalb ganz, ganz kurzer Zeit würden sie sich daran gewöhnen, dass Fleisch teurer ist als früher. Und irgendwann würde man es gar nicht mehr vergleichen. Dann ist das halt so.«[42] Verbote schaffen Klarheit und moralische Orientierung. Und sie sparen Zeit – in unserem Keine-Zeit-Alter die knappste Ressource.

Starten wir also einen neuen Versuch für unsere Definition: Menschengemäße Verhältnisse sollten kleinteilig sein, selbstorganisiert, überschaubar, transparent, erreichbar und fehlerfreundlich. »Menschen fühlen sich zufrieden, wenn sie mit den Dingen, den Beziehungen und Strukturen wachsen können und wenn sie erkannt und anerkannt werden. Dinge, Organisationen und Beziehungen sind demnach so zu gestalten, dass sie verstehbar, handhabbar, gestaltbar und sinnhaft erscheinen«, meinen auch die Sozialforscher Jürgen Daub und Gustav Bergmann.[43] In solchen Strukturen entsteht Vertrauen, und Vertrauen lässt solche Strukturen wachsen.

Das planetarische Maß

Aber das menschliche Maß allein reicht noch nicht aus, um die Welt besser zu machen. Dass unsere Spezies allein ihr eigenes Wohlergehen in den Mittelpunkt des Handelns stellt(e), führt(e) bekanntlich zu ökologischen Katastrophen. »Macht euch die Erde untertan!«, heißt es in der Bibel. Und die Menschen versklavten leidensfähige Tiere und kümmerten sich nicht darum, wie es diesen unter dem Joch ihrer Pflüge erging oder in den engen Qualboxen der heutigen Massentierhaltung. Und sie rodeten Wälder und trockneten Moore aus und dehnten ihre Monokulturen bis zum Horizont aus und kümmerten sich nicht darum, wie viele lebendige Biotope sie damit abtöteten.

In der Wahrnehmung vieler Stadtmenschen kommt der Strom aus der Steckdose und das Essen aus dem Supermarkt. Sie haben vergessen, dass sie absolut abhängig sind von anderen Lebewesen, die Sauerstoff und Nahrungsmittel produzieren. Sie haben auch vergessen, dass sich ihr geistiges und seelisches Wohl nur in schönen Landschaften regenerieren kann, an lebendigen Orten, in denen sie sich verwurzeln können. Wir brauchen also ein mehr-als-menschliches Maß. Nennen wir es das planetenfreundliche Maß. Menschliches und planetenfreundliches Maß bedingen einander, das eine geht nicht ohne das andere.

Ein solches planetenfreundliches Maß bestimmt sich dadurch, dass auch nichtmenschliche Lebewesen dabei berücksichtigt werden – mit ihrem Recht auf ein artgerechtes würdiges Leben mit genügend Raum und Bewegungsfreiheit. Dass Ressourcen, die Menschen verbrauchen, regeneriert werden. Dass keine Gifte in die Welt kommen. Dass die Artenvielfältigkeit des Lebens erhalten bleibt. In einem Wort: dass das Lebendige noch lebendiger werden kann, wie es der Physiker und Alternative Nobelpreisträger Hans-Peter Dürr formulierte.[44]

Wie wir zu einem menschlichen Maß finden

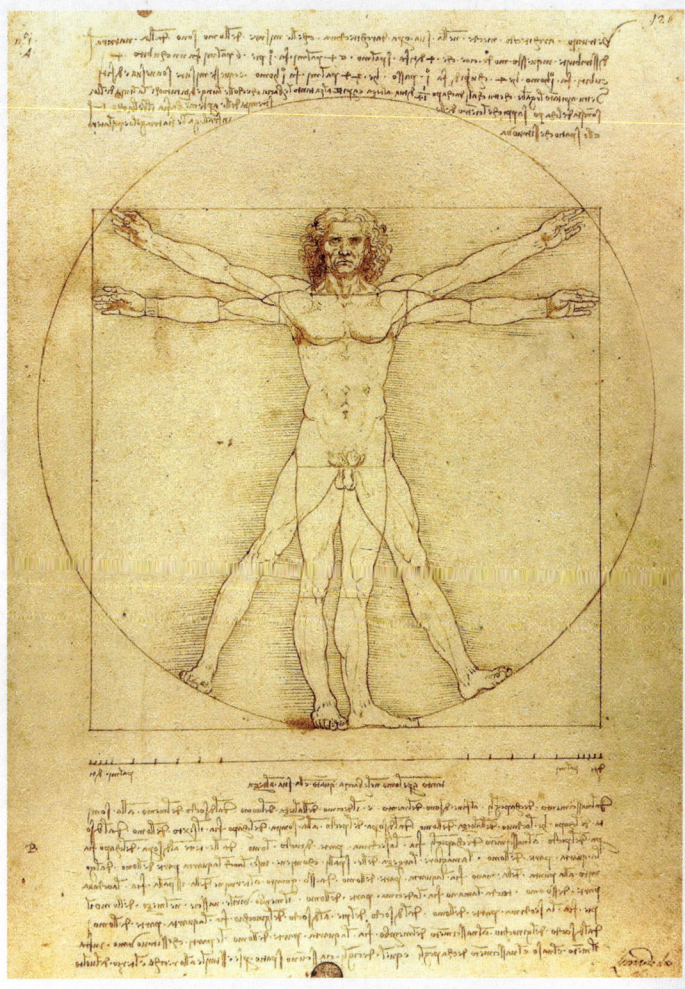

Das Du kann man nicht suchen, es lässt sich
nicht finden, es begegnet mir.

MARTIN BUBER

Der Homo vitruvianus von Leonardo da Vinci

In Wirklichkeit geht es um die Interaktion von Form und Leben,
um die Dinge, die sich zwischen Häusern abspielen.

JAN GEHL

Der Mensch ist klein, und daher ist klein schön. Wer auf
Riesenhaftigkeit setzt, der setzt auf Selbstzerstörung.

E. F. SCHUMACHER

Unsere bisherige Technik steht in der Natur
wie eine Besatzungsarmee im Feindesland, und vom
Landesinneren weiß sie nichts.

ERNST BLOCH

Es gibt eine Welt, die wir schaffen, und eine Welt,
die uns geschaffen hat. Diese beiden Welten müssen
zusammenkommen.

SPRUCH IN TAMERA, PORTUGAL

Verantwortung entsteht aus der Nähe des Anderen.
Nähe bedeutet Verantwortung und Verantwortung ist Nähe.

ZYGMUNT BAUMAN

Es geht nicht um die Krankheit im Menschen, sondern
um den Menschen in einer Krankheit.

DR. MED. STEFAN HILLER

Das Leben in unwirtlichen Städten gewöhnt vielen den Sinn
für das menschliche Maß ab. Die Kunstwelten der Scheinriesen
lassen Sinnlichkeit und Sinne verkrüppeln.

Des Menschen Maß entdecken wir in scheinbar
paradoxer Weise vor allem in der nichtmenschlichen,
artenreichen, kleinteiligen Natur.

li.o.: Gaia-Haus; li.u.: Tiny House; re.u.: Hobbit House

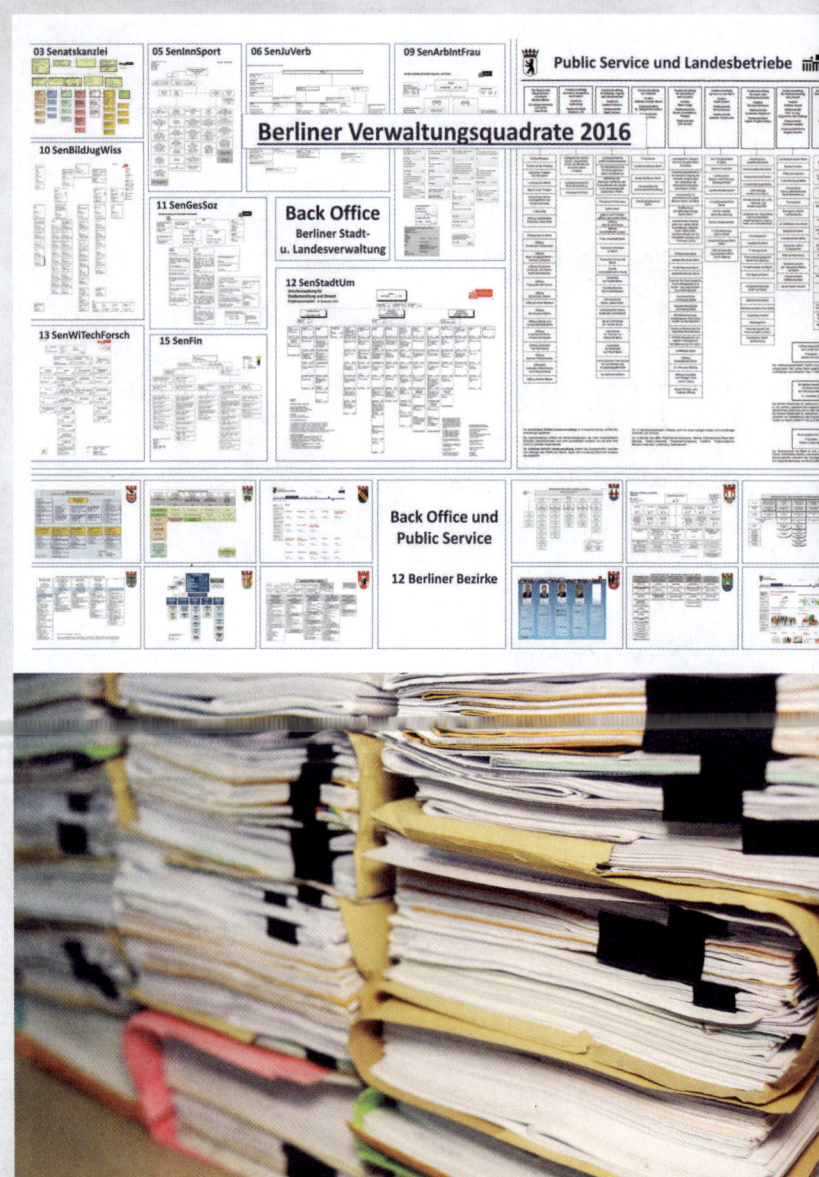

Denken in bürokratischen Schubladen grenzt aus.

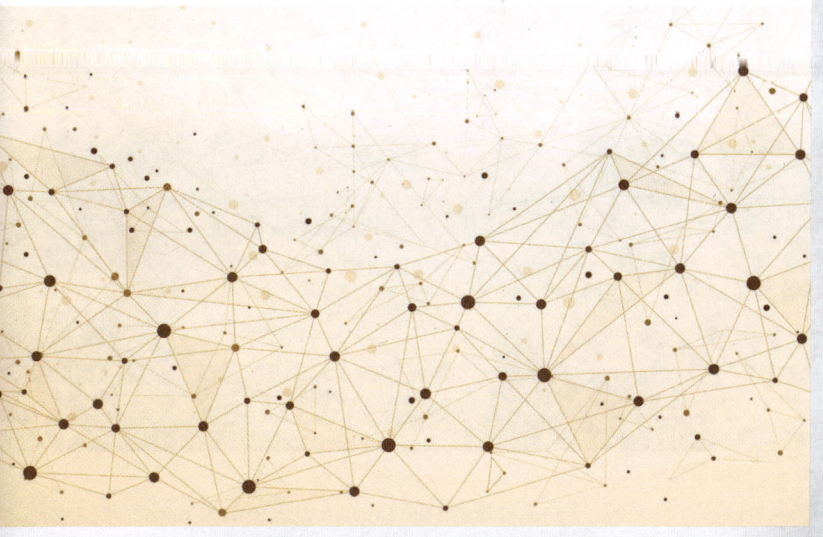

Berlin neu denken
Bunt - Organisch - Verständlich

ITDZ · Personal · Org
WT
Finanz-
ämter
Logo... · alt verfahr
Leitung
Museen · Bibliotheken · Archive
Oper · Theater · Kultur
Bund · funk
Musik-
schulen
Kultur
Krankenhäuser
Pflege
Polizei
Feuer-
wehr
Sicher-heit
Finan-zen
Soziales
Sozialämter · Familienkinos · Jugendämter
LaGeSo
Kinder-
Tageseinrichtungen
Staats-
anwalt-schaft
Justiz
Berliner Verwaltung
Back Office
Bildung
Schulen
Straf-
vollzug
Gerichte
Ordnung
VHS
Ordnungs-
ämter
LaBo
Netz-
dienste
Bau &
Umwelt
Wissen-
schaft
Forst-
en
Bürger-
ämter
Stadt-
werke
Wirt-
schaft
WiFö
Grün-
flächen
Genossen
-schaften
Versorger
Gas/Strom/Energie
Entsorger
Müll/Papier/Recycling
BVG
BSR
IBB
Studenten
werk
Hochschulen
Public Service

Gemeinwohlbetriebe

Kreise bilden die Urform menschlicher Gemeinschaft,
sie schaffen Nähe und Zugewandtheit. Peer-to-Peer-Netze schaffen
ein vielfältiges, dezentrales, resilientes Geflecht.

Die Utopie, sie steht am Horizont. Ich bewege mich
Schritte auf sie zu, und sie entfernt sich.
Ich gehe weitere Schritte, und sie entfernt sich erneut.
Wofür ist sie also da? Um zu gehen!

Kapitel 1

Ernährung:
bio – selbstversorgend –
regional

In unserer Zeit kommt die Hauptgefahr für den
Boden (und damit nicht nur für die Landwirtschaft,
sondern für unsere Kultur insgesamt) von der
Entschlossenheit des Städters, die Grundsätze der
Industrie auf die Landwirtschaft anzuwenden.

E. F. SCHUMACHER

Menschen sind Natur inmitten von Natur. Oder wie es Albert
Schweitzer ausdrückte: Wir sind Leben inmitten von Leben, das
leben will. Körper, Seele und Geist bilden eine Einheit, die täglich
durch biologischen und sozialen Stoffwechsel genährt und erneuert
wird. Wir trinken Kaffee oder Tee – und das belebende Gefühl lässt
uns aktiv werden. Wir essen Nudeln oder ein Salzgürkchen – und
aus dem Gürkchen wird eine Idee. Wir atmen ein – unsere Mus-
keln werden mit Sauerstoff versorgt, und daraus wird womöglich
ein fußballerischer Meisterschuss oder ein weltverändernder Akt.
Atom für Atom, Molekül für Molekül, Zelle für Zelle erneuern wir
uns beständig selbst. Bei Erwachsenen sterben in jeder Sekunde
rund 50 Millionen Zellen ab – das entspricht aneinandergelegt einer
Zellkette von einem Kilometer Länge.[45] Gleichzeitig werden in jeder

Sekunde fast genauso viele Zellen neu gebildet. Pro Sekunde beinahe ein neuer menschlicher Kilometer in jedem von uns!

Jedes Ich ist eine Wohngemeinschaft von Billionen Körperzellen und noch mehr Mikroorganismen im Darm und auf der Haut. »Ein Erwachsener besteht aus 10^{14} oder 100 Billionen oder 100.000.000.000.000 einzelnen Zellen. Legte man die durchschnittlich nur 1/40 Millimeter großen Zellen aneinander, reichten sie zweieinhalb Millionen Kilometer weit – oder etwa 60-mal um die Erde.«[45]

Sozialdarwinisten glauben, wir seien Produkte des Überlebenskampfes von konkurrierenden »Fittesten« und »Stärksten«. Doch biologisch und sozial gesehen, sind wir ein Meisterwerk der Kooperation. Meistens ohne dass dabei irgendetwas schiefgeht. In der Natur ist Kooperation das wesentliche Prinzip, um ein Zigfaches stärker als Konkurrenz. Der Neurowissenschaftler Antonio Damasio formuliert es so: Unser Körper sei »Teil eines ungeheuer komplexen Organismus aus kooperierenden Systemen, die aus kooperierenden Zellen bestehen, die aus kooperierenden Molekülen bestehen, die aus kooperierenden Atomen bestehen, die schließlich aus kooperierenden Teilchen aufgebaut sind.«[46]

Wir sind ein Mix aus allem und jedem. Buchstäblich auch aus Sternenstaub. »Jeder von uns enthält Kohlenstoff-, Sauerstoff- und Eisenatome, die in Tausenden von Sternen aus der gesamten Milchstraße entstanden. Der Kosmos ist in einem sehr intimen Sinn ein Teil von uns«, schreibt der britische Astronom Martin Rees.[47] Wir sind eine bunte Mischungen aus Sternen, Viren, Bakterien, Pilzen, Pflanzen, Tieren und anderen Menschen. Jeder könnte jede Lebensform sein und war es vielleicht schon.

Jedes Jahr werden 98 Prozent der Atome in unserem Körper ersetzt. Die allermeisten Elemente unseres Körpers sind längst in die Atmosphäre veratmet, mit der Toilette in Klärwerke, Flüsse und Meere gespült oder anderswie über die Erde verteilt worden. Ungefähr 1,5 Tonnen Materie setzen wir jährlich im Körper um, Essen, Trinken und Sauerstoff wird in Energie umgewandelt. Laut dem

Umwelt- und Prognose-Institut Heidelberg hat jedes Kohlenstoff-
atom in Ihrem Körper, statistisch gesehen, bereits rund 600-mal
in einem anderen Leben mitgewirkt – in einem Bakterium, einem
Virus, einem Blatt, einem Regenwurm, einem Pilzfaden, einem
Dinosaurier, einem Rotkehlchen, einem anderen, vielleicht Ihnen
sogar verhassten Menschen. Phosphor, in der Biosphäre seltener
als Kohlenstoff, war vor dem Einbau in Ihren Körper bereits rund
8000-mal in anderen Lebewesen vorhanden, und das noch selte-
nere Selen wurde schon durch rund 40.000 Lebewesen vor Ihnen
recycelt.[48] Wir gehen andauernd durch andere hindurch, wir gehen
ineinander über. Wir sind Ströme: Energieströme, Wasserströme,
Lebensströme. Wir bestehen aus Millionen Jahren alten Molekülen,
die uns gleich wieder verlassen. Jeder Mensch, jedes Lebewesen,
jede Zelle: ein Wunderwerk.

Dank Essen, Trinken und Atmen verinnerlichen wir die Energie von außen und veräußerlichen sie in unseren Handlungen – ein
endloser Reigen. Das Äußerliche – Umwelt, Nahrung, Energie –
wird zu unserem Innen und Innerlichsten. Und umgekehrt. Wir
essen Landschaften, und irgendwann essen die Landschaften wieder uns. In uns ist die Außenwelt der Innenwelt der Außenwelt. Um
uns herum ist die Innenwelt der Außenwelt der Innenwelt.

Alles ist miteinander verbunden, alles schwingt miteinander,
glaubte der Chemiker und Naturphilosoph Friedrich Cramer. Atom-
kerne, Photonen, Quarks, Moleküle, Schallwellen, Lichtwellen,
Atemzüge, Herzschläge, Hirnströme, Meereswellen, Winde, Erd-
umdrehungen: »Schwingungen treten miteinander in Wechselwirkung, überlagern sich, regen sich gegenseitig an oder löschen sich
aus, verstärken sich oder schwächen sich ab.«[49] Alle höheren Strukturen seien zusammengesetzt »aus Zeitkreisen, aus Schwingungen,
aus Unterstrukturen mit Eigenzeiten, zusammengehalten durch
Resonanz.«[50] In dieser Sichtweise sind Krankheiten ein Ausdruck
fehlgeschlagener Harmonisierung oder Synchronisierung unterschiedlicher Schwingungen, und das Ende aller Schwingung und
aller Resonanz ist der Tod.

Cramer kam zu dem Schluss: »Das Ohr tritt in Resonanz mit den Schallwellen, das Auge mit den Lichtwellen, die olfaktorischen Areale mit den Duftmolekülen. Resonanz ist die Grundlage der Planetenbewegung. Resonanz verbindet als chemische Bindung die Moleküle der Materie, sie schließt uns in Tages- und Jahreszeiten zusammen, Resonanz koordiniert die Zellen und den Stoffwechsel unseres Organismus, ja sie macht erst eigentlich ein individuelles ganzes Lebewesen aus, Resonanz ermöglicht das Erfassen sinnlicher Eindrücke, die im Zentralnervensystem mit Hilfe von Resonanzmechanismen verarbeitet werden, Resonanz ist die Grundlage des Zusammenlebens der Menschen, in alltäglichen Funktionen wie Ernährung und Verkehr, oder in höheren Bedürfnissen wie Spiel, Nachdenken über Gott und Welt, Liebe: *Resonanz ist es, die die Welt im Innersten zusammenhält.*«[51]

Alles auf der Welt existiert durch Resonanz und Bindungskraft, nichts kann allein bestehen. »Beziehung ist die fundamentale Wahrheit dieser Welt der Erscheinung«, schrieb der indische Poet und Philosoph Rabindranath Tagore. Dieser Gedanke hat etwas sehr Befreiendes: Es gibt kein isoliertes Ich. Wir sind alle in den ewigen Kreislauf des Lebens eingewoben.

Geniale Fähigkeiten von Tieren und Pflanzen

In der Tradition von Descartes glauben viele Naturwissenschaftler bis heute, dass wir Menschen den »seelenlosen« Tieren und Pflanzen haushoch überlegen seien. Doch Erkenntnisse aus der zeitgenössischen Forschung zeigen, dass die Fähigkeiten vieler Tiere denen von uns Menschen in nichts nachstehen und auch die von Pflanzen höchst erstaunlich sind. Australische Rotscheitel-Säbler können Rufe zu Sätzen mit eigener Grammatik kombinieren, berichtet der Biologe und Verhaltensforscher Karsten Brensing. Tintenfische reden mittels Veränderung ihrer Körperfarbe und -muster miteinander. Geschulte Menschenaffen beherrschen Gebärdensprachen und überraschen dabei mit witzigen Wortschöpfungen wie

»Schrei-Schmerz-Essen« für scharfe Radieschen. Tauben können neue englische Worte erkennen. Hunde entschuldigen sich nach harten Auseinandersetzungen untereinander. Papageien, Krähen, Delfine und sogar Ameisen erkennen sich im Spiegel. Spinnen haben Persönlichkeiten. Ratten lachen gerne.[52] Brensings Schlussfolgerung: Je nach Fähigkeiten gebe es »keinen Unterschied zwischen den Menschen und den Tieren«. Und: Auf der individuellen Ebene »fällt es immer schwerer, eine klare Grenze zwischen Menschen und Tieren zu ziehen«.[53]

Auch Pflanzen sind viel intelligenter und empfindungsfähiger als bisher gedacht. Sie könnten auf ihre Weise sehen, hören, schmecken, riechen und fühlen, schreibt der italienische Pflanzenphysiologe Stefano Mancuso. Neben diesen fünf Sinnen besäßen sie zudem mindestens weitere fünfzehn: Sie könnten auch »Schwerkraft, elektromagnetische Felder und Feuchtigkeit wahrnehmen und berechnen«. Sie kommunizierten über chemische Moleküle und warnten einander vor Freßfeinden. Sie könnten Verwandte erkennen, sich gegenseitig helfen, Tiere verjagen oder verführen, über ihre Wurzeln Umgebungsreize wahrnehmen und sich entscheiden, wohin sie wüchsen.[54] Ähnliches berichtet der Förster Peter Wohlleben von Bäumen: Über ihr Wurzelgeflecht kommunizierten sie miteinander, beschützten ihren Nachwuchs, versorgten alte Stümpfe und andere Baumarten.[55] Auch Wohlleben glaubt, dass die Grenzen zwischen den Spezies verschwimmen.

Die neuen Erkenntnisse zeigen die Koevolution aller Lebewesen. Haben die Menschen Tiere und Pflanzen domestiziert, oder ist es vielleicht auch umgekehrt? Zumindest von Hunden weiß man, dass sie sich evolutionär perfekt an Menschen angepasst haben und diese zu manipulieren wissen. Damit stellen sich neue ethische Fragen: Ab wann wird unsere Art von Tier- und Pflanzenhaltung unmoralisch, weil sie leidensfähige Lebewesen versklavt? Was ist das richtige planetenfreundliche Maß für unsere Mit-Lebewesen?

Letztlich gehören wir alle zum Kreislauf des Lebendigen, und alles wird irgendwann zu uns zurückkehren. Das ist nichts Esoterisches, sondern etwas höchst Materielles: Die Plastikmüll-Teilchen im Meer werden zuerst von Mikroorganismen und dann von Fischen aufgenommen, bis sie in Menschenmägen landen. Jedes versprühte Pestizid vergiftet zuerst andere Lebewesen und dann auch uns. Unser Elektroschrott verseucht afrikanische Böden und treibt Menschen in die Flucht übers Mittelmeer hierher. Wenn zwischen dem Ganzen und seinen Teilen keine echte Trennung möglich ist, dann ist Leidvermeidung nicht nur ein Gebot der Goldenen Regel, sondern auch eine höchst pragmatische Handlung, die letztlich uns selbst schützt.

Unsere Ernährungsweise sollte deshalb konsequent regenerativ sein, damit die Natur heilen kann und wir auch. Gute Bauern und Landwirtinnen gehen respektvoll mit jenen Lebewesen um, die ihnen anvertraut sind. Tierleid und Pflanzenstress vermeiden sie. Landwirtschaft organisieren sie in kleinen, natürlichen Kreisläufen. Die von ihnen erzeugten Lebensmittel schenken Genuss und sind frei von Schadstoffen und Giften.

Stakeholder und Steakhalter

Der Kardinalfehler von Politik und Agroindustrie besteht in dem Glauben, Lebensmittel nach derselben Effizienzlogik herstellen zu können wie Industriewaren. Seit Ende des Zweiten Weltkrieges wurden Maschinenparks, Monokulturen und Massentierställe immer größer, damit immer mehr geerntet, gemolken und geschlachtet, rationalisiert und standardisiert werden konnte. Das führte zu gigantischen ökosozialen Schäden. Die so hergestellten »lebensmittelähnlichen Substanzen«, wie der US-Autor Michael Pollan das Ergebnis nennt, sind dadurch zwar sehr billig geworden: Schweizer, Österreicherinnen und Deutsche gaben 2017 im Schnitt jeweils nur knapp 9, 10 bzw. 11 Prozent ihres Einkommens für Essen aus, während dieser Anteil in Ländern wie Nigeria und Kenia mehr als die Hälfte des Familieneinkommens wegfrisst.[56] Aber den agroindustriellen Waren mangelt es oft an Mikronährstoffen und Spurenelementen. Dafür enthalten sie Giftspuren, die in Körpern nichts zu suchen haben. Michael Pollan rät deshalb vom Konsum industriell verarbeiteter Produkte ab: »Essen Sie nichts, was Ihre Großmutter nicht als Essen erkannt hätte.«[57]

Heute wird weltweit pro Kopf fast doppelt so viel Fleisch verzehrt wie noch vor 55 Jahren. 2012 wurden dafür 65 Milliarden Wirbeltiere geschlachtet – im Schnitt 10 pro Mensch.[58] Fleischessen ist zum Statussymbol geworden, auch weil es in vielen Gesellschaften für »Männlichkeit« steht, für »das Tier in mir«.[59] Lateinamerikas Urwälder werden abgeholzt, um genmanipuliertes Soja anzubauen, das hierzulande an industriell gehaltene Kühe und arme Schweine verfüttert wird; es formt unsere Wohlstandsbäuche, führt zu Herz-Kreislauf-Krankheiten und, damit verbunden, zu hohen Kosten für Gesundheitswesen und Sozialsystem. Die gängige Wirtschaftslehre berücksichtigt diese Folgekosten nicht; der Soziologe Stephan Lessenich spricht deshalb von »Externalisierungsgesellschaften«, die auf einer Auslagerung wahrer Kosten basieren. Wenn man alle externalisierten ökosozialen Kosten einbezieht, wird Billigfleisch plötzlich gigantisch teuer: Für einen handelsüblichen Hamburger müssten laut einer Studie statt 1 US-Dollar dann 200 US-Dollar bezahlt werden.[60]

Inzwischen ist das agroindustrielle System womöglich der größte Klimazerstörer auf Erden. Das »Institut für Welternährung« vermeldete 2018, die vier mächtigsten US-Fleisch- und Milchkonzerne hätten als Brandstifter am Weltklima inzwischen sogar die größten Ölkonzerne überholt. Solche transnationalen Aktiengesellschaften wirtschaften zugunsten von Stakeholdern und Steakhaltern, aber zulasten anderer Lebewesen des Planeten. Hersteller von Pestiziden und Chemiedünger, Massentierhalter, Lebensmittelkonzerne, Landmaschinenbauer, Plantagenbesitzerinnen und Herrscher der Mono- und Reinkulturen: Wenn man ihren Ausstoß von Treibhausgasen zusammenrechnet, macht das ungefähr die Hälfte aller weltweiten Emissionen aus.[61] Pestizide, Kunstdünger und tiefes Pflügen töten Bodenleben und Artenvielfalt und setzen CO_2 frei.

Schwere Maschinen verdichten den Boden, sodass Lachgas emittiert wird, 300-mal klimaschädlicher als CO_2. Massentierhaltung erzeugt Methan, 25-mal schlimmer als CO_2. Riesige Güllemengen führen zu Nitrat im Grund- und Trinkwasser sowie zu wachsenden sauerstoffarmen »Todeszonen« in den Meeren. Und in den Supermärkten packen wir, ohne es zu wollen oder auch nur zu merken, menschliches und tierisches Leiden in den Einkaufswagen.

Das Coronavirus könnte man gewissermaßen als Rache der eingesperrten Tiere sehen. Die Agrarindustrie habe den Planeten mehr oder weniger in eine einzige industrielle Agrarfabrik verwandelt, um den Lebensmittelmarkt zu beherrschen, und »ein besseres System zur Züchtung tödlicher Krankheiten lässt sich kaum entwickeln«, kritisiert der Evolutionsbiologe Rob Wallace. »Durch Züchtung genetischer Monokulturen von Nutztieren werden alle eventuell vorhandenen Immunschranken beseitigt, die die Übertragung verlangsamen könnten. Eine große Tierpopulation und -dichte fördert hohe Übertragungsraten. Solche beengten Verhältnisse beeinträchtigen die Abwehrkräfte des Immunsystems der Tiere. Ein hoher Durchlauf von Tieren, der Teil jeder industriellen Produktion ist, versorgt die Viren mit ständig neuen Wirtstieren, was die Ansteckungsfähigkeit der Viren fördert. Mit anderen Worten: Die Agrarindustrie ist so auf Gewinn ausgerichtet, dass die Entscheidung für ein Virus, das eine Milliarde Menschen töten könnte, das Risiko wert zu sein scheint.«[62]

Ähnliches, sagt er, gelte für die Zerstörung von Ökosystemen, Urwäldern und kleinbäuerlich bewirtschafteten Flächen: »Die funktionelle Vielfalt und Komplexität dieser riesigen Landflächen wird so vereinheitlicht, dass zuvor eingeschlossene Krankheitserreger auf die lokale Viehzucht und die menschlichen Gemeinschaften überspringen. Kurz gesagt, die Metropolen des globalen Kapitals, Orte wie London, New York und Hongkong, müssen als Krisenherd für die wichtigsten Krankheiten betrachtet werden.« Das formulierte der US-Biologe, einen Monat bevor Covid-19 seinen Todespflug durch New York zu ziehen begann.

Der agroindustrielle Scheinriese ist planetenfeindlich und ineffizient

In Europa gibt die »Gemeinsame Agrarpolitik« der EU vor, wie auf Äckern zu wirtschaften ist. Die Brüsseler Subventionen machen Agroindustrielle immer mächtiger, denn sie richten sich bisher vor allem nach der Flächengröße eines Betriebs. Umgekehrt mussten schon Millionen kleiner Höfe und Familienbetriebe aufgeben, weil nach dem Motto »Wachse oder weiche« nur die Größten überleben. Das führt zu höheren Betriebskonzentrationen mit spezialisierten Mono- und Reinkulturen. Weniger Menschen arbeiten mit immer schwereren Maschinen auf zunehmend öden Äckern. Die EU exportiert ihre Lebensmittelüberschüsse in südliche Länder, ruiniert dort Marktpreise für Kleinbauern und schafft damit Fluchtursachen. Keine Win-win-win-, sondern eine Lose-lose-lose-Situation.

Mit neuen konzernfreundlichen »Freihandelszonen« wird die Sache nicht besser. Wenn EU-Parlament und EU-Mitgliedsstaaten dem Mercosur-Abkommen zwischen Europa und Brasilien, Argentinien, Paraguay und Uruguay zustimmen sollten, wird das noch mehr Familienhöfe zum Aufgeben zwingen, Belastungen mit Glyphosat und längst verbotenen Ackergiften massiv erhöhen und Rodungen des Urwalds forcieren – der unverzichtbaren »grünen Lunge« des Planeten Erde. Einen »Vergiftungskreislauf« nennt das die brasilianische Geografin Larissa Mies Bombardi.[63]

Monokulturen auf den Feldern scheinen auch Monokulturen in den Köpfen zu verursachen. In vielen ausgeräumten ländlichen Regionen Deutschlands machen sich Rechtspopulisten und Nazis breit – auch weil junge Männer außer Güllefahren dort kaum mehr Perspektiven haben. Wenn Agro-Angestellte Lebewesen wie tote Dinge behandeln und gleichzeitig selbst wie tote Dinge behandelt werden, erzeugt das Beziehungslosigkeit und Angst gegenüber allem Lebendigen und Vielfältigen – und in der Folge oftmals Hass auf alles vermeintlich Fremde und Bedrohliche. Aber seltsamerweise nicht auf fremde Bodenspekulanten, sondern auf Migranten. Noch mehr Lose-lose-lose.

Viele Studien stellen fest, dass die »Effizienz« des agroindustriellen Systems eine buchstäbliche Milchmädchenrechnung ist. Die hiesige »Hochleistungslandwirtschaft« sei eine reine »Verschwendungswirtschaft«, schreibt die Agrarjournalistin Tanja Busse.[64] Mit hohem Futteraufwand werden etwa Küken ausgebrütet und Kälber großgezogen – um dann, wenn sie männlich sind, sofort geschreddert bzw. geschlachtet zu werden.

In einer Broschüre der früheren grünen EU-Abgeordneten und Milchbäuerin Maria Heubuch wird dargelegt, dass kleine Höfe vielfach ökologischer, effizienter und widerstandsfähiger arbeiten als spezialisierte Großbetriebe. Die Flächenproduktivität, einer der wichtigsten Erfolgsindikatoren der gängigen Landwirtschaftslehre, ist in den ostdeutschen Riesenbetrieben mit 640 Euro pro Hektar um die Hälfte niedriger als in kleineren Höfen Nordwestdeutschlands.[65]

Die bereits erwähnte Studie der Wirtschaftsprüfungsgesellschaft KPMG kommt zu dem Schluss, dass die Agrar- und Lebensmittelindustrie Umweltschäden in Höhe von 225 Prozent ihres Gewinns verursacht – damit ist sie einsamer Spitzenreiter.[66]

Überwältigende Mehrheit für die Agrarwende

Dabei scheint die Bevölkerung in Deutschland längst weiter zu sein als die Politik. Alle zwei Jahre wird sie im Auftrag des Bundesumweltministeriums zu ihrem »Umweltbewusstsein« befragt. Das Ergebnis der repräsentativen Umfrage von 2018 liest sich geradezu sensationell: Es zeichnet sich eine überwältigende Mehrheit für eine Agrar- und Energiewende ab.

Fast zwei Drittel (64 Prozent) der Befragten sehen in Mitwelt- und Klimaschutz eine sehr wichtige Herausforderung – 11 Prozent mehr als 2016. Insgesamt 91 Prozent halten das Artensterben für ein »eher großes« oder »sehr großes Problem«. Jeweils 89 Prozent befinden, der Einsatz von Ackergiften wie Glyphosat, die Belastung der Gewässer durch Überdüngung sowie die Beeinträchtigung der Bodenqualität durch Monokulturen sei problematisch. 82 Prozent kritisieren das unzureichende Tierwohl. Und 69 Prozent zeigen sich besorgt über Klimaschäden etwa durch Massentierhaltung. Den Verantwortlichen für die Agrarpolitik stellen die Befragten ein ziemlich vernichtendes Urteil aus: Über vier Fünftel (86 Prozent) sind der Meinung, dass sich diese an den Interessen der Industrie orientierten. Die Bedürfnisse von Verbrauchern und Konsumentinnen sehen hingegen nur gut ein Drittel (38 Prozent) berücksichtigt.

Wenn es nach den Wünschen von Letzteren ginge, das bestätigt sich auch in anderen Umfragen, würde hierzulande viel mehr »bio« angeboten, es gäbe ein klares staatliches Tierwohlsiegel, und die meisten Lebensmittel kämen aus der Region. Denn drei von vier Befragten bevorzugen Produkte aus ihrem Umkreis.[67] Doch hier wird seitens der Anbieter viel geschwindelt. Öko-Test untersuchte Produkte mit Regionamen wie »Unser Land«, »Ein gutes Stück Heimat« oder »Unser Norden«. Ergebnis: Von 53 waren nur 14 echte Regionalprodukte.[68]

Wo bleibt die Agrarwende, die dem Bevölkerungswillen entspricht, mit regionalen, saisonalen und biologischen Lebensmitteln, die von bäuerlichen Familienbetrieben produziert werden? Das Bundesagrarministerium ist seit Jahren fest im Griff von Lobbyisten. Die Agroindustrie und der mit ihr verbandelte Bauernverband verhindern selbst minimalste Fortschritte beim Tierwohl oder bei Pestizidverboten. Dazu kommt: Längst nicht alle, die in Umfragen regionale Bioprodukte fordern, kaufen diese auch. Im Zweifelsfall finden sie dann doch das Sonderangebot mit Schweinshaxen für 1,99 Euro attraktiver.

Zudem hat es unsere Gesellschaft verlernt, Ernährung als soziale Aufgabe anzusehen. Auch in dieser Frage wird alles individualisiert. Die Ernährungsdebatte dreht sich hauptsächlich um Selbstoptimierung, also darum, wie ICH mich gesund ernähre. Wie ICH mein Körpergewicht für den Liebesmarkt optimiere. Welche

Superfoods ICH in den neuen Smoothiemaker stecken könnte. Welche neue Ernährungsweisen ICH ausprobieren könnte. Die Auflage von Kochbüchern boomt ungebrochen, obwohl immer weniger Menschen täglich selbst am Herd stehen. Laut Ernährungsreport des Bundesagrarministeriums waren es 2017 nur noch 39 Prozent, während 41 Prozent angaben, meistens tiefgekühlte Fertiggerichte in den Ofen zu schieben, damit es schnell geht.[69] Damit ernähren sie sich vorwiegend von genau jenen »lebensmittelähnlichen Substanzen«, vor denen Michael Pollan warnt.

Solche Substanzen servieren leider auch die Küchenchefs der allermeisten Institutionen. In Kantinen des öffentlichen Dienstes und der Ministerien, in Kliniken, Seniorenheimen, Schulen und Kitas – überall wird spitz mit dem Rotstift gerechnet, welche Nahrungsmittel am billigsten sind. Zudem ist in den Vergaberichtlinien der EU und vieler Behörden vorgegeben, dass Anbieter bevorzugt werden müssen, die das beste »Preis-Leistungs-Verhältnis« bieten; nur in begründeten Fällen sind Ausnahmen möglich. Ergebnis: Ökofaire Produzenten mit kurzen Handelswegen haben das Nachsehen. Meistens gewinnen diejenigen, die mit Monokulturen, Rationalisierungen und Billiglöhnen Preise drücken.[70]

Das geht zulasten von Mensch und Natur. Dabei verlieren die Schwächsten: Kinder und Jugendliche, Kranke, Alte. Für Kleine und für Kranke sind Ackergifte am schädlichsten. Wer in einer Klinik auf Genesung hofft, sollte nicht Pampe essen, sondern Leib und Seele aufbauende, regenerative Lebens-Mittel. Denn das sollten sie sein: Mittel zum Leben. Und nicht zum notdürftigen Überleben.

Die gute Nachricht ist: Viele zivilgesellschaftliche Initiativen fordern und fördern eine Ernährungswende, die nach menschlichem und planetenfreundlichem Maß funktioniert. Die Einen gründen eine Solidarische Landwirtschaft. Die Zweiten einen Hofladen oder eine andere Art von Direktvermarktung. Die Dritten Milchhöfe, bei denen die Kälber an ihren Müttern trinken dürfen. Die Vierten urbane Gemeinschaftsgärten. Die Fünften »Essbare Städte« mit Gemüsebeeten auf öffentlichen Flächen. Die Sechsten Protestdemonstrationen wie »Wir haben es satt«. Die Siebten Tauschbörsen für freies Saatgut. Die Achten Genossenschaften oder »Regionalwert AGs«, die Boden für Biobauern sichern. Die Neunten Kampagnen gegen Agrarkonzerne wie Bayer-Monsanto. Die Zehnten unterstützende Netzwerke für Kleinbäuerinnen weltweit. Die Elften Volksbegehren für Artenschutz. Die Zwölften Ernährungsräte. Und damit ist noch längst nicht alles aufgezählt.

Eine Selbstversorgung von Großstädten ist möglich

Ehrenamtliche Ernährungsräte gibt es inzwischen in mehr als 40 Städten in Deutschland, Österreich, der Schweiz und Südtirol. Sie sind sehr unterschiedlich organisiert, arbeiten aber alle auf eine Relokalisierung und Demokratisierung der Essensversorgung hin. Ihr Ziel ist »Ernährungssouveränität«, also das Recht aller Gesellschaften, selbst bestimmen zu können, wie und was sie essen wollen.

Sie üben beispielsweise Druck auf Stadtregierungen aus, damit diese zugunsten von Klimafreundlichkeit und Gesundheit ihre Kantinen auf bio-regio-saisonales Essen umstellen. Das ist leichter gesagt als getan, wie etwa in Berlin zu spüren war. Der dortige Ernährungsrat organisierte mit Unterstützung des rot-rot-grünen Senats im Oktober 2018 eine »Regiowoche«. Etwa 50.000 Kinder und Jugendliche an über 275 Berliner Schulen wurden mit bio-regionalen Mahlzeiten verköstigt: Kartoffeln mit Kräuterquark, Spirelli mit Hackfleisch, Kürbissuppe oder Möhreneintopf. Und das Ganze begleitet von Bildungsmodulen wie: »Willst du wissen, woher dein Essen kommt? Wir zeigen es dir!« Eines der überraschenden Ergebnisse war, dass die Initiatoren in ganz Brandenburg keine geschälten Biokartoffeln auftreiben konnten; der nächstgelegene biozertifizierte Schälbetrieb befand sich in Sachsen-Anhalt. Entgegen den Absichten des Ernährungsrates musste »regional« daher für die Aktion weiter als 200 Kilometer definiert werden.

Berlin, vom Flächenland Brandenburg umgeben, hat aber ein Riesenpotenzial für regionale Selbstversorgung, wie ein Team um den Agrarwissenschaftler Ingo Zasada herausfand.[71] In Rotterdam, Mailand oder London sind die geografischen Voraussetzungen schon schwieriger. In allen Metropolen braucht es derzeit etwa 2.000 Quadratmeter Ackerfläche, um eine Person zu ernähren – mit rund 1.000 Kilogramm Lebensmitteln pro Jahr. Zieht man einen Radius von etwa 110 Quadratkilometern um Berlin, würde dieses Land reichen, um die deutsche Hauptstadt mit Bioprodukten zu versorgen. Also mit Getreide, Milchprodukten, Eiern, Gemüse und Obst sowie Genussmitteln; Kaffee, Kakao und exotische Späße natürlich ausgenommen. Diese Fläche würde noch mal erheblich schrumpfen, wenn weniger Fleisch gegessen und weniger Lebensmittel weggeworfen würden.

Die realen Verhältnisse sehen allerdings ganz anders aus. Berlin bezieht nur ungefähr 15 Prozent seiner Essensprodukte aus dem Umland. Denn die Brandenburger Landwirte bauen vorwiegend Mais, Raps und Weizen an, die in Futtertrögen, Biogasanlagen und Tanks landen. Die Bauern füttern tendenziell eher Motoren und Nutztiere als Menschen. Obst, Gemüse, Nüsse und Hülsenfrüchte sind auf diesen Feldern Mangelware.[72] Der neue grüne Brandenburger Agrarminister Axel Vogel will deshalb gezielt Obst- und Gemüseanbau fördern sowie ein Regiolabel entwickeln.

Auch Hamburg könnte sich aus einem 100-Kilometer-Radius um die Stadt vollständig bioregional versorgen, wenn seine Bewohner zwei bis vier Tage pro Woche das Fleisch wegließen, so Sarah Joseph von der HafenCity Universität Hamburg.[73] In Wien reicht zumindest das regionale Gemüse aus dem Umkreis bereits jetzt für den Eigenbedarf.[74] Ausgerechnet im »grünen« Freiburg aber, der Stadt mit dem höchsten prozentualen Bio-Konsum in Deutschland, liegt die Quote der regional erzeugten Lebensmittel laut einer Untersuchung von Heidrun Moschitz bei nur 12 bis 20 Prozent.[75] Studien für weitere Städte und Landkreise fehlen bislang. Doch es wäre nicht schwer, solche zu erstellen. Region für Region könnte ihr

Selbstversorgungspotenzial untersuchen lassen und entsprechende Schritte angehen.

Geht es um eine Umstellung auf 100 Prozent Bioanbau, werfen Skeptiker vor allem zwei Gegenargumente ein: die höheren Preise und den größeren Flächenbedarf. Das 2007 gegründete »Madhus« (Ernährungshaus) von Kopenhagen zeigte jedoch, dass »bio« nicht automatisch teurer sein muss. Es hat dafür gesorgt, dass heute täglich rund 80.000 Mahlzeiten in 1.110 Einrichtungen der dänischen Hauptstadt mit 75 bis 90 Prozent Biozutaten zubereitet werden. Der Ökoanbau im Umfeld von Kopenhagen ist dadurch rasant gewachsen. Erstaunlicherweise sind die öffentlichen Ausgaben für diese Essen jedoch gleich geblieben. Das Geheimnis der Stiftung Madhus: Schulungen des Küchenpersonals, sorgfältige Planung, einfache Mahlzeiten mit vielfältigen regionalen Zutaten, altersgerechte nährwertbezogene Menüs, bunte Teller für Kinder, Reduktion der Lebensmittelverschwendung, kleinere Fleischportionen.[76]

Und auch der höhere Landbedarf müsste nicht sein, wenn Öko-Landwirte und Gärtnerinnen auf Anbauweisen der regenerativen Landwirtschaft zurückgreifen würden. Hier werden vergleichsweise kleine Flächen intensiv bewirtschaftet, so dass sie höhere Erträge abwerfen als das »Normal-Bio«.

Regenerative Landwirtschaft

Die regenerative Landwirtschaft, auch Aufbauende Landwirtschaft (AuLaWi) genannt, ist eine Bewegung, die derzeit weltweit wächst.[77] Sie umfasst Projekte und Höfe von klein bis groß, die mit Methoden der Permakultur arbeiten, mit Pflanzenkohle, Terra Preta und Effektiven Mikroorganismen, mit Agroforstsystemen, Waldgärten und Waldweiden, mit neuartigen Weidemethoden, Bodenbedeckung, Gründüngung, Zwischensaaten, Mischkulturen, Wasserrückhaltung und vielem mehr. Vielfalt wird gehegt und gepflegt.

Ressourcen werden in einer solchen Anbauweise nicht ab-, sondern aufgebaut, und zwar schneller, als es die Natur von allein könnte. Die unterschiedlichen Nutzpflanzen in den verschiedenen »Etagen« von Waldgärten nutzen das Sonnenlicht optimal. Leguminosen steigern den Stickstoffgehalt im Boden. Pflanzenkohle speichert in ihren riesigen Poren Wasser und Nährstoffe und macht den Boden dadurch äußerst fruchtbar. In Mischkulturen stützen sich Pflanzen gegenseitig und wachsen besser, sodass man mehr ernten kann.[78] Der Humusgehalt steigt, Wasser wird in der Landschaft gehalten, CO_2 wird im Boden gebunden, Luft wird durch Bäume und andere Pflanzen gefiltert.

Wenn man auf diese Weise auf kleineren Flächen intensiver wirtschaftet und mehr erntet, kann man große Stücke Land wieder renaturieren, wiederaufforsten, an die Wildnis zurückgeben – damit sich dort die bedrohte Artenvielfalt regenerieren kann. Eine hoffnungsvolle globale Perspektive tut sich auf: Auf weniger Fläche, umgeben von intakten Ökosystemen, können wir mehr und gesünder ernten.

Pionierprojekte der regenerativen Agrikultur demonstrieren, dass man auf vergleichsweise winzigen Flächen eine ungeheure Produktivität erzeugen kann. Etwa Bec Hellouin in der französischen Normandie, gegründet von den Quereinsteigern Perrine und Charles Hervé-Gruyer: Der nur 4.500 Quadratmeter große Permakulturhof mit seinen Marktgärten, Gewächshäusern, Viechern und Waldgärten ist laut einer Studie der Pariser Universität zehnmal so produktiv wie ein konventioneller Betrieb.[79] Zudem ist die Farm mit ihren liebevoll renovierten Gebäuden ein ästhetischer Genuss, der alle Sinne anspricht. Genüssamkeit eben.

Schwere Maschinen sind hier tabu, sie würden Boden, Mischkulturen und Artenvielfalt zerstören. Regenerative Agrikultur funktioniert weitgehend per Hand oder mit leichten Geräten wie Saatlochstanzern, Grabegabeln und kleinen Saatwalzen. Solche individuelle Pflege von Pflanzen, Böden und Tieren entzieht sich der ökonomischen Rationalisierungslogik. »Care« – also Kümmern, Umsorgen, Pflegen – ist eine Resonanzbeziehung zwischen gleichwürdigen Subjekten und somit das Gegenteil der mechanistisch

HUMUS, HUMANITÄT, HUMOR

Ein Schlüsselelement der regenerativen Landwirtschaft ist der Aufbau von Humus. Dieser besteht im Wesentlichen aus abgestorbenen Organismen und deshalb zu 58 Prozent aus organischem Kohlenstoff. Durch tiefes Pflügen, Monokulturen, Kunstdünger und Pestizide haben agroindustriell misshandelte Böden weltweit schätzungsweise bis zu drei Viertel ihres Kohlenstoffs verloren, der in der Luft zu CO_2 oxidierte. In der Erde gibt es nun zu wenig Kohlenstoff, in der Atmosphäre zu viel. Der Humusanteil ist in vielen Böden auf ein bis zwei Prozent gesunken, nahe der Klassifikation der Welternährungsorganisation FAO von fast humusfreien »Wüstenböden«. Doch durch regenerative Praktiken kann man gigantische Mengen des Treibhausgases zurück in den Boden holen und dort als Kohlenstoff für lange Zeit speichern.

Eine Win-win-win-Situation: Humus ist unerlässlich für Bodenfruchtbarkeit, sichere Ernten und gesunde Lebensmittel. Pro Hektar speichert ein Prozent mehr Humus umgerechnet 100 Tonnen CO_2 in Form von Kohlenstoff, 52.000 Liter Wasser sowie viele Nährstoffe. Humose Böden sind besser in der Lage, Dürrezeiten zu überstehen und Überschwemmungen zu trotzen, indem sie in ihren – auch durch viele Regenwürmern geformten Mikrokanälen und Poren riesige Mengen Wasser aufnehmen. Und: Ein Prozent mehr Humus auf den globalen Böden könnte den CO_2-Anteil in der Atmosphäre auf ein weitgehend ungefährliches Maß bringen.[80]

Nicht zufällig hat »Humus« denselben Wortstamm wie »Humanitas«, Menschheit, und »Humanität«, Menschlichkeit, sowie Humor. Letzteres stammt vom lateinischen »umor« ab, was Feuchtigkeit, Flüssigkeit und Körpersaft bedeutet. Nicht umsonst reden wir vom feuchtfröhlichen Lachen. Wir sind abhängig von der dünnen Humusschicht unseres Planeten, die alle Landlebewesen hervorbringt. Wir sind ihr Produkt. Nur durch Humus konnte die Menschheit ihre Kulturen weltumspannend entwickeln – sprichwörtlich, denn das lateinische Wort »colere« bedeutet »den Acker pflegen«. Und nur durch Rückbesinnung auf Humus können wir unsere Menschlichkeit ausdehnen. Denn diese beinhaltet Mitgefühl für andere Menschen und nichtmenschliche Lebewesen.

kontrollierenden Agroindustrie, die heute als landwirtschaftlicher Standard gilt. »Agricare« erfordert viel Beobachtung, Einsatz, Zuwendung, Fürsorge und Hingabe. Patentlösungen für alle und alles verbieten sich. Für jeden Ort, jede Zeit, jeden Boden, jede Sorte, jede Pflanzenmischung muss eigens ausprobiert werden, was die besten Bedingungen fürs Gedeihen sind. Wissenschaftliche Studien aber standardisieren ihre Studienobjekte – sodass das Potenzial regenerativer Landwirtschaft kaum untersucht und auch von der Klimaforschung und dem UN-Klimarat systematisch unterschätzt wird.

Natürlich ist händische Arbeit sehr anstrengend. Aber auch sinnstiftend und lohnend. Heute muss ein konventioneller Bauer mit seinem Maschinenpark auf durchschnittlichem Boden ungefähr 100 Hektar Monokulturen bewirtschaften, um ökonomisch zu überleben. In Zukunft könnte eine ganze Gruppe von Menschen mit Pferden und Handgeräten vielleicht 10 Hektar Mischkulturen beackern. Das Gründerpaar von Bec Hellouin träumt davon, dass sich viele solcher hochproduktiven Mikrofarmen zu einem neuen Ökosystem verbinden würden. Für 70 Millionen Franzosen würden 12 Millionen Hektar reichen. Damit könnten mehr als die Hälfte des bewirtschafteten Landes und mehr als ein Viertel des nationalen Territoriums wieder aufgeforstet werden.[81]

Auf der deutschen Staatsfläche bearbeiten heute knapp 250.000 Agrarbetriebe gut 16 Millionen Hektar. Weil Mais, Raps und Futtergetreide in Tiermägen und Traktoren landet, reicht die Ernte nicht aus; trotz hoher Exportquote muss vieles importiert werden, auch und gerade im Biobereich. Überträgt man die Rechenweise von Hervé-Gruyer auf Deutschland, könnten 4 Millionen kleine Mikrointensivfarmen, also 16-mal mehr Betriebe als heute, 8 bis 14 Millionen Hektar bewirtschaften, um 80 Millionen Menschen zu ernähren – am besten in Ringen rund um die größeren Städte. Millionen Hektar könnten damit wieder dem Wald, der Wildnis und ihren Lebewesen geschenkt werden. Und das, wohlgemerkt, bei Umstellung auf Bioanbau.

Die benötigte Fläche würde ebenfalls schrumpfen, wenn das Wegwerfen von Lebensmitteln und das Aussortieren von krumm gewachsenem Gemüse gestoppt würde. Nach Angaben von Alex Müller von der Initiative »Querfeldein«, die solche Feldfrüchte vermarktet, pflügen Landwirte bis zu 30 Prozent ihrer Ernte unter, wenn sie für die Supermärkte nicht makellos genug aussieht. Und 18 Millionen Tonnen Lebensmittel landen in Deutschland auf dem Müll.[82]

Noch weniger Land bräuchte es, wenn Menschen sich vegan ernähren würden. Pro Person würde dann ein produktiver Mikrogarten von etwa 100 Quadratmetern ausreichen. So bräuchte man, rein statistisch und ohne jede Berücksichtigung von unterschiedlichen Böden, Kulturen und Ernährungsweisen gerechnet, für die gesamte Weltbevölkerung ein Gebiet von gerade mal 800.000 Quadratkilometern. Das entspricht in etwa der Türkei oder Mosambik.

Fleisch oder fleischlos?

Die Herstellung von Fleisch und Milchprodukten verbraucht, global gesehen, so viel Land wie kein anderes Konsumgut. Jedes Jahr wird die Ackerfläche für den Anbau von Gensoja, Mais, Getreide und anderen Futtermitteln größer.[83] Massentierhaltung ist fast immer Quälhaltung und deshalb tier- und menschenunwürdig, zudem werden dadurch gigantische Mengen Treibhausgase freigesetzt. »Den Umgang mit ›unseren‹ Nutztieren in der industriellen Landwirtschaft halte ich für bestialisch und lebensverachtend und bin mir sicher, dass künftige Generationen das genauso sehen werden«, schreibt der Biologie Karsten Brensing.[84] Die globale Fleischproduktion zu reduzieren würde allen helfen: den Tieren, der Gesundheit der Menschen und dem Klima.

Immer mehr Menschen ernähren sich deshalb vegetarisch oder vegan. Laut einer Studie des Weizmann Institute of Science könnte die Umstellung auf ausschließlich veganes Essen in den USA 350 Millionen Menschen zusätzlich verköstigen – also doppelt so viele, wie dort leben.[85] In einer anderen Untersuchung kam Joseph Poore von der Universität Oxford zu dem Ergebnis, dass jeder Veganer in Deutschland seine individuelle CO_2-Bilanz um jährlich zwei Tonnen CO_2 reduziert. Umgerechnet entspräche das etwa 12.000 Kilometer Autofahrt in einem Mittelklassewagen.[86]

Aus der Frage »Fleisch oder fleischlos« ist deshalb ein ideologischer Glaubenskrieg entstanden. An Kantinen- und Küchentischen wird erbittert gestritten. Militante vegane Tierrechtler bedrohen sogar Biobäuerinnen; so geschehen auf einer Demonstration gegen die Agrarindustrie in Berlin. Doch die Hauptgegner einer Ernährungswende sind transnationale Agrokonzerne und nicht kleine Bauern, die Tiere halten. Die wenigsten Biogärtnerinnen kommen ohne Tierdung aus. Nomadische und indigene Völker leben in Steppen ausschließlich von ihren Tieren, denn nur diese können Gras in Fleisch, Milch und Leder verwandeln. Artgerechte Tierhaltung auf heimischen Weiden sorgt zudem dafür, dass über den Dung sehr viel CO_2 in Form von Kohlenstoff im Boden gespeichert wird. Die sogenannte regenerative Weidehaltung, bei der Herden durch fast täglich versetzte Zäune ständig woanders fressen und Gras sich dadurch vom Verbiss erholen kann, könnte global angewandt laut Studien den atmosphärischen CO_2-Gehalt sehr stark senken.[87]

In dreijähriger Arbeit mit einem internationalen Team hat der Klimaforscher Johan Rockström eine »planetarische Diät« erarbeitet, die auch einzelnen Haushalten eine gute Orientierung bietet. Kernpunkt: wesentlich weniger Fleisch und weniger Milchprodukte. Es würde für die wachsende Weltbevölkerung reichen, wenn jede Person täglich im Schnitt 500 Gramm Öko-Obst und Gemüse zu sich nähme, 250 Gramm Milchprodukte, 230 Gramm Getreide, 75 Gramm Hülsenfrüchte, 50 Gramm Nüsse, 40 Gramm Fleisch, vor allem Huhn, und 30 Gramm Fisch.[88] Menschheit und Planet blieben dabei gesund.

Klimaforscher Rockström rechnet hierzulande mit ungefähr 15 Prozent Mehrkosten für Bio-Lebensmittel, für einen Haushalt im Schnitt 30 Euro im Monat. Aber erstens spart jeder Haushalt

gleichzeitig Gesundheitskosten, schon allein weil es keine Ackergifte und kaum Nitrat im Trinkwasser mehr gäbe. Zweitens macht
weniger Fleisch auf dem Speisezettel die Ernährung billiger. Und
drittens könnte die Regierung nach Vorschlag von Rockström den
Haushalten eine »Dividende für Öko-Ernährung« ausgeben, wobei
Topverdiener aus der Förderung herausfielen.[89]

Ein Konzept des Forums Ökologisch-Soziale Marktwirtschaft
(FÖS) kommt auf zehn Euro Mehrkosten pro Kopf und Monat. Das
FÖS schlägt eine Tierwohl-Abgabe von maximal 50 Cent pro Kilo
Fleisch vor. Die Mehrwertsteuer für Fleisch und Milchprodukte
solle zudem von 7 auf 19 Prozent steigen und für Obst und Gemüse
auf 5 Prozent sinken. Das könnte den Ausstoß von Klimagasen um
rund 8,8 Millionen Tonnen CO_2 pro Jahr senken, was denen von
rund 3,5 Millionen Autos entspräche. Die Tierwohl-Abgabe solle die
Bundesregierung gezielt an Bauern verteilen, die Ställe tierfreund-
lich umbauen wollen. Teurer würde es nur für jene, die sehr viel
Fleisch essen. Und billiger für diejenigen, die vor allem Obst und
Gemüse konsumieren.[90]

Ein weiterer Vorschlag kommt vom Institut für Welternährung in Berlin. »Pro Jahr 5 Prozent verringern bei allem, was nicht
mehr ökologisch zu verantworten ist. 5 Prozent pro Jahr weniger
bei Pestiziden, Antibiotika, Nitrat, Futtermitteln aus Übersee, Billigfleisch und Klimagasen. Und 5 Prozent pro Jahr mehr von dem,
was dringend notwendig ist: glückliche Tiere, mehr Bienen, mehr
Vielfalt auf dem Acker, mehr sauberes Grundwasser und gesunder
Boden, mehr Bauern und Bäuerinnen, die mit Stolz und Anerkennung ihre Felder bestellen. In 20 Jahren wären das 100 Prozent,
also die komplette ökologische Wende auf den Äckern und auf
den Tellern bis 2040.«[91] Vandana Shiva, die indische Alternative
Nobelpreisträgerin und Kämpferin für Biosaatgut, hält es sogar für
möglich, die ganze Welt bis 2030 pestizidfrei zu machen – nach
dem Vorbild von Bhutan und dem indischen Bundesstaat Sikkim.
Das dramatische Arten- und Insektensterben, sagt sie, kann nur so
aufgehalten werden.[92]

Eine weitestgehend bio-regio-saisonale Ernährung, die auf kurzen Lieferwegen beruht, hätte weitere schöne Seiten. Sie würde Unmengen Treibhausgase einsparen, Landschaften schützen, Stadtbewohner mit dem Land verbinden. Städterinnen könnten sich sagen: Ich bin das, was die Landschaft und die Sonne hergibt. Für viele Indigene, etwa für die australischen Aborigines oder die kolumbianischen Kogi, besteht das Herzstück der ökologischen Gesundung in der Wiederverbindung zwischen Menschen und Territorium.

Menschen sollten Feldfrüchte bewusst genießen und der Erde Dankbarkeit bezeugen, sagen sie. Dazu gehört das Wissen, woher sie kommen und wer sie produziert hat. Billig-Lebensmittel aus dem Supermarkt erscheinen wertlos – was ihre bäuerlichen Hersteller zu Recht wütend macht. Ganz anders schmecken hingegen Tomaten, deren Züchter man kennt, oder selbst geerntete Äpfel. Während man sie genießt, kann man sich innerlich die Gärtnerin vorstellen, die sich darum kümmerte. Lebensmittel quasi persönlich zu »kennen«, das schafft einen völlig neuen Dreiklang zwischen Produzenten, Feldfrüchten und Konsumentinnen.

Wozu Erdbeeren im Winter? Weshalb Rindfleisch und Soja aus Brasilien? Warum Tomatenmark aus China oder Kalifornien? Gemüse, Obst, Getreide, Soja, Nüsse, Hülsenfrüchte, Fleisch und Milchprodukte – alles kann auch hierzulande saisongerecht gedeihen, nichts davon müsste unter hohen Mitweltkosten aus Übersee importiert werden. Dörfer erhielten durch lokale Produktion wieder eine Zukunft, die Regionalversorgung würde aufblühen, ebenso Bäckereien, Käsereien, Handwerksbetriebe und vieles mehr. Und wahrscheinlich würde in solchen neuen Lebensmittel-Punkten und Lebens-Mittelpunkten auch der Rechtspopulismus stark zurückgehen, weil Menschen Hoffnung schöpfen und ein neues Heimat- und Wirgefühl entwickeln könnten.

Anonyme Handelsketten, die Verantwortungslosigkeit erzeugen, würden der Vergangenheit angehören. Beziehungsarmut würde durch Beziehungsreichtum ersetzt: durch neue Bindungen zwischen Stadt und Land, Mensch und Natur, Produzenten und Konsumentinnen. Idealerweise würden Mikrofarmen nach dem Modell der Solidarischen Landwirtschaft funktionieren: Eine Gruppe von Stadtbewohnern bezahlt einen Hof jährlich dafür, dass er die Ernte liefert, und hilft gelegentlich auf dem Feld aus. Bei Städtern entsteht dadurch eine neue Wertschätzung für Lebensmittel und Hochachtung für deren Produzenten. Und Bäuerinnen sind frei von Existenznot, auch wenn es ihnen mal die Ernte verhagelt.

Man könnte zudem sämtliche Böden in kleinteilige Allmenden umwandeln, in Gemeingut, das nicht vom Staat, sondern selbstorganisiert von den Nutzenden selbst verwaltet wird. Das Privateigentum von Ackerboden wäre verboten, Agrikultur wäre nur noch auf Pachtbasis möglich. Jede Person in Deutschland erhielte von Geburt an das Recht auf eine bestimmte Anbaufläche, zum Beispiel 1.000 oder 2.000 Quadratmeter. Ob sie diese selbst beackert oder das anderen überträgt, bleibt ihr überlassen. Eine Maximalgröße der Felder und Betriebe dürfte nicht überschritten werden, sodass Produktion und Vertrieb weiterhin so transparent und verantwortungsreich wie möglich bleiben.

Regenerative Agrikultur, verstanden als Ernährungskultur und als Heilungsarbeit an der Erde, könnte zusammen mit der Renaturierung von Ökosystemen zum größten Sektor einer neuen Wirtschaft werden. Hierzulande könnte für 4 bis 6 Millionen Menschen neue sinnvolle Arbeit geschaffen werden – vor allem auf dem Land, auch und gerade in vernachlässigten Regionen.

Regeneration der Ökosysteme

Wiederaufforstung, Entsiegelung von Böden, Renaturierung von Mooren, Feuchtgebieten und Mangrovenwäldern – all das hat enormes Klimaschutzpotenzial. Wenn die Weltgemeinschaft auf denaturierten Flächen überall natürliche Mischwälder pflanzen würde, könnte sie zwei Drittel der menschenverursachten CO_2-Emissionen binden, besagt eine Studie von Jean-François Bastin und Tom Crowther von der ETH Zürich. Andere Wissenschaftler bezweifelten diese Mengenangaben zwar, aber selbst wenn sie zu hoch angesetzt sind: Eine Billion Bäume für 300 Milliarden Dollar zu pflanzen, das sei »die bei Weitem billigste Lösung, die je vorgeschlagen wurde« für die Klimakatastrophe, so Crowther.[93] Auch die internationale Kinderinitiative »Plant for the Planet« propagiert und praktiziert diese Lösung: Sie hat sich das Ziel gesetzt, bis 2050 eine Billion Bäume zu pflanzen, etwa 13,6 Milliarden haben Mitglieder und Unterstützerinnen bereits in die Erde gesetzt.[94]

Der US-Kulturphilosoph und Ökologe Charles Eisenstein glaubt, dass »der Verlust von Wäldern, Böden, Feuchtgebieten und marinen Ökosystemen« die größte Klimabedrohung darstelle, denn: »Leben gebiert Leben.« Die eher physikalisch-chemisch orientierte Klimaforschung unterschätze diesen biologischen Aspekt massiv. Die Feuchtigkeit der Wälder kühle lokal und global, denn Wälder hielten die Wasserkreisläufe in Gang. Aufsteigende Bakterien dienten als Kondensationskerne für die Wolken- und Regenbildung. Der Amazonas-Urwald etwa funktioniere wie eine globale »biotische Pumpe«. Entwaldung aber führe zu »stärkeren Aufwinden und höheren Wolken, die Niederschläge geringerer Menge, aber höherer Intensität produzieren, was den bekannten Dürre-Überflutungs-Kreislauf verschärft«.[95] Deshalb sei die Genesung auf globaler Ebene »abhängig von der Genesung auf lokaler Ebene«. Die Balance des Klimas beruhe auf der Gesundheit lokaler Ökosysteme in aller Welt, schreibt er, und diese hingen wiederum von der Balance der Wasserkreisläufe ab, vom Bodenleben und von den Wäldern. Die wichtigsten globalen politischen Maßnahmen sind laut Eisenstein »solche, die Bedingungen schaffen, unter denen wir Millionen lokaler Ökosysteme wiederherstellen und schützen können«.[96] Das Pflanzen von Bäumen und die Bodenpflege durch regenerative Landwirtschaft können also eine positive Kettenreaktion auslösen, die das Klima wieder in Balance bringt.

Wasser, das regenerative Lebenselixier

Wasser ist zentral für die Regeneration des Klimas und den Erhalt aller Lebewesen. Doch das Gemeingut wird heute umgeleitet, begradigt, in Stauseen gepfercht, von Großkonzernen privatisiert, in Plastikflaschen abgefüllt, teuer verkauft, in Leitungen gepresst, in Swimmingpools und Kanalisationssystemen verschwendet, aus tiefen Brunnen geholt, für Monokulturen und Luxusgüter vergeudet. Die Landwirtschaft verbraucht heute 70 Prozent des global verfügbaren Süßwassers, dreimal so viel wie noch vor 50 Jahren.[97] Grundwasservorkommen schwinden dahin.

Die kommenden Kriege werden Wasserkriege sein, warnen Klimaforscher. Schon jetzt gräbt die Türkei dem Irak das Wasser ab, Israel den Palästinensergebieten, und es gibt zahllose weitere Konflikte. Weil Gletscher im Himalaya schmelzen, wird Trinkwasser in China und Indien bald knapp, und beide Seiten rüsten an der Grenze zwischen ihren Ländern auf.

Wasser nährt Pflanzen, Tiere und Menschen, fließt durch uns hindurch, verbindet alles mit allem. Für viele Indigene ist Wasser deshalb eine heilige Substanz. »Wasser ist Leben«, erklärte Tiokasin Ghosthorse von der Lakota Nation auf einem Treffen von Aktivistinnen und Mitweltschützern im Hitzesommer 2018 in der portugiesischen Lebensgemeinschaft Tamera. Wasser heiße in ihrer Sprache »Mni«, so Ghosthorse weiter: »M« verbinde alle Dinge miteinander, »ni« bedeute leben, und das »i« stehe selbst noch mal für die Stimme in lebendigen Beziehungen. »Mni« sei also ein Wesen, eine Schöpferkraft, das blaue Blut des Planeten, »ein liebendes, sich bewegendes, wachsendes, reinigendes und kraftvolles Lebewesen«.[98]

Vlado Zaujec von der slowakischen Initiative »Rain for Climate« stellte in Tamera einen »globalen Aktionsplan für das Klima« vor, um ausgetrocknete Landschaften weltweit wieder zum Blühen zu bringen.[99] Denn in Städten verhindern versiegelte Flächen das Versickern, Verdunsten und erneute Abregnen. Auf dem Land erhitzen sich humusverarmte Böden, die kaum Wasser speichern, schneller als humusreiche. Ist einmal zu wenig Wasser in Boden und Luft, bleibt der Regen aus, und ist zu viel verdunstet, gibt es Sturzfluten. Zaujecs Lösung: Wasser radikal dezentralisieren und überall fließen lassen. Einwohner und Bürgerinitiativen können ihre Heimatorte zu »Schwammstädten« umbauen: Bäume pflanzen, Häuser und Dächer begrünen, Wege und Flächen entsiegeln, Regenwasser überall dezentral versickern lassen. Das fördert in Hitzesommern Verdunstung, Abkühlung und Abregnung.

Wie man Regenwasser dezentral sammeln kann, demonstriert auch Rajendra Singh, der im dürregeplagten indischen Radschastan Flüsse wieder zum Fließen gebracht hat. »Wasser ist Klima, und Klima ist Wasser« sagt er und animiert seit 1985 seine Landsleute, mehrere tausend einfache Stauanlagen zu bauen und damit den Abfluss des Regenwassers zu verlangsamen.[100] Er brachte sie dazu, in sogenannten Flussparlamenten über alle Wasserfragen zu entscheiden und bei Verstößen gegen gemeinsam beschlossene Regeln Sanktionen zu verhängen – ganz wie in einer klassischen Allmende. Abholzungen und Bergbau wurden nach langen Konflikten verboten. Effekt: Der Grundwasserspiegel stieg, 6.900 Quadratkilometer ausgetrocknetes Land wurden wieder fruchtbar, rund 1.000 Dörfer verfügen erneut über Wasser oder Dorfbrunnen, versiegt geglaubte Flüsse fließen wieder.

Der »indische Wassermann«, der mit dem renommierten Stockholm-Wasserpreis ausgezeichnet wurde, ist sich deshalb sicher, dass Konflikte um das nasse Element weltweit vermeidbar sind. Sie seien das Ergebnis eines falschen, weil zentralisierten Wassermanagements. Wenn Flüsse in Riesenstaudämmen aufgehalten würden, wie so oft im Nahen Osten, in Lateinamerika oder China, dann würden die kleinen Wasserkreisläufe des Verdunstens und Abregnens gestört, und die Landschaft trockne aus. Wasser müsse überall kleinteilig fließen und versickern können.

Der Berliner Wasserkörper

Nicht nur die Berliner Luft ist speziell, sondern auch das Berliner Wasser. Das Trinkwasser für die etwa 3,6 Millionen Menschen wird nämlich in einem vollständigen Kreislauf gefördert. Getrunken und ausgeschieden, wandert es über die Kanalisation, Kläranlagen und Reinigungsstufen wieder in den Naturkreislauf und wird erneut zu Trinkwasser. »Einen so engen Kreislauf haben wir nirgends sonst in Deutschland«, sagt Barbara Hüttner, die Leiterin des Klärwerks Schönerlinde.[101]

Die Berliner Wasserwerke betreiben neun Wasserwerke in Schutzzonen an Spree und Havel. Ihre 800 Tiefbrunnen fördern täglich knapp eine Million Kubikmeter Wasser zutage, das zu ungefähr zwei Dritteln aus Flussversickerung und einem Drittel aus Grundwasser stammt. Nach Gebrauch durchläuft das Schmutzwasser dann drei mechanische und biologische Reinigungsstufen. Papier, Dreck, Keime und Nährstoffe werden ebenso entfernt wie Phosphor und Eisen, bis dann das Wasser in den Tegeler See einfließt, erneut versickert und nach jahrzehntelangem Aufenthalt im Untergrund wieder zutage gefördert wird. Im Ergebnis hat das Berliner Trinkwasser eine bessere Qualität und mehr Spurenelemente als viele teure Mineralwasser. Und es ist mit 5 Milligramm Nitrat pro Liter – amtlicher Grenzwert: 50 Milligramm – weniger belastet als andernorts.

Wären da nur nicht die Spurenstoffe, die aus radioaktiven Kontrastmitteln stammen, aus Schmerzmitteln, Antiepileptika, Antibabypillen – aus alldem, was die Bevölkerung so schluckt und auspullert. »Wir trinken, was wir pissen«, kommentiert der Künstler Ben Wagin. Aspirin sei unschädlich, glaubt Stephan Natz, Sprecher der Wasserwerke, es werde zerlegt oder an Klärschlammflocken gebunden, ebenso wie verschiedene andere Mittel. Dennoch bauen die Wasserwerke bis 2021 eine vierte Klärstufe im Klärwerk Schönerlinde, in der Ozon diese Spurenstoffe kaputthauen soll.

Der praktische Aspekt des Berliner Recyclings: Trinkwasser wird nicht so schnell knapp. Manche Gemeinden in Brandenburg mussten während der Dürresommer 2018 und 2019 bereits zum Wassersparen aufrufen. In Berlin war das nicht nötig. Allerdings ist völlig unklar, wie lange das bei ausbleibender Erneuerung des Grundwassers weitergehen könnte. Auch der Sprecher der Wasserwerke konnte oder wollte hierauf keine Antwort geben.

Zusammen mit Paris und Madrid ist Berlin seit Anfang 2018 Teil des internationalen Netzwerkes »Blue Communities«, das die kanadische Wasseraktivistin Maude Barlow initiiert hat.[102] Diese »blauen Gemeinden« propagieren die sanitäre Grundversorgung als Menschenrecht, Wasser als öffentliches Gut und das Trinken von Leitungs- anstelle von Flaschenwasser. Laut Beschluss des Abgeordnetenhauses bekennt sich die Hauptstadt zudem zum Schutz der Qualität des Trinkwassers, der Berliner Flüsse und Seen und zur Pflege internationaler Partnerschaften. Seitdem wurden über 100 Trinkwasserbrunnen installiert, öffentliche Toiletten sollen folgen. Das alles ist ein großer Fortschritt gegenüber 1999, als eine SPD-Finanzsenatorin die Berliner Wasserwerke privatisiert und zu undurchsichtigen Konditionen an den französischen Wasserkonzern Veolia verkauft hatte, der die Preise in die Höhe trieb. Erst nach großen aufklärerischen Anstrengungen des zivilgesellschaftlichen »Wassertisches« mit anschließendem erfolgreichen Volksentscheid wurden die Berliner Wasserbetriebe wieder rekommunalisiert.

Philosophisch betrachtet, ist Berlin ein einziger Wasserkörper, der sich immer wieder selbst erneuert. Wer in der Hauptstadt einen Wasserhahn aufdreht, trinkt Moleküle, die bereits viele andere hiesige Menschen durchwandert haben. Wer nicht verreist und sich lokal ernährt, dessen Körper wird durchrauscht von Wasser, das ehemals Spree hieß oder Wannsee oder wie auch immer. Es ist möglich, dass gerade Teilchen durch Sie hindurchfließen, die sich schon in Albert Einsteins Kopf befanden oder auch in dem von Adolf Hitler. Vielleicht findet sich auch ein Minitröpfchen der Kanzlerin oder von Alexander Gauland in uns beiden. Letzterer will zwar »Kulturfremde« aus Deutschland vertreiben, aber über das verbindende

Element Wasser ist er selbst längst ein Teil der »Kulturfremden« in Kreuzberg oder Neukölln geworden. Er mag von einem deutschen »Volkskörper« träumen, in Wirklichkeit ist er Teil des Berliner Wasserkörpers. Und der unterscheidet nicht zwischen deutsch und nichtdeutsch. Ist das nicht tröstlich?

ZUSAMMENFASSUNG

Was für glänzende Zukunftsaussichten: Eine kleinteilige regenerative Landwirtschaft, die Humus aufbaut und Menschen bio-regio-saisonal ernährt, kann zusammen mit der Renaturierung der Wälder und Moore die Klimakatastrophe langfristig sogar rückgängig machen. Der Rückbau der Agroindustrie würde zudem kleinbäuerliche Höfe im globalen Norden und Süden stützen, sodass in vernachlässigten ländlichen Gebieten Millionen Jobs entstünden. Gesunde giftfreie Lebensmittel würden auf viel kleineren Flächen als bisher erzeugt. Mittels Reduktion von Fleischerzeugung und Lebensmittelverschwendung würden zusätzlich Flächen frei, die renaturiert werden könnten. Artenvielfalt und gestörte Wasserkreisläufe könnten sich wieder erholen.

Vision für das Jahr 2030

Stellen wir uns vor, die Hauptpersonen aus der Geschichte von »Jim Knopf und Lukas der Lokomotivführer« würden sich – stellvertretend für drei Generationen – im Jahre 2030 auf einem Feld wiedertreffen. Um die Geschichte nicht ganz so männerlastig zu erzählen, machen wir aus dem Lokführer Lukas die Tramführerin Lucy und aus Jim Lucys Nichte Jane. Tur Tur wird zu Tuzan, einem ehemaligen Unternehmer: ein Scheinriese, aber im Gegensatz zu seinen »Kollegen« in diesem Buch ein gutmütiger, der eine positive Rolle als Leuchtturm spielt. In seinem früheren Leben war er der führende Manager eines Fleischkonzerns. Als er merkte, welche Schweinereien in seinem Unternehmen vor sich gingen, verkaufte er alles und änderte sein Leben.

»Verrückt«, erinnert sich Lucy, »wie schnell die Ernährungswende letztlich ging.« Jane, Lucy und Tuzan stehen auf ihrem gemeinsamen Allmende-Acker und ernten die ersten Tomaten des Sommers. Überall um sie herum leuchtet es in verschiedenen Farben – die Tomatensamen, die sie vor einigen Monaten auf dem hiesigen Saatgutfestival ertauscht haben, haben mit etwas Pflege wunderbare alte Sorten hervorgebracht, die perfekt an das Wetter vor Ort angepasst sind. Jane ist inzwischen eine junge Frau von 20 Jahren. Lucy ist nun schon 40, und Tuzan fühlt sich mit seinen 75 Jahren wie ein weiser Großvater.

Noch vor ungefähr zehn Jahren sah es trostlos aus mit der Welternährung: zwei Milliarden Menschen zu dick oder gar fettleibig, etwa eine Milliarde unterernährt. Unzählige Konzerne hatten die UNO und ihre Unterorganisationen unterwandert, sodass sie wenig Handlungsfreiheit hatten. Bill Gates und seine Stiftung versuchten, die Welternährungsorganisation FAO zu dirigieren, und finanzierten elf Prozent des Gesamtetats der Weltgesundheitsorganisation WHO. Überall, vor allem in Afrika, beeinflussten Lobbyisten Gesetze zugunsten der Agroindustrie, unterstützten Gentechnik und Land Grabbing und trieben mit Pestizid-Dünger-Paketen Kleinbauern in den Ruin.

Zudem häuften sich die Dürren und Waldbrände – in Kalifornien, Portugal, Russland, Australien und Deutschland. Folge: überall verbrannte Erde, immer weniger Regen, immer mehr Hitze, immer mehr Missernten. Die Klimaforschung schlug Alarm: Ohne Bäume werde es längerfristig kaum mehr Niederschläge und keine Menschheit mehr geben, auch die Landwirtschaft müsse radikal umgestellt werden. Die internationalen Bewegungen von Fridays for Future, der Scientists for Future und der Farmers for Future übte in riesigen Demonstrationen gemeinsam so lange Druck auf die Regierungen aus, bis die Agrar- und Forstpolitik in der EU und anderswo völlig umgestellt wurde. Massentierhaltung wurde sukzessive verboten, Finanzinvestoren hinausgedrängt, Felder aufgeteilt, bäuerliche Familienbetriebe und Dorfkulturen gefördert, Wasserrückhaltegebiete angelegt, ökologische Mischwälder gepflanzt, Corridore, Moore und ganze Landschaften renaturiert.

Die EU-Kommission verabschiedete eine neue Richtlinie, wonach jedem EU-Bürger eine Fläche von tausend Quadratmetern zur Eigenversorgung und Pacht zustehe. Der Gedanke dahinter: Im Gegensatz zu den gigantischen Monokulturen schützt kleinteilige Bewirtschaftung Klima und Artenvielfalt.

»Wir sind ja damals sofort losgerannt, als wir das hörten«, lacht Jane. »Wisst ihr noch? Hunderttausende Städter, Gärtnerinnen, Jungbauern haben die Rathäuser gestürmt. Auch diejenigen, die durch die Digitalisierung ihren Job verloren hatten. Wir alle wollten unseren Pachtanteil beackern, und zwar sofortissimo.«

So kamen auch Jane, Lucy und Tuzan zu ihrer Parzelle. Die neue Richtlinie legte fest, dass das Land als Allmende zu behandeln sei, nicht bebaut werden dürfe und dezentral von Kommunen zur Pacht nur an kleine Gruppen von 3 bis 12 Personen zu vergeben sei. Kinder hätten von Geburt an ein Anrecht auf Land. Einige Bundesländer und Kommunen stellten dafür staatseigene Ländereien zur Verfügung, andere beschlagnahmten gar brach liegenden Großgrundbesitz. Es bildeten sich kommunale Nachbarschafts-Plattformen, die Land an jene ausgaben, die in einer Fahrradentfernung von höchstens 25 Kilometern wohnten. Wer seinen Anteil nicht selbst bestellen wollte, konnte diesen treuhänderisch an andere Gruppen weitergeben. Die »Ackerdemie«, »BodenGutMachen« und viele weitere Plattformen stellten Schulungsmaterial für alle Altersklassen zur Verfügung, sodass schon die Kleinsten im Kindergarten lernten, dass eine Möhre nicht schneller wächst, wenn man an ihr zieht.

Das Gesetz veränderte ganz Europa, vor allem seine ländlichen Regionen. Dörfer erlebten einen Aufschwung, weil viele Menschen neben »ihrem« Land leben und es beackern wollten. Lebensmittel-Verarbeiterinnen und Handwerker eröffneten kleine Betriebe und Läden wieder, die seit Jahrzehnten wegen der Landflucht geschlossen waren. Neue Verkehrsanbindungen und Mobilitätsformen entstanden. Dörfler, die vor Kurzem noch wegziehen wollten, blieben und entdeckten, dass kleinteilige Agrikultur ihre Umgebung wieder wohnlich machte und ihnen eine Perspektive verschaffte. Städtische Familien zogen wieder aufs Land, weil sie dort bessere Lebensbedingungen vorfanden. Die ehemalige UN-Prognose, wonach 2050 etwa 70 Prozent der Weltbevölkerung in Städten leben, wird wohl niemals Realität.

Rund um die Großstädte entstanden ganze Ringe von Bauerngärten, Mikrofarmen, Biointensiv-Betrieben und Kleinunternehmen. Subsistenz und Eigenversorgung wurden nicht länger verachtet, sondern kamen als Alternative zu Bullshit-Jobs groß in Mode. Regenerative Agrikultur wurde zum wichtigsten Wirtschaftssektor – auch in nichteuropäischen Regionen wie Amazonien, das die UNO zusammen mit dem damals fast völlig ausgebleichten australischen Great Barrier Reef als globale Allmende unter ihren Schutz gestellt hatte. In Brasilien kreierten Indigene nach dem Sturz der Regierung Bolsonaro aus dem Reichtum des Regenwaldes neue Produkte und Wertschöpfungsketten. Ihre dezentralen 3-D-Drucker druckten aus Kakao Schokolade, die mit solaren Lastendrohnen weggebracht wurden.[103]

Heute sind die Felder kleinteilig, abwechslungsreich und bunt, mit vielfältigen Mischkulturen unter zahlreichen Bäumen. Immer blüht etwas für die Bienen und Insekten. Vor allem im früher so monokulturell geprägten Norden und Osten Deutschlands waren binnen Kurzem erstaunliche Effekte zu beobachten: Die Aufforstungen hielten den Boden feucht und stabilisierten Niederschläge. In jungen Bäumen und Hecken, die kleinteilige Äcker umgeben, nisten, rasten, fressen und verstecken sich Vögel. Die Artenvielfalt hat rasant zugenommen, ebenso der Humusgehalt der Böden und die Stabilisierung ihrer Feuchtigkeit. Damit ist auch der Regen in Dürregebiete zurückgekehrt – zumindest teilweise.

Jetzt, im Jahr 2030, können sich die meisten Großstädte fast schon selbst ernähren. Ihren Bewohnern gefällt, dass es in Gärten und »essbaren Parks« nun aussieht wie Kraut und Rüben, weil dort Nuss- und Obstbäume, Beerensträucher und mehrjährige Gemüsesorten gepflanzt wurden. Viele haben ihre Ernährung umgestellt auf mehrjährige Pflanzen, die weniger Arbeit machen, weil man sie nur einmal säen und aufpäppeln muss. Und auf Nüsse und nahrhafte Hülsenfrüchte, die als Stickstoffsammler gleichzeitig den Boden verbessern. Das kommt der »planetarischen Diät« entgegen, die Johan Rockström empfohlen hatte.

»Ich fand ja vor allem die Neuseeländer stark – ohne ihren ersten Schritt zur Biokratie, also zur Entstehung von Parlamenten der nichtmenschlichen Lebewesen, hätte sich die Insektenpopulation heute noch nicht so gut erholt«, sagt Jane, während sie rote, gelbe und grüne Tomaten in ihrem Korb stapelt. 2017 hatte das neuseeländische Parlament ein historisches Gesetz erlassen: Der Fluss Whanganui, der längste schiffbare des Landes, wurde als Lebewesen mit eigenen Rechten anerkannt. Ein Riesenerfolg für die dort lebenden indigenen Maori. Sie sehen den Strom als Flussahnen und besingen ihn als Teil ihrer selbst: »Ich bin der Fluss, der Fluss ist ich.« In ihrem Denken gibt es keine scharfe Trennung zwischen Menschen und Mitwelt. Wenige Tage später ordnete ein hohes nordindisches Gericht an, der Ganges mitsamt seinem Nebenfluss Yamuna bekomme den Status lebendiger und juristischer Personen zuerkannt. Ein Ökologe, ein Regierungsvertreter und der Generalanwalt wachten seitdem als menschliche Vormünder über seine Rechte. In Neuseeland waren es Vertreter der Maori und der britischen Krone.[104] Und noch vor dem bahnbrechenden Gesetz in Neuseeland war 1999 in der Schweiz nach einem Volksentscheid gegen Gentechnik auch Pflanzen »eine Würde der Kreatur« in der Verfassung zugeschrieben worden. In Deutschland vertrat eine parteiübergreifende Gruppe junger Abgeordneter im Bundestag mit solcher Leidenschaft das Lebensrecht der bedrohten Insekten, dass die Bundesregierung sich gezwungen sah, ein gigantisches Schutzprogramm aufzulegen und Ackergifte völlig zu verbieten.

»Vergiss nicht Christopher Stone«, mahnt Jane. Der US-Jurist hatte bereits 1972 seinen wegweisenden Essay »Haben Bäume Rechte?« veröffentlicht. »Der war einer der ersten, der darauf bestand, dass Landschaften, Flüsse, Tiere, Pflanzen genauso Natur sind wie wir Menschen. Und deshalb eine Würde und ein Recht darauf haben, nicht vernutzt und verschmutzt, verdinglicht und verwertet zu werden. Das haben wir Stone zu verdanken!«

»Erinnert ihr euch noch an die ersten medienumschwärmten Urteile 2021?«, fährt Lucy fort, während sie sich eine Tomate in den Mund schiebt. »Diese Tierschutzorganisation, die im Namen von männlichen Ferkeln vor das Bundesverfassungsgericht zog und erfolgreich deren Schutz vor betäubungsloser Kastration verlangte. Und dann die Bergbaugebiete und verseuchten Böden, die Wiedergutmachung forderten – über menschliche Anwälte. Ich hab eine Zeit lang fast jeden Tag davon in der Zeitung gelesen: Weltmeere verklagen Plastikhersteller. Schweine und Legehennen in Massentierhaltung zerren die Agroindustrie vor Gericht. Genmanipulierte Pflanzen ziehen gegen Bayer-Monsanto und Syngenta zu Felde. Das war schon eine tolle Zeit, auch wenn nicht jede der Klagen Erfolg hatte.«

Und ab 2025 wurde in vielen Ländern als erster Schritt zur Biokratie eine Tierbürgerschaft eingeführt: In Parlamenten von der lokalen bis zur globalen Ebene wurden Sitze für nichtmenschliche Lebewesen reserviert.[105] Vertreten durch menschliche Anwältinnen und Fürsprecher, können sie dort ihre Stimme erheben, um ihr Interesse an Gesundheit, Bewegungsfreiheit und Lebensfreude durchzusetzen.

Kapitel 2

Lebensorte: verbindend – klimafreundlich – glücklich machend

Das, was Star-Architekten über Städten abwerfen, sieht
am Boden häufig ziemlich beschissen aus: Vogelkot-
Architektur. Viele Planer glauben, bei Architektur gehe
es vor allem um die Form. In Wirklichkeit aber geht es
um die Interaktion von Form und Leben, also um die
Dinge, die sich zwischen Häusern abspielen.

JAN GEHL

Wenn man in Deutschland bei einer Reise durchs Zugfenster schaut, erblickt man manchmal noch wunderbar grün überwucherte Berge oder Seelenlandschaften mit mäandernden Bächlein, deren Anblick glücklich macht. Aber vor allem sieht man zerhauene Hügel, wundartige Krater der Erde voller Abraum, Schutthalden, Autoreifenberge, Lagerstätten, Autobahnen, Stromtrassen, Kraftwerke, Schlachthöfe, Hochhäuser, Fabrikhallen, Warenhäuser, Hotels, Banken und Büros. Vermarktungsplätze statt Marktplätze. Menschen in Mondlandschaften und künstlichen Welten. Darin etagenweise aufeinandergestapelte Beschäftigte, die acht Stunden lang auf Bildschirme starren, um danach auf dem Heimweg auf Smartphones zu starren und zu Hause auf Fernseher zu starren.

Monotone Bauten erzählen keine Geschichte. Wir wissen und spüren nichts mehr von ihren Herkünften, von jenen, die sie errichtet haben, von den verwendeten Baustoffen. Geld ist ebenfalls wie tot. Es erzählt nichts, liefert keine Antworten und verschweigt alles. Es ist Dingen und Menschen gegenüber völlig gleichgültig, weil es alles quantifiziert und *gleich gültig* macht. Wir wissen nicht, woher es kam und wohin es geht. Nur manchmal ploppt in den Medien eine Meldung auf, dass Geld im Wortsinne dreckig ist: Fast alle Geldscheine tragen Spuren von Kokain, und auf einer Geldnote können sich bis zu 3.000 Bakterienarten tummeln.[106]

Schon in den 1950ern beklagte das Psychoanalytiker-Ehepaar Mitscherlich die »Unwirtlichkeit der Städte«. Eine Psychoanalytikerin von heute würde große Identitätsprobleme bei einer typischen City der Gegenwart konstatieren: »Liebe Frau Stadt, liebes Psychotop, Ihr historischer Kern mag intakt sein, mit bürgerstolzen Fassaden geschmückt. Doch stählerne Ringe der Wirtschaftseffizienz haben sich um Ihr Herz gelegt. Betonierte Funktionalität verunstaltet Ihren einstmals schönen Körper. Infrastrukturen aus Lärm und Abgasen umnebeln Ihren Kopf und die Lügen neonfarbiger Werbebanner Ihre Seele. Sie erzeugen zu viel Fernweh und zu wenig Nahweh, zu wenig Sehnsucht nach Ihrer Nähe. Ich glaube, Sie brauchen dringend eine Entstahlinisierung.«

Auch das Arbeitsleben in den Citys animiert zum Davonlaufen. Die industrielle Moderne zwingt Menschen in immer mehr Bullshit-Jobs: arme Schweine schlachten, Billigwaren übers Supermarktband ziehen, Pappbrötchen in Flughafen-Gebäuden verkaufen, Dosenetiketten kontrollieren, Müll und Hundekot aufsammeln und vieles Unangenehme mehr. Tätigkeiten ohne Aussicht auf Besserung, ohne Antworten auf Sinnfragen. Halbautomatisierte Dummwerkelei entfremdet Menschen von ihrem eigenen Potenzial und ist ihrer nicht würdig. Davor entfliehen sie, wenn sie es sich leisten können, in die Ferne, um dort Abenteuer, Nervenkitzel und Erfüllung in exotischer Natur zu finden – und sie dabei kaputt zu machen. Safaritouren in Tansania verstören Tiere, Sextouren in

Thailand zerstören junge Mädchen. Wir zerstören, was wir lieben. Oder vorgeben zu schätzen. Überall.

»Weltbeziehungsstörung« nennt der Soziologe Hartmut Rosa unsere Dreifach-Entfremdung von uns selbst, von anderen Menschen, von der Natur. Näheverlust paart sich mit Fernimperialismus und mündet in der Unfähigkeit zu Resonanz, zum Hören, Lauschen, Antworten. Bindungslose Individuen versuchen mit individualisiertem Exotik-Konsum ihre kaputten Seelen zu heilen – was schiefgehen muss, denn Regeneration ist nur durch Verbindung möglich: durch sinnvolle Tätigkeiten und resonante Befreundung mit Menschen und Lebewesen.

Städte nach menschlichem Maß

Eine Stadt nach menschlichem Maß sieht völlig anders aus. Sie ist kleinteilig, grün, bunt, leise, sauber, rhythmisch belebt und sicher. Sie kann durch die Schaffung schöner lebendiger Orte heilen und fröhlich stimmen.

Der dänische Stadtplaner Jan Gehl und sein Team haben Kopenhagen, New York, Melbourne und viele andere Metropolen in menschenfreundliche Orte umgestaltet. Sie drängten den Autoverkehr zugunsten von Radfahrern und Fußgängerinnen zurück, belebten öffentliche Plätze und schufen Orte der Begegnung. Gehls denkbar simple Methode revolutionierte die Stadtplanung: Er lässt sein Team ausschwärmen und penibel notieren, wo und wie sich Stadtbewohnerinnen und Flaneure bewegen, wie lange sie an welchen Orten bleiben, wo sie sich hinsetzen und wohlfühlen, was menschlichen Augen, Ohren und Körpern also guttut. Er fand empirisch heraus, wie und wo Regeneration stattfindet.

Gehl baut seine komplette Planung nach dem menschlichen Maß auf. Er betont stets, dass unsere natürliche Fortbewegungsart das Gehen ist. Dabei bewegen wir uns mit einer Geschwindigkeit von etwa fünf Stundenkilometern und blicken dabei meist nach vorne. Unser Sehsinn ist genau auf diese Geschwindigkeit geeicht:

Er benötigt alle vier bis fünf Sekunden – möglichst nicht mehr und nicht weniger – einen neuen Reiz, damit wir uns weder angeödet noch überreizt fühlen. Geschäfte und Verkaufsstände in belebten Einkaufsstraßen sind idealerweise fünf bis sechs Meter breit und erfüllen dieses Bedürfnis: Alle fünf Sekunden sehen wir etwas Neues.[107] Die in den 1920ern von Bruno Taut gebauten Siedlungen der »Berliner Moderne« sind nach demselben Prinzip gestaltet: Ihre Reihenhäuschen sind gerade mal fünf bis sechs Meter breit.

Bewegungen und Körpersprache anderer Menschen nehmen wir erst wahr, wenn diese 100 Meter oder weniger von uns entfernt sind. Gesichtsausdruck und Gefühle erkennen wir, wenn sie etwa 25 Meter weit weg sind. Ein gutes Gespräch ist im Abstand von etwa einem halben Meter möglich. Dieser »soziale Horizont« von höchstens 100 Metern findet sich auch auf den meisten Altstadtplätzen, die wir intuitiv als »angenehm« empfinden. Von unvergleichlicher Schönheit ist zum Beispiel die Piazza del Campo in Siena: ein muschelförmiger Platz, in dem man sich geborgen fühlt und sinnenberauscht von stimmigen Farben und Formen.

Auch bei Höhenverhältnissen gibt es ein menschliches Maß: Auf der Straße stehend, kann man mit einer Person auf dem Balkon im fünften Stock gerade noch reden. Befindet sie sich in der sechsten Etage, ist Schluss. »Niedrige Bauten entsprechen dem Fassungsvermögen unserer Sinne, Hochhäuser dagegen überfordern sie«, schreibt Jan Gehl. »Büros und Wohnungen in den höheren Etagen sollten daher unter die Hoheit der Luftverkehrsbehörden fallen: Sie gehören jedenfalls nicht mehr wirklich zur Stadt.«[108]

Hochhäuser können menschliche Gewohnheiten daher auch massiv zum Schlechten verändern. In den schnell hochgezogenen Gebäudetürmen chinesischer Metropolen hat Gehl beobachtet, dass die darin lebenden Kinder dicker werden und zu Verhaltensstörungen neigen. Grund: Sie gehen nicht mehr hinunter zum Spielen, sie treffen keine anderen Kinder mehr, sie wohnen zu weit entfernt von der Straße oder den Grünstreifen. Auch hierzulande entstehen immer mehr Hochhäuser. Dabei sind sie teuer und stören Kommunikation und Klima. Stehen sie frei, entstehen durch komplexe Wechselwirkungen unangenehme Windströmungen, die bis zu viermal stärker sein können als in der Umgebung.

Hochhäuser fördern sogar Gewalt. Beispiel: Der Berliner Alexanderplatz mit seinen himmelschreienden Bauten ist der gefährlichste Platz der Hauptstadt. Im Schnitt werden hier täglich 18 Straftaten begangen: Messerstechereien, Massenschlägereien, sexuelle Übergriffe, Mord und Totschlag. In DDR-Zeiten entstanden, wirkt er riesig, entgrenzt und entgrenzend, zugig, hart, kalt, anonym. Menschen, die sich dort treffen wollen, verlieren sich im Raum. Ein öffentlicher Platz ohne die wohltuende Wirkung von Öffentlichkeit, ohne einladende Treffpunkte, ohne soziale Kontrolle, ohne freundliche Fassaden, ohne Resonanz. Von Betonwänden zurückgeworfen wird nur der Hall der eigenen Schritte.

Jan Gehl legt deshalb größten Wert auf Klein-Maßstäblichkeit. Auf Entschleunigung und Fußläufigkeit. Und auf viel Stadtgrün. Scheinriesenhafte Metropolen sollte man besser in kleine übersichtliche Nachbarschaften auflösen, glaubt er, und statt Hochhäusern zwei- bis vierstöckige Gebäude bauen. Doch: »Die meisten neuen Gebäude und Stadtviertel ignorieren den menschlichen Maßstab, was Sie an ihren aufgeblähten Dimensionen ablesen können: Gebäude, Straßen und Plätze werden immer größer«, verriet er in einem Interview.[109] »Jene, die sie benutzen, die sie schätzen und die sich in ihnen wohlfühlen sollen – also wir –, sind aber immer noch genauso klein wie seit eh und je. Auf diese Weise entstehen Städte, die einem permanent zuraunen: ›Geh nach Hause, mein Freund, so schnell du kannst, und schließ die Tür hinter dir.‹ Und das hat Folgen.« Nämlich Autoverkehr, Lärm, Abgase, Übergewichtigkeit, Krankheiten, soziale Isolation, Kriminalität, Gewalt und Angst.

Das Gegenrezept ist einfach: »Wenn das Stadtleben gefördert wird, damit mehr Menschen durch die Stadt gehen und sich dort länger aufhalten, wird fast überall eine größere reale und gefühlte Sicherheit herrschen«, schreibt der Architekt. »Die Anwesenheit anderer Menschen an einem Ort signalisiert, dass man unbesorgt dort hingehen kann. Viele Augen sehen viel, nicht nur von der Straße aus, sondern auch von oben, aus dem Fenster eines nahe stehenden Hauses ... Eine lebendige Stadt wird zur geschätzten Stadt und damit automatisch sicherer.«[110]

Kleinteiligkeit, findet Gehl, sei das wichtigste Gestaltungsmittel der Stadtplanung: »Jede Stadt sollte ihren Bewohnern gute Orte bieten, an denen sie gehen, stehen, sitzen, schauen, reden und zuhören können.«[111] Überfüllte Bürgersteige, auf denen Menschen zwischen Autos und Gebäuden eingezwängt werden, seien genauso »inakzeptabel« wie Hindernisläufe um Laternenpfähle, Werbetafeln, Treppen, Auf- und Ausfahrten. Oder Fußgängerampeln, die langes Warten erzwingen.[112] Ein scheinbar endloser gerader Weg sei beim Anblick ermüdend. Aber schon leichte Krümmungen machten Menschen neugierig, was hinter der nächsten Kurve liegt.[113]

»Sanfte Übergänge« zwischen privaten und öffentlichen Räumen, Gebäuden und Straßen machen nach Gehls Überzeugung eine Stadt lebendiger. Also Vorgärten. Wohnungen über Straßenniveau. Stufen. Kleinteilige Erdgeschosse. Fassadennischen. Höhlenartige Eingänge. Menschen wünschten sich Orte, wo sie, ihrer Lieblingsbeschäftigung frönend, anderen Menschen zuschauen können, sagt er. Um Städte zu beleben, braucht es also Bänke und Stühle, wo sie dem nachgehen können, Poller, Sockel, Treppenstufen, Bäume, Sonnensegel, Pavillons, Säulengänge oder Pergolas.

Städte und Landschaften bewerten wir unbewusst danach, ob sie Schutz bieten – ein Erbe unserer Vorfahren, die ursprünglich aus der afrikanischen Savanne kamen. Dichte dunkle Wälder machen uns tendenziell Angst, denn es könnten ja Raubtiere und Räuber unterwegs sein. Lichte savannenähnliche Landschaften mit schützenden Baumgruppen, also auch Streuobstwiesen und Parks, wirken hingegen sehr entspannend. Dies gilt laut dem US-Forscher John Falk kulturübergreifend, egal, ob die von ihm befragten Menschen aus Industrieländern kamen oder aus nigerianischen Regenwäldern.[114] Anders als dichte Wälder bieten savannenähnliche Stadtparks Überblick; an ihren Rändern stehend, können wir weit

DER KREISLAUF EINER STADT

Jeder Ort braucht Wasser, Energie und Nahrung für den Stoffwechsel der dort Lebenden. Dafür ist viel Infrastruktur nötig, unter anderem Frisch- und Abwasserrohre, Klärwerke, Energienetze, Stromtrassen, Straßen, Landwirtschaftsflächen, Transportmittel, Lebensmittelgeschäfte, Kantinen und Restaurants. Je stärker sich diese natürlichen Kreisläufe ähneln, desto besser das Ergebnis. Klima- und menschenfreundliche Kommunen sollten also ihre nötige Energie möglichst selbst erzeugen sowie einen Großteil der Lebensmittel in der Nähe anbauen und saisonal verbrauchen. Und sie sollten ihre Kanalisation so umbauen, dass die in den Ausscheidungen enthaltenen Nährstoffe zurückgewonnen werden. Moderne Ökotoiletten können Urin und Stuhlgang trennen, was viel aufwendige Klärwerkstechnik und Trinkwasser ersparen würde. Exkremente können mittels Pflanzenkohle hygienisch einwandfrei kompostiert und wieder in den Naturkreislauf zurückgebracht werden. Harn enthält jede Menge Stickstoff und Phosphor; Letzterer ist ein unersetzbarer, aber endlicher Rohstoff. 1:10 mit Wasser verdünnt, eignet sich Urin bestens als Dünger für Gärten und Zimmerpflanzen.[115]

Eine mehr oder weniger gnädige Zentralverwaltung kann den Bedarf von Nahrung, Wasser und Energie hierarchisch organisieren – oft jedoch mit zweifelhaftem Ergebnis. Wenn Menschen aber ihr eigenes Leben in die Hände nehmen, entstehen in kürzester Zeit selbst unter widrigsten Umständen Orte, in denen Versorgungsflüsse wie von selbst funktionieren. Im Libanon rückten syrische Geflüchtete schon nach wenigen Wochen die rechteckig aufgestellten UNHCR-Container in eine andere Ordnung. Ulrike Guérot und Robert Menasse berichten: »Es entstanden große Verkehrsachsen und kleine Nebenstraßen – die Hauptstraße in einem libanesischen Flüchtlingscamp zum Beispiel wurde Champs-Élysée getauft. Aus dem Nichts entstand Handel, entstanden kleine Boutiquen, wurde Schrottmaterial von gewieften Tüftlern und Bastlern zu Mopeds umgebaut; auf einmal gab es kleine Theater oder Tanzfeste. Es dauert, so sagen Experten, keine sechs Monate, dann wird aus einem Flüchtlingscamp eine Stadt.«[116]

sehen, ohne gesehen zu werden, und notfalls auch flüchten. Und in Straßencafés sitzen wir am liebsten geschützt, mit dem Rücken zur Wand, um uns an anderen Menschen sattzusehen.

Die Mutter aller öffentlichen Plätze

Erst durch die Coronakrise merken viele Menschen wieder, wie unverzichtbar öffentliche Räume für die Lebendigkeit einer Stadt und einer Bürgergesellschaft sind. Die Agora in den antiken griechischen Stadtstaaten war die Mutter aller öffentlichen Plätze, der zentrale Fest- und Marktplatz, wo neben politischen Versammlungen auch Gerichtsverhandlungen und Handelsmärkte stattfanden, Kulturveranstaltungen, religiöse Feiern und Riten. Sie befand sich meist auf einer Freifläche, wo sich Wege kreuzten, und war von Säulenhallen und Tempeln umsäumt.

In den freien Stadtrepubliken des mittelalterlichen Italiens wurde die Agora zur Piazza. Auch sie ist bis heute ein Mittelpunkt des Lebens. Ohne die öffentlichen Plätze wäre Europas Geschichte anders verlaufen. Ohne die Piazze, wo man handeln, diskutieren, streiten und lachen konnte, wäre keine Renaissance möglich gewesen und in ihrer Folge kein Humanismus und keine Aufklärung. Wissenssprünge und historische Fortschritte entstehen fast immer an urbanen Treffpunkten. Ohne sie wären viele Erfindungen und viele Kunstwerke nie geschaffen worden: Auch Genies wie Leonardo da Vinci oder Michelangelo brauchten die Begegnung mit anderen freien Geistern. Und wo sonst als auf diesen schön gestalteten Plätzen hätten sie fußläufig so viele treffen können?

In der heutigen Stadtplanung werden öffentliche Räume jedoch vernachlässigt oder technokratisch vernutzt. Verräterisch ist die kalte Sprache, etwa in einer Broschüre des Bundesinstituts für Bau-, Stadt- und Raumforschung: Es wimmelt hier von »Akteurskonstellationen« und »Nutzungsansprüchen«, von »Funktionsschwächen« und »Prozessmanagement«. Aber lebendige Menschen mit ihren Bedürfnissen kommen nicht vor. Entsprechend öde sehen die Plätze aus. Noch stupider sind Siedlungs-Agglomerationen, etwa in den USA, wo der Mangel an öffentlichen Räumen jeden Diskurs über Gemeinwohl erstickt. Städte und Siedlungen vom Reißbrett werden von Menschen nicht geliebt und nicht angenommen. Das Einzige, was dort gut gedeiht, sind Kriminalität und Rivalität.

Über digitale Reißbretter und grüne Tisch gebeugt, entwerfen konventionelle Stadtplaner Siedlungen mit Adleraugen von oben, als wären sie Feldherren und müssten Schlachten gewinnen. In gewissem Sinne stimmt das auch: Sie schlagen Materialschlachten. Gebaut wird immer größer-schneller-weiter. Das Motto der Moderne hat das menschliche Maß in der Architektur fast vollständig überwuchert. Brasilia beispielsweise, die überdimensionierte Hauptstadt Brasiliens mit ihren Hochhäusern und öden Plätzen, ist genau so entstanden. Von oben gesehen, ähnelt sie einem Adler, bloß kann das niemand sehen außer den Adlern selbst, und die dürften die sterile Metropole eher meiden.

Mikropolitik in der Agora

Wenn eine Stadt oder Gemeinde ihr menschliches Maß wiedererlangen will, braucht sie als Erstes eine schön gestaltete Agora, einen Ort für die Sehnsucht nach einem guten Leben für alle. Dort können sich Menschen treffen und Mikropolitik für ihr Gemeinwesen betreiben. Die Agora muss sich dabei nicht zwangsläufig im Freien befinden: Die 2018 eröffnete Zentralbibliothek im finnischen Helsinki, wo es draußen oft zu kalt zum Verweilen ist, wurde zum beliebten Treffpunkt für alle, auch für die sogenannten Bildungsfernen. In gemütlichen, hell erleuchteten Wohnzimmer-Landschaften kann man dort auch in der dunklen Jahreszeit lesen, reden, spielen, im Internet surfen, werkeln, basteln und 3-D-Drucker ausprobieren. »Oodi« genannt, ist sie eine Ode an den Gemeinsinn geworden. Ihr Geheimnis: Bei ihrer Planung wurden die Bürger und Einwohnerinnen einbezogen und gefragt, was ihnen wichtig ist.[117]

Wäre eine gemeinschaftliche Gestaltung der Agora nicht ein wunderbarer Neubeginn für eine demokratisierte Stadtplanung? Eine, die ganz anders funktioniert als die übliche intransparente, formalisierte und bürokratisierte »Bürgerbeteiligung«? In Berlin zum Beispiel: Kriegszerstört und später politisch geteilt, hat die Hauptstadt nicht einmal einen zentralen Platz. Der Alexanderplatz in Mitte oder auch der frühere Grenzposten Checkpoint Charlie, sie könnten von den Wünschen der Bürger und Einwohnerinnen besetzt und umgestaltet werden – zum »Allesandersplatz«, wie eine Künstlerinitiative im dortigen »Haus der Statistik« formuliert, oder zum Platz der friedlichen Revolution. Die Plätze könnten begrünt und in Sitzlandschaften verwandelt werden, ihre Gebäude könnten Werkstätten für Demokratie und mediale Interventionen beherbergen oder auch eine Bundesbeteiligungs-Werkstatt (siehe Kapitel 5). Daneben bräuchte jeder Bezirk und jeder Stadtteil eine eigene kleine Agora – und zusätzlich öffentliche Parks, Treffpunkte und Gemeinschaftsgärten. Schon die Suche nach der schönsten und geeignetsten Agora würde Demokratie verlebendigen; für die Auswahl am besten geeignet wären repräsentativ ausgeloste Bürgerräte (siehe Kapitel 5).

Medellín – von der Mordmetropole zur Bürgerstadt

Eines der eindrucksvollsten Beispiele, wie stark die Aufwertung öffentlicher Räume eine Stadt binnen Kurzem verbessert, ist Medellín. Anfang der 1990er-Jahre galt die damals von Drogenkartellen beherrschte kolumbianische Millionenstadt als die gewalttätigste und gefährlichste der Welt. Jährlich wurden dort rund 9.000 Menschen ermordet. Die Angst regierte, Überfälle und Entführungen waren alltäglich.

»Wir hatten die Wahl – fliehen oder handeln«, erinnert sich der Dichter Fernando Rendón. Zusammen mit Kollegen und Künstlerinnen lud er 1991 unter dem Motto »Poesie ist Macht« bewusst in einen Ort der Angst ein – einen öffentlichen Park. Zur ersten Lesung kamen rund 3.000 Menschen, zur zweiten 6.000, schließlich 25.000; alles fand ohne jeden Gewaltakt statt. Eine Utopie schien auf: die des friedlichen Zusammenlebens. 2006 wurden Rendón und das inzwischen bedeutendste lateinamerikanische Poesiefestival mit dem Alternativen Nobelpreis ausgezeichnet. Sie hätten bewiesen, so die Laudatio, »wie Kreativität, Schönheit, freier Ausdruck und Gemeinschaftssinn selbst unter von Angst und Gewalt geprägten Bedingungen blühen und diese überwinden können«.

Parallel dazu betrieb der Aktivist und Architekt Sergio Fajardo unter dem Namen »demokratische Architektur« die Aufwertung öffentlicher Räume. 2004 zum Bürgermeister gewählt, erarbeitete er mit seiner Stadtregierung einen verpflichtenden Wertekanon: Transparenz. Rechtsstaatlichkeit. Null Toleranz gegenüber Korruption. Gewaltfreiheit. Beteiligung und Teilhabe für alle. Eine »partizipative Finanzplanung« zeigte auf, wie viele der öffentlichen Gelder jedem Viertel zustanden, Bewohner wurden einbezogen und konnten Prioritäten nennen.

Gemeinsam mit dem Stadtplaner Alejandro Echeverrí entwickelte der Bürgermeister ein Konzept der »urbanen Akupunktur«: ein Netz von Interventionen in öffentlichen Räumen, um die Wurzeln der Gewalt auszurotten, die soziale Ungleichheit zwischen Arm und Reich. Sie begannen ihre Arbeit bewusst in »rechtsfreien Gebieten«, in den ärmsten und gewalttätigsten Barrios. Öffentliche Parks, die als Brennpunkte der Kriminalität galten, erhielten Bibliotheken als Zentren und Treffpunkte. 350 neue Kitas wurden eröffnet, Kinder mit Angeboten von der Straße geholt.

Verkehrsplaner errichteten ein integriertes Mobilitätssystem. Die »Metro« begann 1995 das Stadtgebiet zu durchziehen, nahe den Stationen entstanden Parks und Begegnungsräume. Die Gondelbahnen der »Metrocable« verbanden die ausgegrenzten Bewohner der Armenviertel an den Berghängen nun mit Zentrum und Reichenvierteln. Busse und Leihfahrräder ergänzen die Angebote. Ein neues Museum gibt den Opfern des Bürgerkriegs eine Stimme.

Und in den Barrios singen Rapper gegen Macho-Gewaltkultur an, besorgte Mütter organisieren Begegnungen. Ergebnis: Die Mordrate sank um rund zwei Drittel, 2015 befand sie sich auf einem historischen Tiefpunkt. Seitdem stieg sie leicht wieder an – auch weil das Friedensabkommen in Kolumbien politisch nicht umgesetzt wurde und Medellín keine Insel der Seligen in einem Meer der Gewalt sein kann.[118]

»Soziale Akupunktur« ist überall möglich. Unter anderem in Berlin sorgen »Stadtteilmütter« in sogenannten sozial schwachen Quartieren dafür, dass Gewalt und Jugendkriminalität abnehmen. In Dörfern, deren Infrastruktur sonst sterben würde, bieten gemeinschaftlich geführte Dorfläden Nahversorgung und soziale Treffpunkte an; so etwa im nordrhein-westfälischen Barmen oder in Schienen am Bodensee. In Orten mit stillgelegten Bahnhöfen pulsiert in »Kulturbahnhöfen« neues Kulturleben, beispielsweise in Greifswald, Uslar oder Idstein.

Bauen frisst Ressourcen

Ein weiteres Problem heutiger Städte sind die Wohnungspreise. Reiche und Superreiche investieren in Zeiten der Nullzinspolitik in »Betongold« und treiben die Mieten durch die Decke. Wohnungen werden für Nichtreiche fast unbezahlbar. Und der Wohnungsmarkt erstarrt: Wer noch eine preiswerte Wohnung hat, zieht auch dann nicht mehr aus, wenn sie zu groß geworden ist. In vielen Großstädten werden deshalb die letzten fruchtbaren Böden verkauft und mit Luxusappartements zugebaut. Was die Baulobby schamlos zum Schlachtruf ausnutzt: »Baut mehr Wohnungen!« Nicht dazu gesagt wird: »Damit wir noch mehr verdienen!«

Was ebenfalls nicht gesagt wird: Häuser und Wohnungen blähen sich immer mehr auf. Allein von 1972 bis 2014 hat sich in Deutschland die Wohnfläche pro Einwohner im Schnitt fast verdoppelt, von gut 26 auf fast 47 Quadratmeter.[119] Das macht Klimaschutz immer schwieriger, weil man mehr Beton, Heizung und Dämmung braucht und fruchtbare Erde zugebaut wird. Würden wir unsere Wohnansprüche auf die der 1970er-Jahre herunterschrauben, wäre – rein statistisch gerechnet – die heutige Wohnungsnot auf einen Schlag beseitigt. Jeden Tag verschwinden bundesweit zudem rund 74 Hektar Böden durch Neubauten. Die Mondkrater in den Landschaften durch Kies- und Sandabbau werden größer, die Artenvielfalt kleiner, der CO_2-Ausstoß durch Zementproduktion höher. Zement ist ein Klimakiller und für acht Prozent der globalen Treibhausgas-Emissionen verantwortlich.[120]

Daniel Fuhrhop, Autor der Streitschrift »Verbietet das Bauen!«, findet das verrückt. Der Architekt will deshalb Altbauten sanieren statt abreißen, leer stehende Häuser erfassen und nutzen, schrumpfende Orte aufwerten und »Willkommensstädte« für Geflüchtete aufbauen. In deutschen Städten liegen nach seiner Rechnung rund 165.000 Hektar ungenutzt brach, etwa in Baulücken. 2018, schreibt er auf seinem Blog, seien rechnerisch über 170.000 Wohnungen zu viel gebaut worden, weil die Bevölkerung in Deutschland schrumpft. Auch in Berlin seien genug entstanden – bloß halt keine erschwinglichen.[121] In seinem Handbuch »Einfach anders wohnen« listet er jede Menge Tipps auf, wie der Wohnungsnot anders bei zukommen wäre als durch stupiden Neubau, etwa durch gemeinschaftlich genutzte Räume und funktionierende Mietpreisbremsen.

Man könnte aber auch Gebäude kommunal beschlagnahmen lassen, wenn ihre Eigentümer sich in einem Wirrwarr verschachtelter Unternehmen verstecken, schlägt die »Bürgerbewegung Finanzwende« vor. Oder man könnte eine »Spekulationsabgabe« einführen, die in Kraft tritt, sobald ein bebautes Grundstück an eine Immobilienfirma verkauft wird. Man könnte, wie in der Weimarer Republik oder in Hongkong, mit einer hohen Steuer auf Grundbesitz einen Teil der Mietrenditen abschöpfen.[122] Oder man macht es wie die sozialistische Regierung Portugals: Sie befreit Vermieter von Steuern, wenn sie 20 Prozent unter dem vereinbarten Mietlimit bleiben, und übernimmt die Kosten, wenn arme Mieter nichts mehr bezahlen können.

Eine weitere Teillösung hat der Berliner Architekt Van Bo Le-Mentzel entworfen. Seine »Tiny Houses«, die, auf Parkplätzen stehend, diese faktisch in Wohnraum verwandeln, sind nur 6,4 Quadratmeter groß und bieten trotzdem alles Nötige: Küche, Bett, Schreibtisch, Toilette, Dusche. Und alles für etwa 100 Euro warm. Große Spiegel lassen Wohnraum und Bad größer erscheinen. Die Häuschen lassen sich rund um einen Gemeinschaftsbereich zusammenstellen. Am liebsten würde Van Bo seine »Tinys« in allen Städten anbieten, um »ein wenig Druck aus dem überhitzten Immobilienkapitalismus zu nehmen«. Das wäre genau die richtige Entscheidung, denn es gibt ein Menschenrecht auf angemessenes Wohnen, aber nicht auf Wohnraum-Aufblähung und Scheinriesentum zulasten anderer.

Tiny Houses aus dem 3-D-Drucker könnten zudem sagenhaft billig sein. Die gemeinnützige US-Organisation New Story plant mit einem Druckerhersteller eine Siedlung für Arme in Südamerika. Die einzelnen Häuser sollen mit 55 Quadratmetern weit größer sein als die von Van Bo Le-Mentzel und doch nur 4.000 Dollar pro Stück kosten. Die dreieinhalb Meter hohe und zehn Meter lange Maschine druckt breiigen Beton. Auch Sitzbänke und Regale werden gleich mitgedruckt. Und in Massa Lombardo in der italienischen Emilia Romagna steht mit Gaia ein anderes Tiny House (siehe Abbildung Seite 61 oben links), das in nur zehn Tagen von einem 3-D-Drucker ausschließlich aus Abfällen der Reisernte fertiggestellt wurde, nur 1.100 Euro kostete und mit seinen organischen Formen wunderschön aussieht.[123] Es geht also – ökosozial und preiswert zugleich.

Die Autoren der in Großbritannien entstandenen »Massive Small Declaration – the Antidote to Bigness« formulieren es ein wenig abstrakter: »Regierungen können das ansteigende komplexe Problem der schnellen Urbanisierung nicht allein angehen. Wir müssen die latente Kreativität der Menschen mobilisieren und die kollektive Macht vieler kleiner Ideen und Aktionen nutzen, um einen großen Unterschied zu machen. Um dieses Potenzial freizusetzen, müssen wir den Leuten zutrauen, dass sie das Richtige tun.« Dafür sei es nötig, von dem Schema »Befehl und Kontrolle« wegzukommen hin zu »Ko-Kreation«.[124]

Stimmig wäre es auch, Boden in Stadt und Land zur Allmende zu erklären, die nicht privatisiert werden darf und der Spekulation entzogen wird. In indigenen Gemeinschaften ist Erde ein meist heiliges Gemeingut. Boden ist lebendig, das Erbe von allen für alle. Auch Karl Polanyi forderte in seiner »Großen Transformation«, dass das begrenzte Gut Boden keine »Ware« im üblichen Sinne sein darf und aus dem Markt herausgenommen werden muss, um Ungerechtigkeit und Ungleichheit zu vermeiden.

Wie das praktisch ginge? Sicher nicht wie in der DDR, in der formal alle und real niemand verantwortlicher Eigentümer war. Vielleicht mit großen Stiftungen, die das Land verwalten und ausschließlich in kleinen überschaubaren Größen an die jeweiligen Nutzenden vergeben, also an Kommunen, Nachbarschaften, Baugenossenschaften, Gärtnerinnen. Im Kleinen funktioniert das bereits: Die bundesweit tätige Bioboden-Genossenschaft kauft Flächen und sichert sie als Allmende für landlose Biobauern, die die Äcker dann pachten. Und das Miethäuser Syndikat kauft deutschlandweit Mietobjekte und vergibt sie über eine raffinierte rechtliche Konstruktion an die Wohnenden, sodass Spekulationen und Mietwucher unmöglich werden. Solche Allmenden könnten wachsen und sich miteinander verbinden, sodass langsam eine völlig andere Wirtschaftsweise jenseits von Markt und Staat entsteht.[125] Oder vielmehr wiedererweckt wird, denn diese Commons sind viel älter als der Kapitalismus. Mit einfachen Regeln kann ihre »Übernutzung« verhindert werden, wie Nobelpreisträgerin Elinor Ostrom in ihren Forschungen zeigte.

Einfamilienkisten oder ökosoziale Nachbarschaften

Nehmen wir Gerlinde Schmidt-Überall. Eine junge Mutter von zwei Mädchen, verheiratet, halbtags berufstätig als Bankangestellte. Ihr Mann verdient recht gut, sie haben in einem Vorort ein Häuschen mit Garage gekauft. Frau Schmidt-Überall könnte glücklich sein, aber sie ist es nicht. Denn wie sie es auch macht – in ihren Augen versagt sie ständig. Und schluckt deshalb heimlich Antidepressiva.

Sie will eine gute Mutter sein, eine gute Ehefrau, eine gute Angestellte. Sie hetzt zur Arbeit, hetzt nach Hause, hetzt zu Besorgungen. Ihr Mann überlässt die gesamte Alltagsorganisation ihr, auch die Reparatur der kaputten Waschmaschine, auch die Fahrerei der Großen zum Ballett und der Kleinen zum Kinder-Yoga. Sie fühlt sich schlecht, wenn sie ihrer Familie Fertiggerichte serviert, weil sie weiß, dass das ungesund ist. Sie fühlt sich schlecht, wenn ihre Frisur nicht sitzt, und sie fühlt sich schlecht, wenn sie beim Friseur sitzt und ihre Zeit vergeudet. Sie fühlt sich ständig schlecht, weil sie den Anspruch hat, alles allein besitzen, regeln, reparieren und pflegen und lieben zu müssen.

Was wäre, wenn Gerlinde nicht in einer Einfamilienkiste sitzen müsste? Ein Nachbarschaftsmodell, das Gerlinde helfen könnte, hat der ökosoziale Vordenker Hans E. Widmer aus der Schweiz ersonnen. In mehreren Stadtprojekten wurde es bereits verwirklicht: im »Dreieck«, im »Kraftwerk1«, der »Kalkbreite« und in »mehr als Wohnen«, alle in Zürich, in der »Giesserei« in Winterthur, in der »Sargfabrik« in Wien, in »SUSI« in Freiburg sowie im bundesweiten »Mietshäuser Syndikat«. Weitere sind im Aufbau.[126]

Widmer bezieht sich dabei unter anderem auf die Idee der »2.000-Watt-Gesellschaft«, entwickelt von der Eidgenössischen Technischen Hochschule Zürich: Wenn globale Klimagerechtigkeit herrschen soll, darf jeder Erdling jährlich nicht mehr als 2.000 Watt Energie verbrauchen – in der Schweiz sind es derzeit rund 5.000 Watt. Mehrere Kantone und Gemeinden bekennen sich zur »2.000-Watt-Gesellschaft« und haben deshalb eine lokale oder regionale Energiewende eingeleitet, allen voran Zürich. Mit Gebäuden, die mehr Energie erzeugen als verbrauchen, kann sich eine Stadt per Logo als »EnergieStadt« anerkennen lassen.

Die Nachbarschaftsprojekte umfassen allerdings noch weit mehr als Energiesparen. Eine idealtypische Nachbarschaft besteht laut Widmer aus 350 bis 800 Menschen, ist als Verein oder Genossenschaft organisiert und demokratisch verwaltet. Jedem Mitglied stehen etwa 35 Quadratmeter in unterschiedlichen Wohnformen zu. Die Privaträume sind allerdings wesentlich kleiner, die gemeinschaftlich genutzte Fläche umso größer, was Ressourcen spart. Weil Bedürfnisse sich mit dem Lebensalter ändern, wenn Kinder ausziehen oder Großeltern gepflegt werden, sind die Wohnungen modular gebaut. Versetzbare Trennwände können sie kleiner oder größer machen, Zimmer abtrennen oder hinzufügen.

In fußläufig erreichbaren Mikrozentren können Menschen ihre Alltagsbedürfnisse befriedigen: Es gibt Küchen, Kantinen und Kindergärten, Treffpunkte, Bibliotheken und Mediatheken, Werkstätten, Bäckereien und Gewerberäume, Lastenräder und Car-Sharing. Bauern und Gärtnerinnen liefern Lebensmittel aus maximal 50 Kilometer Entfernung. In solch einer Nachbarschaft fallen im Schnitt etwa sechs Stunden Gratisarbeit pro Person und Monat an. Gleichzeitig aber sparen sich alle Beteiligten mindestens dieselbe Menge private Hausarbeit und leben zu vergleichsweise niedrigen Kosten im Komfort eines Viersternehotels. Welch ein Luxus – und viel preiswerter als in Einfamilienküsten.

Solche ökosozialen Nachbarschaften können sich Widmer zufolge zu einem »Quartier« zusammenschließen, das zwischen 10.000 und 50.000 Menschen Lebensraum bietet. Am zentralen Platz befände sich zum Beispiel ein Fair-Trade-Supermarkt, daneben Schulen, Versammlungssäle, öffentliche Dienste wie Polizei, Sozialamt, Friedensrichter, Gesundheitszentrum sowie Gewerbecluster, die regionale Produkte und Dienstleistungen anbieten.

Und so ginge es weiter: Mehrere Quartiere bilden eine Stadt, mehrere Städte eine Region, mehrere Regionen ein Territorium. »Ein demokratisches Europa müsste als subkontinentale Kooperation von vielleicht 80 Territorien neu gegründet werden«, schreibt der Schweizer. Darin sei »die Kombination von direkten und indirekten Formen der Demokratie ohne allzu große populistische Risiken möglich«.[127] Auf diese Weise könnte eine demokratische und planetenfreundliche Weltgesellschaft von unten nach oben organisiert werden (siehe Kapitel 7).

Wenn Gerlinde Schmidt-Überall nach ihrem Arbeitstag nach Hause käme, sähe ihre Welt gleich ganz anders aus. Düfte aus der Gemeinschaftsküche empfingen sie in solch einer Nachbarschaft, denn die Feldfrüchte aus der Solidarischen Landwirtschaft werden hier verarbeitet. Sie könnte wählen, ob sie ihre Familie bekocht oder lieber die Kantine besucht. Ihre Schwiegermutter kann mitkommen oder Essen in ihre Wohnung bringen lassen. Ihre Töchter sind im genossenschaftseigenen Hort untergebracht. Dort gibt es zwar kein Ballett, aber Yoga, Musik und Sport. Frau Schmidt-Überall kann sich entspannen. Und überlegen, ob sie abends in der Mediathek einen Film anschaut, in die Bar zum Plaudern geht oder ein luxuriöses Sprudelbad nimmt. Statt Antidepressiva.

Grünstädte und Blaustädte im Zeichen der Erderhitzung

Madrid wird im Jahr 2050 ein Klima haben wie Marrakesch. Stockholm wird Budapest. London wird Barcelona. Und Berlin wird wie das australische Canberra, im Juli um über sechs Grad heißer. So lesen sich die schockierenden Ergebnisse einer Klimasimulation der Eidgenössischen Technischen Hochschule Zürich. Im Verlauf der zu erwartenden Erderhitzung von plus 1,5 bis 2 Grad »wandern« Städte der nördlichen Hemisphäre rund 1.000 Kilometer nach Süden.[128]

Metropolen und Großstädte sind im Sommer heute schon um etwa 10 Grad wärmer als ihr Umland. Dunkler Asphalt erhitzt sich auf bis zu 60 Grad, versiegelte Flächen und Gebäude speichern Hitze und strahlen sie nachts ab.[129] Werden die Sommer immer heißer, dann werden unglückselige Bewohner ungedämmter Dachgeschosse gebraten und gesotten. Das Rote Kreuz warnte im Juli 2019: »Hitzewellen gehören zu den tödlichsten Naturgefahren«. Es forderte deshalb mehr Grünanlagen, autofreie Zonen, begrünte Dächer und weiß bemalte Oberflächen.[130]

Stadtregierungen werden nicht umhinkommen, die gesamte städtische Infrastruktur umzubauen und größere Neubauten sowie Neuversiegelungen zu verbieten, um die Regeneration von Mensch und Natur zu ermöglichen. Helle Belege auf Straßen und Wegen wie in Los Angeles oder durchlässiger Beton mit Poren vermindern das Hitzespeichern. Nebelduschen wie in Griechenland und Italien könnten öffentliche Plätze, Fußgängerzonen und Spielplätze zumindest kurzfristig abkühlen.

Was auch hülfe, wäre ein Konzept, wie es das deutsche »Klima-Konsortium« fordert und wie es unter anderem in Berlin und Hamburg geplant, aber noch nicht verwirklicht ist: die »Stadt als Schwamm«. Also die Entsiegelung von Flächen, regendurchlässige Pflaster, Förderung von Gründächern, Gewässern, Regenspeichern und -tonnen, kurzfristig flutbare öffentliche Plätze, Ausweitung von Grünanlagen, Mulden unter jedem Stadtbaum, die Wasser auffangen. Statt wie bisher in die Kanalisation überzulaufen, sollte Regenwasser überall dezentral versickern können. Dann wässert es auch Pflanzen und Bäume, die wiederum für Verdunstungskühle sorgen. In Berlin will die Umweltverwaltung »1.000 Grüne Dächer« fördern. Moose, Gräser und dürreresistente Pflanzen wie Fetthenne schützen Dächer vor praller Sonne, speichern Wasser und kühlen die Luft.[131]

Gründächer sind auch nützlich, wenn Starkregen vom Himmel stürzt. Sie saugen Wasser wie ein Schwamm auf, und der Rest fließt zeitlich verzögert ab. Man habe die Gefahr von Sturzfluten bisher unterschätzt, gab der Deutsche Wetterdienst im Sommer 2019 zu. In dicht bebauten Siedlungen kann das Nass aufgrund der Flächenversiegelung nur schwer abfließen, veraltete Kanalisation nimmt die Flut kaum auf, begradigte Flüsse und zugebaute Ufer verschlimmern die Lage.[132] Schwammstädte sind neben ländlichem Humusaufbau deshalb das Gebot der Stunde.

Und natürlich sollten überall neue Bäume gepflanzt und gepflegt werden. Bürger, die etwas gegen die Klimakrise tun wollen, gibt es genug; sie bräuchten nur Flächen, die sie aufforsten oder bepflanzen können. Stadtgrün und Stadtblau sorgen für ein anderes Mikroklima: Vegetation hat einen enormen Kühlungseffekt, da Pflanzen über ihre kleinen Blattöffnungen Wasser »ausatmen«. In einem alten Mischwald beträgt die Temperatur an heißen Sommertagen bis zu 15 Grad weniger als auf versiegelten Stadtflächen.[133] Auch ein Stadtpark kann die Umgebung um bis zu 13 Grad herunterkühlen, Gewässer um mindestens 2 Grad.[134] Pflanzen produzieren zudem Sauerstoff, binden Feinstaub, dämpfen Lärm und beherbergen bedrohte Insektenarten.

Grüne Städte hätten aber nicht nur im Kampf gegen die Klimakrise die Nase vorn, sondern sind auch einfach schöner. Die Philosophie der Biotope City, entworfen 2004 von der deutsch-niederländischen Architektin Helga Fassbinder, propagiert eine neue grüne Ästhetik in den organischen Formen und Farben der Natur: Der alte Stadt-Land-Gegensatz sei nicht länger haltbar, was sich auch darin zeige, dass die Biodiversität in Städten inzwischen höher sei als auf dem monokulturell geprägten Land. Städte der Zukunft, sagt die Vorsitzende der Stiftung Biotope City, sollten überzogen und durchwuchert sein von Pflanzen, die auch der menschlichen Seele guttun: »Gebäude bieten viel Oberfläche für Grünbewuchs, auf den[135] Dächern, an den Fassaden, auf Balkonen, auf Fenstersimsen.« Auf dem früheren Coca-Cola-Gelände in Wien entsteht derzeit ein Biotope-City-Quartier von 900 Wohnungen; es soll auch als Stadtlabor, Forschungsraum und Experimentierfeld dienen.[136]

In Mailand hat der italienische Architekt Stefano Boeri einen »Bosco Verticale« gebaut, einen »vertikalen Wald« in Form zweier Appartement-Türme, auf denen insgesamt 900 Bäume wachsen: Steineichen, Oliven, Nussbäume, Birnen, Kirschen.[137] Im Stadtstaat Singapur können sich die Menschen in den »Gardens by the Bay« erholen: einem urbanen Dschungel mit künstlichen »Superbäumen« aus bepflanztem Stahl und einem »Blumendom« auf 100 Hektar aufgeschüttetem Land. Die Stadtregierung von Madrid ließ in einer riesigen Jugendstilhalle des alten Bahnhofs von Atoha ebenfalls einen Dschungel anlegen. In Mexico City entstanden längs einer Hauptverkehrsachse »vertikale Gärten« mit gigantischen bewachsenen Skulpturen.[138]

Häuser aus Holz, Hanf, Bambus oder mit Pflanzenkohle-Dämmung sind ebenfalls hochinteressante Möglichkeiten, CO_2 dauerhaft zu speichern. Im britischen Cambridgeshire errichtete das Büro »Practice Architecture« in nur zwei Tagen ein CO_2-neutrales Haus aus vorgefertigten Hanfplatten.[139] Genau wie Hanf ist Bambus schnellwüchsig und nimmt dabei viel CO_2 auf. Als Baumaterial für Möbel und ganze Häuser ist es vor allem in südlichen Ländern altbewährt. Die CO_2-negative Pflanzenkohle, die der Atmosphäre pro Kilo indirekt gut drei Kilo Treibhausgas entzieht, besteht aus äußerst stabilem Kohlenstoff.[140] Das Material sorgt durch seine Feuchtigkeitsregulierung für ein gutes Raumklima. Mit solchen Stoffen kann man ganze Siedlungen und Städte zu klimafreundlichen CO_2-Senken umfunktionieren.

Auf andere Art schaffen das auch die »Plusenergiehäuser«, die etwa der Freiburger Solararchitekt Rolf Disch entwirft. Mit dem drehbaren Heliotrop baute er das erste Plusenergiehaus weltweit. Nun plant er in Schallstadt eine ganze »Plusenergie-Siedlung« mit 80 Wohneinheiten und einer emissionsfreien Tiefgarage, in der nur Fahrräder, E-Bikes, Lasten-E-Bikes und E-Autos stehen.[141]

Visionär arbeitet auch der New Yorker »Fungitekt« David Benjamin, der Architektur mit Pilzfäden buchstäblich zum Leben erwecken will: »Biologische Systeme sind anpassungsfähig, leben, atmen, regenerieren sich selbst. Stell dir vor, Gebäude hätten diese Eigenschaften! Das würde unseren Lebensstil radikal ändern.« Er stellt aus lebendigem Pilzmycel Gebäude her. Etwa den 13 Meter hohen Pilzturm Hy-Fi für eine Kunstausstellung, der danach in drei Monaten rückstandslos zu Kompost zerfiel. Das Pilzgeflecht wächst in alle Richtungen, die man ihm zugesteht, auch zu Stühlen, Verpackungen und sogar Brautkleidern.[142]

Natürlich gehören auch Gärten in allen Größen, Farben und Formen ins Repertoire einer zukunftsfähigen Stadt. Allerdings sollte eine verantwortungsvolle Stadtverwaltung festlegen, was nicht geht: reine Kies- und Steingärten, Stellplätze für Geländewagen, steriler Rasen ohne jedes Kräutlein. Rasen war früher ein Status-symbol von Adligen: Seht her, ich habe es nicht nötig, rund um mein Schloss etwas anzubauen. Nun ist er in US-Vororten und deutschen Schrebergärten gelandet.

Viel schöner sind doch Blumen in Hülle und Fülle wie in alten Bauerngärten. »Öffentliche« Sträucher voller Him-, Stachel- oder Aroniabeeren, die von Spaziergehenden und Vögeln genossen werden dürfen. Oder gar Waldgärten, die aus mehreren Vegeta-tionsschichten essbarer Pflanzen bestehen und Nahrung für Men-schen, Insekten, Vögel und Säugetiere bieten. In den waldarmen Niederlanden sind sie sehr beliebt. Auch in Berlin-Britz soll einer entstehen.[143]

Städte entscheiden weltweit über Klimaschutz

75 Prozent der weltweiten CO_2-Emissionen entstehen in den Städ-ten. Dort werden aber auch politische Entscheidungen getroffen und lukrative Lösungen gefunden. Deshalb wird sich in den Met-ropolen und Städten dieser Welt entscheiden, ob die Menschheit die Klimakatastrophe meistern kann. Die Klimapläne der National-regierungen reichen dafür bisher in keiner Weise aus. Aber Lokales schlägt Nationales: Wenn die Klimaziele der globalen Bündnisse von Stadtregierungen Realität würden, könnte laut dem Bericht »Global Climate Action from Cities, Regions and Businesses« bis 2030 etwa ein Drittel der jährlichen Treibhausgas-Emissionen ein-gespart werden.[144]

Staaten definieren sich durch Grenzen und sind deshalb oft unfähig, grenzenlose Probleme wie die Klimakrise zu lösen. Städte aber sind sich weltweit ähnlich, sie können sich verbünden und voneinander lernen. Darauf insistierte auch US-Politikprofessor Benjamin Barber in seinem Bestseller »If Mayors Ruled the World« (»Wenn Bürgermeister die Welt regieren würden«). Er initiierte das

»Globale Parlament der Bürgermeister«, das mittlerweile mehr als 9.000 Stadtchefs mit Klima-Ehrgeiz und 200 Millionen Menschen repräsentiert.[145]

Inzwischen existieren weltweit mehr als 160 Klimabündnisse. Das Netzwerk »C40«, in dem fast 100 der größten Metropolen des Globus organisiert sind, umfasst über 650 Millionen Menschen und ein Viertel der globalen Wirtschaftsleistung. Mitglieder sind unter anderem Berlin, Istanbul, Kapstadt, Lagos, Melbourne, Mexico City, New York, Paris, Peking, Rio de Janeiro, Seoul, Warschau und Washington. »Wären die C40 ein Land, könnte es sich mit den USA, China und der EU messen«, schreibt die Klima-Reporterin Verena Kern.[146] In der »Under2Coalition«, 2015 angestoßen von Baden-Württemberg und Kalifornien, arbeiten mehr als 200 kommunale, regionale und nationale Regierungen an gemeinsamen Klimazielen. Das »Klima-Bündnis« umfasst 1.700 Gemeinden und 80 Millionen Menschen in 26 europäischen Staaten; es ist das größte Städtenetzwerk Europas zum Schutz des Weltklimas und vor allem des Amazonas. Und in den USA will eine immer größer werdende Allianz von Stadtregierungen und Gouverneuren aus Bundesstaaten gegen den Willen der Regierung Trump das Pariser Klimaabkommen einhalten.[147]

Beim »Climate Action Summit« im September 2018 in San Francisco tauschten diese Akteure aus nördlichen und südlichen Ländern ihre Ideen aus. Der frühere New Yorker Bürgermeister Michael Bloomberg fasste zusammen: »Die Städte sind, wo die Leute sind, wo die Probleme sind, wo die Lösungen sind.«[148] Die Regierung der ecuadorianischen Hauptstadt Quito plant zum Beispiel, den öffentlichen Verkehr in der Altstadt bis 2020 CO_2-neutral zu machen. Tokio, Medellín, Warschau, Heidelberg und andere Stadtregierungen wollen ab 2025 nur noch Elektrobusse kaufen. In Kopenhagen, Buenos Aires, Sevilla und anderswo werden breite Radschnellwege geplant oder sind schon realisiert. Und es gibt noch viel mehr Projekte in der Pipeline.

»Klimanotstand«

Aufbruchsstimmung im November 2019 in Berlin-Kreuzberg beim »Ersten Klimanotstandskongress«: Junge und Alte, Aktivistinnen, Wissenschaftler, Verwaltungsfachleute und Politikerinnen tauschen ihre Erfahrungen aus. Die Volksinitiative Klimanotstand in Berlin hat das Treffen kurzfristig organisiert, unterstützt von Fridays for Future, Extinction Rebellion, Fossil Free, attac und weiteren Gruppen. Bereits 74 Städte und Gemeinden haben bis zu diesem Zeitpunkt den »Klimanotstand« ausgerufen; auf dem Kongress vertreten sind 34 Städte sowie das Land Brandenburg. Den dortigen Grünen ist es gelungen, im Koalitionsvertrag der neuen rot-schwarz-grünen Koalition einen Passus unterzubringen, in Zukunft »alle entsprechenden Gesetze einem Klimacheck« zu unterziehen.

Die Bewegung ging von Australien und England aus; »Climate emergency« ist als Begriff eingängiger als der deutsche »Klimanotstand«, der an die Notstandsgesetze von 1933 und 1968 erinnert. Ende 2019 hatten das EU-Parlament, die Parlamente von Großbritannien, Frankreich und Spanien sowie 740 Gemeinden in 16 Staaten den »Klimanotstand« oder eine »Klimanotlage« ausgerufen.

Die erste deutschsprachige Stadt war Basel. Die Jugendlichen von Fridays for Future hatten im Februar 2019 den Stadtrat regelrecht überrumpelt. »Wir setzten einen offenen Brief in die größte Basler Zeitung, und der Stadtrat geriet in Panik«, berichtet ihr Vertreter Philippe Kramer in Berlin lachend. Basel setzte eine enorme Dynamik in anderen Kommunen in Gang, bei den Schweizer Nationalwahlen im Oktober 2019 gab es die größte Verschiebung seit 50 Jahren in Richtung Grün. Das Beispiel zeigt, wie man einen parteiübergreifenden Sog erzeugen und andere mitreißen kann.

Als erste deutsche Kommune folgte im Mai 2019 Konstanz: Der Gemeinderat rief den Klimanotstand aus. Oberbürgermeister Uli Burchardt, wohlgemerkt von der CDU, wünschte dem Kongress via Videobotschaft gutes Gelingen. Konstanz gilt laut einer Analyse von Marie Kleeschulte vom oben genannten EU-weiten »Klima-

Bündnis« zusammen mit Kiel, Wiesbaden oder Erlangen als Beispiel für »starke« Notstandsbeschlüsse. Diese beinhalten das Ziel der Klimaneutralität bis 2030, die Verpflichtung, nur noch klimaneutrale Gebäude zu bauen oder alle kommunalen Beschlüsse mit einem »Klimavorbehalt« zu überprüfen, ob sie mit dem Pariser Klimavertrag vereinbar sind. Das »Klima-Bündnis« bietet auf seiner Website eine »Musterresolution« an. Und Lisa Badum, mitanwesende Bundestagsabgeordnete der Grünen, hat auf ihrer Homepage einen »Leitfaden« für interessierte Kommunen veröffentlicht.

Auffällig ist, dass das Engagement nicht unbedingt von der Farbe des Parteibuches abhängt. Im Bundestag war es mit Lorenz Gösta Beutin ein Abgeordneter der Linken, der eine – schließlich mehrheitlich abgelehnte – Resolution zum Klimanotstand einbrachte; in Dresdener Rathaus aber blockierten zwei Linke einen solchen Beschluss. In der einen Kommune waren SPD oder CDU proaktiv, in der anderen stimmten beide Parteien gegen die Ausrufung des »Notstands«. Bernd Hirschl vom Institut für ökologische Wirtschaftsforschung glaubt deshalb, dass hier ein »neuer Akteur« entstehe, der »mehr als reine Symbolik« repräsentiere. Zwar sei die Mehrheit der kommunalen Klimabeschlüsse eher »weich«, aber es gebe auch »harte« mit handfesten Folgen.

Auch die neue Bewegung »GermanZero« möchte eng mit den Klimanotstands-Kommunen zusammenarbeiten. Der gemeinnützige Verein hat große Ziele: Er will Deutschland bis 2035 klimaneutral machen. Geschäftsführender Vorstand ist Heinrich Strößenreuther, der in Berlin einen erfolgreichen Volksentscheid pro Radverkehr und damit eine bundesweite Welle von kommunalen Radentscheiden anstieß. Im Herbst 2019 erarbeiteten Wissenschaftler und Klimaexpertinnen im Auftrag von »Mehr Demokratie« und »GermanZero« in einer Zukunftswerkstatt einen detaillierten Klimaschutzplan für die Bereiche Energie, Industrie, Verkehr, Gebäude, Landwirtschaft und Lebensstil, der ohne umstrittene Verfahren wie die unterirdische CO_2-Lagerung CCS auskommt. Ergebnis: Das Ziel ist machbar, wenn Politik und Gesellschaft bis zu den nächsten Bundestagswahlen 2022 auf allen Ebenen mobilisiert werden. Die Initiative hofft, dass dann der Klimaschutz im Grundgesetz verankert und zahlreiche Gesetzespakete verabschiedet werden. Nebeneffekt: Unzählige »grüne« Jobs würden geschaffen.[149]

Zukunftskommunen sind im Kommen

Herr Professor Schmuck, Sie sind Psychologe an der Uni Göttingen und haben zusammen mit Ihrem Wissenschaftsteam »Transformbar« die Internetplattform zukunftskommunen.de gegründet. Dort werden rund 50 kleine und mittlere Kommunen vorgestellt, die sich – Stand 2019 – mit 167 ökosozialen Projekten hervorgetan haben: mit Bürgerbeteiligung, Kreislaufwirtschaft, erneuerbaren Energien, Genossenschaften, Rekommunalisierung von Infrastruktur, Permakultur oder Schutz der Artenvielfalt. Wie kam es dazu?

Peter Schmuck: 2016 überlegten wir in einem kleinen Kreis von Psychologen, wie man Nachhaltigkeit voranbringen kann. Denn die Politik bewegt sich zu weit weg von normalen Menschen, es fehlt die Erdung durch Bürgerbeteiligung. Zusammen mit zwei Modellkommunen, dem brandenburgischen Treuenbrietzen und dem schwäbischen Münsingen, bewarben wir uns erfolgreich beim Förderprogramm »Kommune Innovativ« des Bundesforschungsministeriums. In Treuenbrietzen gibt es bereits den energieautarken Ortsteil Feldheim mit erneuerbaren Energien und einem innovativen Batteriespeicher. Auch Münsingen versorgt 100 Prozent der Haushalte sowie das Kleingewerbe mit regenerativem Strom, und man kann in der Stadtverwaltung E-Bikes und ein E-Auto leihen. Wir wollten herausfinden, was die Erfolgsfaktoren solcher Kommunen sind, um sie miteinander zu vernetzen und »Anfänger«-Kommunen vorzustellen. Mein Schlüsselerlebnis war eine Veranstaltung im sächsischen Lommatsch: Die Gemeinde wollte erneuerbare Energien voranbringen, aber niemand im Saal wusste, dass es 50 Kilometer weiter in Colditz schon ein ähnliches Projekt gab. Zukunftsfähige Kommunen wissen wenig, oft nichts voneinander, weil in den Medien kaum über sie berichtet wird. Das möchten wir mit unserer Plattform ändern. Denn Erfahrungsaustausch ist die beste Investition.

Treffen sich die Bürgermeister solcher
Zukunftskommunen auch real?

Ja. Wir konnten schon mehrfach Bürgermeister zusammenbringen, die Ähnliches planen. Der von Hallerndorf beispielsweise hatte mehrere Wärmenetze in seiner Gemeinde initiiert, der von Alheim wollte wissen, wie das geht. Natürlich steht es allen frei, mit anderen Kontakt aufzunehmen. Wir werden auch einen Kongress abhalten, wenn wir die Projektmittel dafür erhalten.

Welche Kommunen haben Sie persönlich am
meisten beeindruckt?

Schwer zu sagen. Es gibt so viele wunderbare Projekte. Anfangs haben wir auf der Website alle kommunalen Erfolge den Kategorien »Bildung machen«, »Kreislaufwirtschaft«, »Natürliche Vielfalt« und »Gemeinschaft« zugeordnet. Dann stellten wir aber fest, dass viele Projekte alle Aspekte der Nachhaltigkeit erfüllen. Etwa in der »Essbaren Stadt Andernach« am Rhein, wo auf öffentlichen Grünflächen Lebensmittel angebaut werden. Im Ortsteil Eich betreiben Langzeit-Erwerbslose und Behinderte einen Permakultur-Park, verkaufen ihre Feldfrüchte in einem Andernacher Laden, züchten uralte Gemüsesorten, von denen ich noch nie gehört hatte, und geben gern ihr Wissen weiter.

Andernach ist eine Kleinstadt, gibt es weitere
vorbildliche Kommunen?

Meine persönlichen Favoriten sind das sorbische Nebelschütz in Sachsen, das hessische Eltville und das mecklenburgische Bollewick. Der umtriebige Bürgermeister Thomas Zschornak hat Nebelschütz zum »schönsten Dorf Sachsens« umgebaut. Der Dorfladen bietet Lebensmittel aus Permakultur, der Kindergarten ist ein Öko-Vorzeigebau, die Gemeinde pflegt Allmenden und Traditionen. Die neueste Idee ist eine Garnelen- und Schneckenzucht in leer stehenden Ställen. In Eltville, der »Perle am Rhein«, sorgt Bürgermeister Patrick Kunkel dafür, dass Bürgerbeteiligung großgeschrieben wird. Ein Netzwerkbüro mit angegliederten Initiativen und das Mehrgenerationenhaus koordinieren über sogenannte Engagement-Lotsen ehrenamtliche Arbeit, es gibt Bildung, Betreuung und Beratung für alle Altersgruppen. Im »Jugendpark der Kulturen« setzen geflüchtete und einheimische Jugendliche den Zwinger der Kurfürstlichen Burg instand und lernen dabei ein demokratisches Miteinander. Und in Bollewick sind dank Bürgermeister Bertold Meyer ein Bioenergiedorf, eine riesige »Kulturscheune« sowie »Gläserne Landwerkstätten« entstanden, in denen regionales Fleisch verarbeitet wird. Alle drei Bürgermeister haben übrigens als »Mayors for Future« im Juni 2019 eine Solidaritätsbekundung mit der klimastreikenden Jugend gestartet, welche inzwischen von weiteren Bürgermeistern unterschrieben wurde.

Welche Kommune ist Ihnen mit vorbildlicher Bürgerbeteiligung aufgefallen?

Wennigsen bei Hannover hat öffentliche Plätze im Wohnquartier »Hohes Feld« via Online-Bürgerbeteiligung umgestaltet. Das Wennigser Jugendparlament, das vorbildlich Jugendliche einbezieht, besteht mittlerweile in der siebten Periode. Im schwäbischen Dornstadt wurde »Bildung für nachhaltige Entwicklung« zur kommunalen Querschnittsaufgabe erklärt. Die »Dornstädter Zukunftsgestalter« wollen mit verschiedenen Projekten Menschen aller Generationen für einen nachhaltigen und weltbewussten Lebensstil begeistern.

Arbeiten Sie auch mit dem Netz der 100-EE-Kommunen zusammen, also mit denen, die eine Versorgung mit 100 Prozent erneuerbarer Energie anstreben?

Ich verfolge das mit Sympathie. Allerdings ist unser Ansatz breiter, wir nehmen auch Ernährung, Landwirtschaft oder Mobilität in den Blick. Und bezüglich der Energie haben viele »unserer« Zukunftskommunen das Ziel »100 Prozent EE« schon längst umgesetzt. Mein Anliegen ist es, verschiedene Strömungen der Nachhaltigkeit zusammenzubringen, also energieautarke Gemeinden, demokratiefördernde Kommunen, Klöster, Ökodörfer und Lebensgemeinschaften, die ihre Gemeinden positiv beeinflusst haben. So geschehen im niedersächsischen Steyerberg, im thüringischen Cobstädt und im schwäbischen Schloss Tempelhof.

Wer Straßen sät, erntet Verkehr

Schon Leopold Kohr sah voraus, dass Staus die notwendige Folge autoorientierter Verkehrsplanung sind. In seinem Buch »Überentwickelte Nationen« rechnete er vor, dass Masse gleich Bevölkerung mal Umlaufgeschwindigkeit durch Lebensraum sei. Höhere Geschwindigkeit mache Lebensraum immer knapper. Eine Mittelstadt von 40.000 Einwohnern sei heute ständig verstopft, weil die tägliche Umlaufgeschwindigkeit ihre Masse ungefähr verzehnfache. Wenn man dort wohne, wo man arbeite, könnten aber 70 Prozent der Verkehrsprobleme gelöst werden. Der ehemalige VW-Manager Daniel Goeudevert, Enfant terrible seiner Zunft, fasste das in dem Spruch zusammen »Wer Straßen sät, wird Verkehr ernten.«

Die ökosozialen Folgekosten sind enorm: Laut einer Studie muss die Allgemeinheit dafür allein in Deutschland jährlich etwa 140 Milliarden Euro zahlen.[150] Autounfälle etwa führen zu Ausfällen an Arbeitsplätzen, Lärm verursacht Gesundheitsschäden, Abgase bewirken Klimaschäden und Wetterextreme. Flüge und Autos sind die schädlichsten Verkehrsmittel: Der Inlandsflugverkehr erzeugt versteckte Kosten von rund 13 Cent pro Personenkilometer, ein Auto 11 Cent, ein Bus 3 Cent, die Bahn nur 2 Cent.[151]

DIE WELT AUS SICHT EINES AUTOS

Gestatten, dass ich mich vorstelle: Ich bin ein Benziner. Ein Auto, das mit Sprit fährt. Sie wundern sich vielleicht, warum ich reden kann. Das liegt daran, dass wir uns in den Gehirnen unserer menschlichen Wirtsleute festgesetzt und deren geistige Fähigkeiten übernommen haben. Wir haben uns ein Beispiel an bestimmten Bakterienarten genommen und manipulieren die Gehirne unserer Wirte, damit wir uns weiter ungestört vermehren können.

Kaum jemand weiß noch, dass Automobile in ihren Anfängen mit Dampf oder Strom fuhren. Man stelle sich vor, das hätte sich weltweit durchgesetzt – nicht auszudenken! Im Jahr 1900 liefen 40 Prozent der Autos in den USA unter Dampf, 38 Prozent elektrisch und nur 22 Prozent mit Benzin. Unsereins war eine traurige Minderheit. Dampfwagen verbrauchten zwar viel Wasser, konnten ihren Durst jedoch an den damals zahlreichen Viehtränken decken. Viel besser als wir, die wir weiland unser Benzin noch in Apotheken holen mussten! Zustände waren das! Elektroautos waren bei den Damen am beliebtesten, weil am saubersten. In Relaisstationen konnte die Batterie ausgetauscht werden, was die Reichweite ungeahnt ungeliebtem Komfort zum Kram zum Kram zum zu auf 100 Kilometer steigen ließ. Muss jetzt alles noch mal mühsam neu erfunden werden, hähähä!

Unser Erfinder war Carl Benz, der 1886 sein Patent auf den Verbrennungsmotor anmeldete. Und 1913 begann Henry Ford in seiner Fabrik in Detroit mit der damals revolutionären Massenproduktion am Fließband, was den Preis für unsereins rapide sinken ließ. Schon 1924 dominierte der Ford T den Markt in den USA. Die Deutschen zogen mit Mercedes-Benz und BMW nach. Und Adolf Hitler, ja, der tat besonders viel für uns. Er wollte einen bezahlbaren »Volkswagen«. Und durchzog das Land mit Autobahnen, auf denen gerast werden durfte. Die Wirkung war so nachhaltig, dass sich bis heute kaum ein Politiker traut, ein Tempolimit durchzusetzen. Deutschland ist das einzige Land auf der Welt ohne Geschwindigkeitsbegrenzung. Danke, Adolf! Danke, Peter Ramsauer, Alexander Dobrindt, Christian Schmidt, Andreas Scheuer!

Unsere Spezerln reden heute im Reichstag, und schon vor über hundert Jahren haben dort unsere Freunde kräftig nachgeholfen. 1910 forderten sie mehr Rechte für Autofahrer, weil sonst die deutsche Autoindustrie gegenüber der US-Konkurrenz benachteiligt würde. Ein Argument, das immer wieder zieht. Dann wurde die Haftpflichtversicherung eingeführt und mit ihr die Pflicht für Fußgänger, von der Fahrbahn zu verschwinden, wenn wir heranbrausen. Ein genialer Trick, um das Gemeingut Straße für uns zu monopolisieren. Genauso förderlich für uns war die »Charta von Athen«, die internationale Architekten 1933 in der griechischen Hauptstadt verabschiedeten. Sie erhoben die funktionale Trennung von Arbeiten und Wohnen sowie die »autogerechte Stadt« zum Ideal.

Das war die Voraussetzung für unsere Massenvermehrung in den 1960er- und 1970er-Jahren. Die Städte wurden immer stärker zu unseren Gunsten umgebaut, lästige Fußgängerinnen und Radfahrer zurückgedrängt und überfahren. Das Erfolgsrezept, das wir unseren Wirtsleuten in den Ministerien und Behörden einflüsterten, lautete: neue Straßen, mehr Autos, Staus, neue Straßen, mehr Autos, Staus, neue Straßen, mehr Autos ...

Auf diese Weise gelang uns auch der Sprung in die Gehirne der gemeinen Autofahrer. Sie glaubten sehr schnell, dass sie nicht mehr ohne uns leben konnten. In Wirklichkeit arbeiten sie für *uns*. Sie fahren zur Arbeit, um sich einen Benziner leisten zu können, der sie zur Arbeit fährt. Ein perfekter Kreislauf! Autobesitzer malochen in Deutschland im Schnitt rund zwei Monate pro Jahr nur für uns – ein Sechstel ihrer Erwerbszeit geht für uns drauf. Denn ein Mittelklassewagen kostet neben dem Anschaffungspreis rund 4.500 Euro jährlich: für Versicherung, Steuern, Wartung, Wertverlust und Spritkosten.

Das fällt unseren Wirtsleuten aber überhaupt nicht mehr auf. Genauso wenig wie der Umstand, dass sie nicht schneller vorwärtskommen als früher. Unsere Freunde in den Ministerien haben alles getan, damit Studien von Verkehrswissenschaftlern konsequent ignoriert werden. Demnach hat sich die Reisegeschwindigkeit in den letzten Jahrhunderten zwar fast exponentiell erhöht, aber die Wege von Berufspendlern wurden immer länger und die Entfernungen immer größer – und damit auch der Zeitaufwand, um diese zurückzulegen. Kein Wunder, dass Pendler unglücklicher sind und öfter Depressionen bekommen als andere Menschen. Aber – pssst!

Ja, das Autoland Deutschland ist immer noch in unserer Hand. Die herrschende Sichtweise der Politik ist die aus einer Windschutzscheibe. Rund zwei Drittel meiner fabrikneuen Kollegen in Deutschland werden als Dienstwagen zugelassen und steuerlich begünstigt. Der Staat verliert dadurch jährlich mehr als 4,5 Milliarden Euro, aber wen kümmert's? Falls irgendein verlaufener Grüner hier Beschränkungen fordert, springt schnell ein von uns befallener Ersatzmann ein, der »Pfui! Verbotspartei!« schreit. Und schon ist Ruhe im Karton. Dieselskandal? Abgasmanipulation? Auch da haben wir unsere Leute, die in Brüssel sofort die Erhöhung der EU-Normen fordern.

Wir sind also unheimlich aktiv. Und unheimlich gut. Wir vermehren uns in einer Geschwindigkeit rund um den Planeten, dass uns bald selbst Hupen und Sausen vergeht. Inzwischen gibt es weltweit über eine Milliarde Benziner für gut sieben Milliarden Menschen. Wir zählen bald mehr als die gesamte Menschheit.

Nein, das stimmt so nicht mehr. Die einst so stolze deutsche Autoindustrie ist unaufhaltsam im Niedergang begriffen. VW, BMW, Audi, Daimler und Porsche haben Zeit und Ressourcen mit kriminellen Abgasmanipulationen bei Dieselautos verschwendet, statt eine klimafreundlichere Fahrflotte zu entwickeln. China, einer ihrer größten Absatzmärkte, setzt zunehmend auf Elektroautos. Ergebnis: Jammern, Gewinnwarnungen, Vertrauensverluste, Absatzkrisen, Jobabbau.

Immer mehr Stadtbewohner sehnen sich nach Verkehrsberuhigung. Denn Großstadtgedröhn und Verkehrslärm lösen bei vielen Menschen einen inneren Alarmzustand aus und lassen ihre Stresshormone ansteigen. Aber weil das Weglaufen oder Angreifen unmöglich sind, kann dieser Pegel nicht oder nur sehr langsam abgebaut werden. Der angesammelte innere Dauerstress ist erwiesenermaßen mitverantwortlich für Herz-Kreislauf-Erkrankungen, Depressionen und Angstzustände. Menschen mit Autismus, Posttraumatischen Belastungs- oder Angststörungen erleben das ungefilterter als andere: Für sie ist Autolärm unerträglich, weil ihr Unterbewusstsein Lärm als Bedrohung identifiziert. Umgekehrt dimmt eine grüne Umgebung in Gärten, Parks oder Wäldern die Nervenbelastung enorm herunter.[152]

Verkehrsberuhigung macht Begegnungen im öffentlichen Raum überhaupt erst wieder möglich: Bei Hintergrundgeräuschen von 60 Dezibel, wie sie in autofreien Zonen gemessen werden, kann man sich gut unterhalten. Jede Erhöhung um 8 Dezibel führt aber dazu, dass man den Lärm als doppelt so laut empfindet. Bei 72 bis 75 Dezibel hat man Mühe, miteinander zu reden.[153] »Weniger Straßen und weniger Parkplätze hingegen schaffen Platz für Radfahrer, Fußgänger, Cafés und Plätze, kurz: das Leben«, sagt Stadtplaner Jan Gehl. Mit mehr Fahrradwegen und der Zurückdrängung der Autos fördere man zugleich die Verkehrssicherheit. Aus Befragungen in Kopenhagen wisse man, »dass ohnehin nur 40 Prozent der Leute primär zum Shoppen in die Innenstadt kommen. Die Mehrheit der Menschen ist hier, weil sie andere Menschen treffen und etwas erleben wollen.« Denn: »Menschen gehen dorthin, wo andere Menschen sind.«[154]

Kopenhagen hat 40 Jahre gebraucht, um in internationalen Rankings zur lebenswertesten Metropole der Welt aufzusteigen. Heute gibt es dort viermal so viel Gäste wie früher. »Wirklich teuer sind Infrastrukturmaßnahmen wie Schulen, Universitäten, Bibliotheken und U-Bahn-Linien. Im Vergleich dazu kosten Fuß- und Radwege oder Plätze fast gar nichts«, zeigt sich Planer Gehl überzeugt. »Aus unseren Studien wissen wir, dass Kopenhagen heute von jedem in der Stadt geradelten Kilometer netto 23 Cent profitiert. Ein mit dem Auto gefahrener Kilometer hingegen kostet uns unterm Strich 16 Cent.«[155]

Auch andere Stadtverwaltungen arbeiten weltweit an neuen Modellen, die statt Automonokultur – ob Benzin oder Elektro – auf Mobilitätsvielfalt setzen. Denn die Zukunft heißt: modular mobil sein. Menschen wollen sich frei bewegen können, ohne im Stau zu stehen oder auf Fahrpläne verspäteter Busse zu starren. Also zum Beispiel: morgens mit dem Rad zum Bahnhof, mit der Bahn in die City, mit dem Rufbus zur Arbeitsstelle.

Die Pariser Bürgermeisterin Anne Hidalgo will deshalb die Innenstadt zur Fußgängerzone machen, das Radnetz ausbauen, elektrische Shuttle-Busse einsetzen und autofreie Sonntage einführen. Boulevards entlang der Seine sind bereits autofrei. Hidalgo nennt ihr Konzept »die Stadt der 15 Minuten«, weil von jedem Punkt binnen 15 Minuten alles Alltagswichtige zu finden sein soll: Läden, Restaurants, Büros, Parks, Bildungsorte. Sie will dafür 72 Prozent aller Parkplätze in Paris entfernen – rund 60.000 Stück. An ihrer Stelle sollen Grünflächen entstehen, Gemüsebeete und Spielplätze.[156]

Zürich gilt gar als Welthauptstadt des öffentlichen Nahverkehrs: Stadtrat Ruedi Aeschbacher, von 1978 bis 1994 im Amt, ließ rigide das Auto zurückdrängen. Damit entstand eine politische Mehrheit pro Bahn, und seitdem dominieren dort Straßenbahnen im dichten Takt. In Wien besitzen inzwischen mehr Menschen ein Jahresticket für die »Öffis« als ein Auto, weil das Ticket nur 365 Euro kostet, also 1 Euro pro Tag. Oslo ist auf dem besten Weg, die »Welthauptstadt der Elektromobilität« zu werden, indem es auch Fähren und Busse elektrifiziert; schon jetzt ist dort jedes zweite Auto ein E-Fahrzeug.

Auch kleinere Städte haben interessante Konzepte. In Freiburg dominiert das Rad, Lastenräder übernehmen zunehmend Lieferdienste und ersetzen den stinkenden LKW-Verkehr. Das nordrhein-westfälische Monheim hat im Frühjahr 2020 nach dem Vorbild des belgischen Hasselt kostenlosen Nahverkehr eingeführt.[157] Die Kleinstadt Bègles beschloss als Erste in Frankreich auf allen Straßen Tempo 30; Ziel: weniger Emissionen, Lärm, Unfälle.[158] Die baskische

Stadt Vitoria-Gasteiz ließ öffentlichen Raum von Autos räumen und fürs Spielen und Flanieren freigeben.[159] Im spanischen Pontevedra hat die Stadtverwaltung seit 1999 fast alle Autos aus dem Zentrum verbannt. In 20 Jahren sank ihre Zahl von rund 80.000 auf 7.000 und die CO_2-Emissionen um zwei Drittel. Ein Journalist des *Guardian* stellte verwundert fest, dass dort ungewöhnlich viel miteinander geredet und gelacht wird und man »das Zwitschern der Vögel inmitten der Kamelien« und »das Klirren der Löffel in den Kaffeetassen« hört.[160]

Manche Initiativen verbinden Klima- und Artenschutz auf originelle Weise. Im niederländischen Utrecht und in Leipzig etwa kriegen Bushaltestellen nun ein grünes Dach verpasst. Das sieht gut aus, fängt Feinstaub, speichert Regenwasser und schafft Lebensraum für Insekten.[161] In New York gibt es sogar mobile Gärtchen auf Busdächern. Und die niederländische Autobahn von Delft nach Schiedam ist inzwischen geblümt: Auf Initiative der Bienenfreundin Deborah Post brachte das Umweltministerium dort auf 17 Kilometern Wildblumensamen aus. Bienen und Menschen freuen sich, Autobesitzer fahren langsamer, um sich am Anblick zu ergötzen.[162]

Sinnliche Erlebnisse, dass es anders gehen kann, sind unersetzlich. In der »Ölkrise« der 1970er-Jahre rief die sozialliberale Bundesregierung vier autofreie Sonntage aus. Das Gemecker war zuerst groß, doch dann entdeckten immer mehr Leute, wie geruhsam ein Leben ohne Autolärm und Abgase ist. In Madrid, der am stärksten mit Stickstoffdioxid belasteten Metropole der EU, verhängte die damalige linksalternative Bürgermeisterin Manuela Carmena 2018 ein City-Fahrverbot; ausgenommen waren nur Taxis, Lieferverkehr und Anwohner. Ihr konservativer Nachfolger José Luis Martínez-Almeida versuchte, all das zurückzunehmen. Dagegen protestierten 240.000 Madrilenen per Unterschrift, sie wollen »ein fußgängerfreundliches, modernes und nachhaltiges Madrid«.[163] Und etliche Menschen haben während der Coronakrise erlebt, dass leere Autobahnen besser riechen und ein autoarmes oder autofreies Leben viel schöner ist. So entschleunigt. So entspannt. So leise.

Autobahnen und Flughäfen:
Einfach nix mehr machen

Klimaexperte Michael Kopatz vom Wuppertal Institut beschäftigt sich seit Jahren mit der Kluft zwischen kollektiv gestiegenem Klimabewusstsein und individuell gleichbleibend mitweltschädlichem Verhalten. In seinen Büchern »Ökoroutine« und »Schluss mit der Ökomoral« fordert er, dass die Politik Gebote und Verbote entwickelt, die es uns ermöglichen, unaufwendig die eigenen Alltagsroutinen zu verändern. Kopatz findet, man sollte die Bahn unbedingt ausbauen und verbilligen, dafür aber Geschwindigkeits-Begrenzungen einführen und den Straßenausbau einfach stoppen. Der Auto- und LKW-Verkehr würde sich auf diese Weise automatisch selbst begrenzen.

Ähnlich sieht er die Sache mit dem Fliegen. Viele wissen inzwischen, dass Fliegen die klimaschädlichste Fortbewegung ist. Jede Tonne CO_2 aus Flugzeugen lässt rund drei Quadratmeter arktisches Sommereis schmelzen.[164] Die langlebigen Eiswolken, die aus den Kondensstreifen der Flugzeuge und dem Ruß ihrer Abgase entstehen, sind laut einer Studie des Deutschen Zentrums für Luft- und Raumfahrt noch weit zerstörerischer als das reine CO_2.[165] In Schweden gibt es dank Greta Thunberg inzwischen »Flugscham«. In Deutschland buchten allein die Beschäftigten der Bundesbehörden 2018 fast 230.000 Inlandsflüge – sie hätten auch mit der Bahn fahren können.[166] Kopatz fordert deshalb, Bundes- und Landesregierungen sollten einfach – nichts tun. Keine Flughäfen mehr ausbauen, keine weiteren Slots für Starts und Landungen vergeben. Dann könne der Flugverkehr auch nicht weiterwachsen. Die Planungen der Fluggesellschaften wären obsolet, und das ganz ohne Kosten für Steuerzahler oder Aufwand für den Staat.[167]

Steuern auf Flugbenzin und das sukzessive Verbot von Inlandsflügen wären sicher zusätzlich sinnvoll. Sowie Möglichkeiten zum Bäumepflanzen für Fluggesellschaften und Fluggäste. Es ist heilsam, wieder zu lernen: Wer Schäden anrichtet, sollte sie persönlich beseitigen. Städte und Gemeinden könnten Areale ausweisen, in denen ihre Bürgerschaft Wälder regeneriert.

ZUSAMMENFASSUNG

Good News: Der menschen- und planetenfreundliche Umbau von Städten und Verkehrssystemen im Zuge der Klimakrise ist eine Riesenchance. Auf einer Agora können Bürger und Einwohnerinnen mitentscheiden. Wenn bei der Stadtplanung Sehen, Hören, Riechen und Fühlen einbezogen werden, entstehen lebendige Orte nach menschlichem Maß, die von Verkehrslärm und Abgasen befreit sind und vor Klimaextremen schützen können. Nachbarschaften können sich so reorganisieren, dass niemand einsam bleibt und die Beteiligten preiswert und ressourcenarm im Komfort eines Viersternehotels leben können.

Vision für das Jahr 2035

Im Herbst 2031 raste eine neue Schockwelle durch die EU: totaler Stromausfall! Nichts ging mehr. Das Internet war tot. Menschen steckten in Aufzügen fest. Der Verkehr stand ebenso still wie Betriebe und Industrieanlagen. Einkaufszentren ohne Licht machten dicht. Kitas, Schulen, Universitäten und Kliniken schlossen. Die Menschen blieben zu Hause. Womöglich war es sogar gut, dass Internet und Massenmedien verstummt waren. So kamen keine Panik und keine wilden Gerüchte auf – auch nicht, als Rettungskräfte gerade noch verhindern konnten, dass ungekühlte Atom- und Chemieanlagen explodierten.

Ganz Europa wurde von der Dunkelheit beherrscht. Ganz Europa? Nein, eine Reihe gallischer Dörfer, Kleinstädte und ökosozialer Nachbarschaften trotzten ihr in fröhlicher Beleuchtung. In einer dieser Gemeinschaften lebten Jane, ihre »Tante Tram« und ihr Freund Tuzan. Der hatte die Nachbarn animiert, ihre Solarmodule und ultraleichten fliegenden Windanlagen rechtzeitig in autonomen Stromnetzen zusammenzuschließen. Alles funktionierte dort wie immer. Menschen konnten sogar ihre Elektrofahrzeuge weiter vom Dach betanken und die dezentralen Internetserver weiterlaufen lassen. Jane wunderte sich nur, dass immer mehr Leute von außerhalb an ihrer Tür klingelten: »Ach, ich bin zufällig hier entlanggekommen, da sah ich Licht ...« Sie suchten offenbar Zuflucht.

Nach etwa drei Wochen floss der Strom wieder. Die deutsche Kanzlerin Annalena Baerbock gab bekannt, der Schaden sei behoben, aber die Ursache weiterhin unbekannt. Womöglich habe es sich um eine pure Überlastungsreaktion der Netze gehandelt. Lobend hob sie die Krisenfestigkeit der Städte und Nachbarschaften mit dezentralen Stromnetzen hervor. Sie seien ein Vorbild in Sachen Unabhängigkeit und Handlungsfähigkeit. So müsse sich ganz Deutschland organisieren.

Der Vorfall beschleunigte den ökosozialen Totalumbau Europas. Viele wollten plötzlich in gallischen Solarstädten leben. Die Netze für Strom und Internet wurden konsequent dezentralisiert, erneuerbare Energien hatten Vorrang. Die Hälfte der Autobahnen war nur noch zweispurig befahrbar, um den Autoverkehr einzudämmen. Ein neuer grobporiger Straßenbelag ließ Regen durch, was den Boden bewässerte und den Verkehr verlangsamte. Der Güterverkehr wurde wieder vor allem auf Bahnschienen transportiert. Erwerbslose Lastwagenfahrer wurden zu Bahnangestellten umgeschult, Stadtautobahnen zur Freude von Jugendlichen zu Rad- und Skaterbahnen umgebaut. Um notorische Raser zufriedenzustellen, gab die deutsche Regierung kleine Teilstücke der Autobahnen frei; dort konnten sie nun gegen Gebühr und auf eigene Gefahr nach Herzenslust rasen. Bundeskanzlerin Baerbock nahm es gelassen, dass die Raser ihr dabei einen Stinkefinger zeigten: »Vier Finger zeigen auf sie zurück.«

Nun, im Jahr 2035, ist Europa klimaneutral. Der Verkehrslärm ist größtenteils Geschichte, ebenso Dieselgestank und Abgase, die Menschen atmen auf. Die Städte Europas sind wieder zu Orten der Entschleunigung und Begegnung geworden. Hier können die Menschen flanieren und die historischen Bauten in den Innenstädten genießen. Früher mussten die Kinder ins Haus, damit die Autos auf den Straßen ungestört spielen konnten. Heute spielen dort wieder die Kinder. Und sind glücklicher, gesünder, ausgeglichener. Wer reisen will, nimmt meist die Bahn, denn europaweit sind die Verbindungen dicht getaktet und komfortabel geworden. Radschnelltrassen und neue Schiffsverbindungen vernetzen Städte und Metropolen. Auch transatlantische Schiffsreisen, zum Teil mit Segeln, sind inzwischen sehr beliebt, erlauben sie doch wochenlange Auszeiten unter dem freien Himmel. Das Leben ist viel ruhiger geworden: mehr Stille, mehr Muße, mehr Langsamkeit. Und vor allem mehr Lebensgenuss im uralten, rundum erneuerten Europa.

Kapitel 3

Wirtschaft: regenerativ – selbstführend – auf das Gemeinwohl achtend

Unsere bisherige Technik steht in der Natur wie
eine Besatzungsarmee im Feindesland, und vom
Landesinneren weiß sie nichts.

ERNST BLOCH

Es gibt eine Welt, die wir schaffen, und
eine Welt, die uns geschaffen hat.
Diese beiden Welten müssen zusammenkommen.
Das ist das Ziel unserer Reise.

SPRUCH IN TAMERA, PORTUGAL

Vor gut viereinhalb Milliarden Jahren entstand unser Planet. Der Erdmantel erstarrte langsam, Ozeane breiteten sich aus. Die dünne Luftschicht, die wir heute einatmen, bildete sich, als vor ungefähr zweieinhalb Milliarden Jahren Vorläufer der Cyanobakterien in den Meeren die erste Photosynthese betrieben und Sauerstoff als Abfall ihres Stoffwechsels produzierten. Aus den ersten Einzellern wurden allmählich immer komplexere Lebewesen im Wasser und auf dem Land. Aus abgestorbenen Organismen, die durch Regenwürmermägen wanderten, setzte sich die äußerst dünne Humusschicht zusammen, die uns alle trägt und ernährt.

Müll gab und gibt es in der Natur nicht: Was die einen ausscheiden, nährt die anderen. Alles ist Wechselwirkung. Alles, was existiert, wird in dieser äußerst raffinierten und hochkomplexen Kreislaufwirtschaft mittels Sonnenenergie immer wieder umgebaut. Diese kleinteilige, regional angepasste Wirtschaftsweise brachte die unglaublichsten Lebewesen hervor: Anabäume, Blauwale, Chamäleons, Krokodilwächter, Mondfische, Paradiesvögel, Schleimpilze, Thermometerhühner, Zebras.

Alles in der Natur wächst, aber immer nur bis zu einem gewissen Grad. Jeder Organismus »weiß« um seine natürliche Wachstumsgrenze. Nur das angeblich schlaueste Lebewesen nicht. Vor etwa 200 Jahren begann einige Herren mit der Industrialisierung, die unbegrenztes Wachstum versprach. Das war das Ende der Kreislaufwirtschaft, denn nun wurden Kohle, Gas, Öl, Metalle und Rohstoffe aus der Erde gebuddelt und vernutzt.

Überall auf der Welt werden immer schneller Rohstoffe in Müll verwandelt: Einwegbecher, Plastikgeschirr, Elektronikschrott. In Deutschland entstehen im Schnitt 5 Kilogramm Müll pro Kopf und Tag, in den USA sogar fast 5 Kilo.[168] Amazons ausgebeutete Arbeiter liefern uns den Kram frei Haus; was uns nicht gefällt, lassen wir einfach retour gehen. Und weil Amazon das Sortieren von Zurückgeschicktem für zu teuer hält, vernichtet der reichste Konzern der Welt massenweise fabrikneue Produkte. In den USA ist das schon seit 2008 Alltag.[169] Im Laufe der Zeit entstand immer mehr giftiger und gefährlicher Müll. Die Atmosphäre wurde zur Abfallhalde für das CO_2 aus fossilen Energien und agroindustriell misshandelten Böden. Die Ozeane wurden zur Abfallhalde für Plastik, seinerseits Abfallprodukt aus der Ölindustrie. Das Artensterben stieg rasant an. Weil hierzulande schon fast 80 Prozent der Insekten fehlen, finden Vögel nichts mehr zu fressen, ihre Anzahl hat sich bereits um 50 Prozent verringert. Und so weiter.

Freie Marktwirtschaft ohne Freiheit
und Markt

Das nennt sich »freie Marktwirtschaft«. Aber wie viel davon ist überhaupt freier Wettbewerb? Bloß 20 Energiekonzerne sind für ein Drittel der weltweiten CO_2- und Methanemissionen seit 1965 verantwortlich.[170] Das Internet wird von den Quasi-Monopolisten Facebook, Google, Microsoft und Amazon dominiert, die die öffentliche Kommunikation privatisiert haben. Bayer-Monsanto, Chem China-Syngenta, Du Pont Agriculture, BASF Agricultural und Dow Agricultural Sciences beherrschen die industrielle Landwirtschaft. In der Autoindustrie stammt jedes dritte Fahrzeug von VW, Toyota und General Motors.[171] Diese Dominanz einzelner »Big Player« gibt es in praktisch jeder Branche. Ein Drittel des Welthandels findet innerhalb dieser Großkonzerne und ihrer Töchter statt, ein weiteres Drittel zwischen diesen Konzernen. Nur im letzten Drittel gibt es noch Handel zwischen den verbliebenen kleineren und ganz kleinen Akteuren.[172]

Wo ist die Freiheit geblieben in einer Weltwirtschaft, in der übermächtige »Superstar« Konzerne Regierungen fast beliebig erpressen können? Laut einer Studie der Eidgenössischen Technischen Hochschule Zürich beherrschen 147 Konzerne etwa 40 Prozent der Weltwirtschaft mittels Aktienpaketen, Krediten und Anteilen an Fremdfirmen.[173] Zwei Drittel dieser Konzerne gehören zur Finanzindustrie, ihre kartellartige Vernetzung macht sie extrem mächtig und »systemrelevant«. Dieses System erzeugt eine Wahnwirtschaft im doppelten Sinne: Das in der Finanzindustrie gehandelte Geldvolumen hat sich fast vollständig von der Realwirtschaft gelöst. Die Summe aller außerbörslich gehandelten Finanzderivate betrug 2016 etwa das Sechsfache der Weltwirtschaftsleistung.[174] Und diejenigen, die mit diesen Werten an der Börse zocken, sind laut einer psychologischen Studie noch egoistischer und rücksichtsloser als Psychopathen.[175] Sie schlucken massenweise Antidepressiva, Schlaf-, Schmerz- und Aufputschmittel. Im Wasser der Themse vor dem Londoner Bankenviertel fand sich Kokain, das auf täglich rund 150.000 Kokslinien schließen ließ.[176]

Das Ergebnis dieses Wahns: Machtwirtschaft statt Marktwirtschaft. Großkonzerne agieren nach dem Prinzip »the winner takes it all«. Ab einer bestimmten Größe sind sie so marktbeherrschend, dass sie ihre Produkte dank sogenannter Netzwerk-Effekte mit riesigen Gewinnspannen verkaufen, jeden Konkurrenzbetrieb und jedes verheißungsvolle Start-up in den Ruin treiben oder schlucken sowie Politik, Medien und Wissenschaft in großem Stil manipulieren können. »Superstars« sind superskrupellos im Ignorieren von Menschenrechts- und Umweltabkommen – wie Bayer-Monsanto. Oder im Erfinden von Produkten, die sich kaum reparieren lassen – wie Apple. Oder im Aufkaufen – wie Amazon, Google und Facebook. Laut Internationalem Währungsfonds streichen diese »Superstars« im Schnitt rund 30 Prozent Gewinn ein, wesentlich mehr als alle anderen.[177]

Und sie kennen genügend globale Tricks, um lokale Abgaben und Steuern zu vermeiden. Die Kluft zwischen ihren superreichen Eigentümern und allen anderen wird deshalb immer riesiger. Einer Oxfam-Studie von 2017 zufolge besitzen acht Multimilliardäre inzwischen so viel wie die ärmere Hälfte der Welt zusammen. Zu den zehn Reichsten der Welt gehören laut »Forbes-Liste« von 2019 Larry Page von Google, Marc Zuckerberg von Facebook, Bill Gates von Microsoft sowie auf Platz 1 Amazon-Gründer Jeff Bezos. Die Coronakrise hat das noch verstärkt, weil Amazon mit seinem massiv ausgeweiteten Onlinehandel zum Kriegsgewinner wurde – zulasten des Einzelhandels und vieler kleiner Buchläden. So machen Menschen mit ihrem Internet-Shopping ausgerechnet den reichsten Mann der Welt noch reicher.

Warum handeln Konzernchefs so zerstörerisch? »Gier« ist eine gängige, aber vielleicht zu oberflächliche Erklärung. Offenbar sind sie berauscht von ihrer Macht und gleichzeitig angetrieben von Angst und Statuspanik. Im Club der CEOs geht es stets darum, die anderen zu überrunden und noch mehr zu verdienen, denn

HARTMUT MEHDORN – NIETE IN NADELSTREIFEN

Ein besonders begabter Firmenzerrütter mit Hang zum Größenwahn ist Hartmut Mehdorn. Geboren 1942, studierte er Leichtbau und diente sich als Zeitsoldat bei der Luftwaffe und in verschiedenen Flugbetrieben hoch. 1995 wurde er zum Chef der Heidelberger Druckmaschinen berufen, wo er extensiv Betriebe aufkaufte. Folge: Das Unternehmen geriet an den Rand der Insolvenz, Mehdorn machte einen Abgang. 1999 berief ihn Bundeskanzler Gerhard Schröder zum Vorstandsvorsitzenden der Deutschen Bahn. Der Manager wollte die Bahn partout an die Börse bringen und fuhr einen knallharten »Sanierungs«-Kurs. Während sein Jahresbezug auf knapp drei Millionen Euro stieg, wurden zahlreiche Eisenbahner entlassen, Tausende Kilometer Strecken stillgelegt, internationale Direktverbindungen gekappt, rund 100 Städte abgekoppelt, der »Interregio« eingestellt, Reparaturkapazitäten auf beinahe null gebracht und die Berliner S-Bahn als DB-Tochter bis zur Schrottgrenze gefahren. Zugleich ließ er weltweit teure Tochterunternehmen gründen, die unsinnige Geschäfte im Bus-, Schiffs- und Luftfrachtbereich unternahmen; die DB agierte zeitweilig mit 660 Unternehmen in 130 Ländern und vernachlässigt dafür zwangsläufig ihr Kerngeschäft in Deutschland.[178] »Unglaublich viel Schaden hat dieser Mann angerichtet«, urteilt der ehemalige Stern-Journalist Arno Luik.[179] 2009 unterzeichnete Mehdorn den verhängnisvollen Vertrag für »Stuttgart 21«. Die seitdem astronomisch gestiegenen Kosten für den unterirdischen Bahnhof führen heute dazu, dass die Bahn dringende Investitionen nicht tätigen kann und notorisch Verspätungen einfährt. 2009 kündigte Mehdorn seinen Posten nach einem Datenschutzskandal und erhielt fast fünf Millionen Euro Abfindung. Ab 2009 managte er die Luftlinie Air Berlin, sie wurde 2017 insolvent. Mehdorn sprang vorher ab und wurde 2013 Chef des im Bau befindlichen Berliner Flughafens BER – den er zuvor verklagt hatte. Der BER hätte schon 2011 seinen Betrieb aufnehmen sollen und wurde zum berühmtesten Objekt des Spottes über deutsche Managerkunst. Mehdorn ging 2015 in den Ruhestand. Mit seinem Größenwahn hat der kaltschnäuzige Manager mehrere Großbetriebe schwer geschädigt. Dafür wurde er mit Bundesverdienstkreuz, zwei Ehrendoktorwürden sowie einem Gehalt von mehreren Millionen pro Jahr »bestraft«.

morgen schon könnten sie ins Nichts sinken. Sie seien »Adrenalin- und Endorphin-Junkies«, sagt der Psychiater Christian Peter, der etliche Manager auf seiner Coach liegen hatte. Sie bräuchten immer neue Nervenkitzel, immer mehr Anerkennung. Oft kämen sie aus kleinen Verhältnissen, so wie der Bäckersohn Werner Baumann von Bayer oder der Arbeitersohn Martin Winterkorn von VW. Solche Leute seien besessen vom Gefühl, »dass ein Mehr an Reichtum und Möglichkeiten im Leben immer sein muss«.[180] Glücklich werden sie dabei aber nicht. Der US-Psychologe Ed Diener, der 50 Superreiche interviewte, fand heraus: Sie sind kaum zufriedener als der Durchschnitt.[181] Der frühere Mc-Kinsey-Berater Frédéric Laloux, der 15 Jahre lang Führungskräfte coachte, bestätigt das: »Das Leben an der Spitze der Pyramide bringt nicht mehr Erfüllung.« Hinter der Fassade, hinter dem Prunk herrsche bei solchen Leuten »ein Gefühl innerer Leere«.[182] Der Kapitalismus ist also ein Minussummenspiel, denn er steigert nicht mal das Glück der wenigen Allerreichsten.

Verantwortungslose Handels- und Handlungsketten

Die Handels- und Handlungsketten transnationaler Konzerne reichen um die ganze Welt und verlieren sich dabei in Anonymität und Intransparenz. Eine Jeans etwa legt bis zu 50.000 Kilometer zurück, bis sie hierzulande verkauft wird. Die Baumwolle, oft gentechnisch verändert, stammt beispielsweise aus Indien, in der Türkei wird sie zu Garn gesponnen, in Taiwan verwoben, in Tunesien eingefärbt, in China zusammengenäht und in Frankreich gebleicht.[183] Folge: Die Textilbranche verursacht mit derzeit jährlich 1,2 Billionen Tonnen CO_2 mehr Klimagase als Flüge und Kreuzfahrten zusammen.[184]

Die Coronakrise hat deutlich gemacht, wie gefährlich die Abhängigkeit von globalisierten Lieferketten sein kann. Medikamente, Masken und Alltagsgüter wie Kleidung oder Essen sollten im Land selbst schnell und zuverlässig verfügbar bleiben. Das bedeutet, dass die Wirtschaft weitgehend relokalisiert und rekommunalisiert werden sollte – was zudem das Klima entlasten würde.

Manager von Großkonzernen wollen keine Menschen vernichten. Aber sie spüren, sehen und hören nicht, was ihr Verhalten auslöst, oder wollen es nicht wissen. »So verändern sich Menschen in großen Konzernstrukturen tendenziell zu ›verantwortungslosen‹ Akteuren, da die Antwort auf ihr Verhalten nicht spürbar ist«, schreiben die Unternehmensberater Daub und Bergmann.[185] Die »schöpferische Zerstörung«, die der Ökonom Joseph Schumpeter dem Kapitalismus als Prinzip unterstellte, führt zu einer zerstörten Schöpfung.

Wer Verantwortung für bestimmte Aufgaben übernimmt, sollte dafür haften und die Folgen tragen. Jeder angehende Jurist lernt dieses »Verursacherprinzip« im Studium. Doch bei Konzernen ist es durch rechtliche Tricks außer Kraft gesetzt. Sie gelten als juristische Personen, deren »Grundrecht« im »Freihandel« besteht. Das Eigentum dieser »Superpersonen« wird strenger geschützt als die Menschenrechte in den meisten Nationen: In Investitionsschutzabkommen haben sie im Gegensatz zu Lebewesen Klagerechte. Ihre Manager können straffrei gegen Arbeitsstandards, Sozialerreichungen, Menschenrechts-, Umwelt- und Steuerstandards verstoßen. Denn all diese zumeist von der UNO initiierten Regelwerke sind freiwillige Selbstverpflichtungen, also schwaches Recht. Thilo Bode, früherer Greenpeace-, jetzt Foodwatch-Chef, kommt deshalb zu dem Schluss: »Es herrscht eine Diktatur der Konzerne.«[186]

Auch in der deutschen Industrie wird strukturelle Verantwortungslosigkeit gezüchtet. Auch hier gibt es kein wirksames Unternehmens-Strafrecht. Während Fahrraddiebe verurteilt werden, sind Konzern-Machenschaften – etwa Kinder auf Kakaoplantagen schuften lassen – meist legal und lösen höchstens Geldbußen aus. Ein Bündnis aus zivilgesellschaftlichen Organisationen macht deshalb seit Jahren Druck, dass Konzerne sich in ihren Lieferketten an Menschenrechte und ökosoziale Standards halten müssen. Bisher ohne Erfolg.

Schädliche Scheinriesen

Heute verbraucht ein Fünftel der Menschheit rund vier Fünftel aller Waren und Ressourcen, die immer mehr durch Raubbau gewonnen werden. Der »Welterschöpfungstag«, ab dem weltweit mehr natürliche Rohstoffe pro Jahr verbraucht werden, als nachwachsen können, fiel 2019 auf den 29. Juli – so früh wie noch nie.[187] Hätte es 2020 keinen Corona-bedingten Rückgang von CO_2-Ausstoß und Ressourcen gegeben, wäre der Tag in 2020 wahrscheinlich auf den 3. Mai gefallen.[188]

Die Mitweltschäden sammeln sich in armen Ländern, die Wohlstandsökonomien genießen das Endprodukt.[189] Doch selbst dort steigen Lebensqualität und Lebenszufriedenheit nicht mehr an. Laut dem »Easterlin-Paradox«, das der US-Ökonom Richard Easterlin prägte, ist das ab einem Jahresabkommen von etwa 50.000 Dollar der Fall. In einer Studie von 2010 verglich Easterlins Team 37 Länder und kam zu dem Schluss: »Das Glück wächst nicht, wenn das Einkommen eines Landes steigt.«[190] Also noch mehr Minussummenspiel.

Auch der Sachverständigenrat für Umweltfragen, der die Bundesregierung berät, schlägt Alarm. In seinem Gutachten von 2019 bescheinigt er: »Ein Großteil aller Umweltziele der Deutschen Nachhaltigkeitsstrategie werden voraussichtlich verfehlt.« Wirtschaftlich stehe Deutschland ganz gut da, aber ökologisch überhaupt nicht: Energieverbrauch, Flächenfraß und Nitratbelastungen seien viel zu groß. Die sieben Öko-Weisen fordert deshalb unter anderem, Treibhausgase stärker zu bepreisen und mehr Geld für Ökoforschung auszugeben. Ein »Rat für Generationengerechtigkeit« solle gegründet werden, der von Bundesrat und Bundestag für zwölf Jahre berufen werde. Und vor allem solle das Bundesumweltministerium wesentlich mehr Macht erhalten, indem es ein ökologisches Vetorecht gegen alle geplanten Gesetze erhalte. Im Klartext: Ökologie soll höher stehen als Ökonomie, denn Menschen können ohne Natur nicht überleben.[191]

Der Großteil der Bevölkerung stünde wohl hinter solch einer Strategie. Laut einer repräsentativen Umfrage wünschen sich fast 90 Prozent der Deutschen und Österreicher eine ökosoziale »neue Wirtschaftsordnung«. 67 Prozent befinden, das Bruttonational*glück* solle zum obersten Ziel der Wirtschafts- und Sozialpolitik werden.[192] 78 Prozent in Deutschland sind nach einer weiteren Umfrage überzeugt, dass die natürlichen Grenzen des Wachstums längst erreicht oder schon überschritten seien. 91 Prozent meinen, man müsse Wege finden, unabhängig vom Wachstum zu wirtschaften.[193]

Die Fixierung von Konzernen und Staatsbetrieben auf Wachstum und Quantität verursacht zudem starke Verluste an Qualität. Die Post wurde in Einzelunternehmen zerschlagen – mit dem Ergebnis, dass Briefe heute weit länger brauchen als früher. Wohnungsgesellschaften wurden privatisiert – es gibt kaum mehr Sozialwohnungen mehr, Mieten stiegen exorbitant. Die Deutsche Bahn wurde zu einer Aktiengesellschaft umgewandelt – jeder dritte bis vierte Zug kommt heute zu spät an. Wasserbetriebe wurden verkauft – Wasserpreise steigen und Rohrleitungen verrotten. Kliniken und Pflegeheime wurden privatisiert – die Kosten steigen, die Qualität sinkt. Das kommt bei einer riesigen Bevölkerungsmehrheit gar nicht gut an. Laut einer repräsentativen Umfrage vom Herbst 2019 kritisieren vier von fünf Befragten, dass zu viele öffentliche Leistungen privatisiert wurden.[194]

Einer Studie des Wuppertal Instituts über »ressourcenleichten Lebensstil« zufolge ist das Problembewusstsein in *allen* sozialen Milieus groß, keineswegs nur in der wohlhabenden Mittelschicht. Überall gebe es »Veränderungssehnsucht«. Auf die größte Zustimmung stießen in den Workshops des Instituts dabei die Leitideen einer »wirtschaftsfreundlichen Ökologisierung« und »genossenschaftlichen Regionalität und Gemeinwohlorientierung«.[195]

»Der Status quo wird zum Risiko«, vermeldet auch der von Hans Diefenbacher und Roland Zieschank verfasste »Jahreswohlstandsbericht 2019«.[196] Dieser Bericht, der ökologische, ökonomische und soziale Indikatoren kombiniert, wird seit 2016 im Auftrag der Grünen in Deutschland herausgegeben, um eine Alternative zum Bruttoinlandsprodukt als Maß aller Dinge zu bieten. Das Ergebnis von 2019: Das BIP steigt weiterhin, aber *der Wohlstand sinkt*. Im Grunde leben wir in einer Abstiegsgesellschaft. Denn von neun Indikatoren stehen acht auf Rot oder Gelb: Der ökologische Fußabdruck wird immer gewaltiger, das Artensterben ebenfalls, die Nettoinvestitionsquote sinkt, die Kluft zwischen Arm und Reich weitet sich, Bildungsausgaben und Umweltgüter verringern sich, die »gesunden Lebensjahre« der Menschen nehmen trotz steigenden Lebensalters ab. Der einzige »grüne« Bereich ist laut Bericht die »Governance«, die vergleichsweise korruptionsarme Steuerung des Gemeinwesens Bundesrepublik.

Weltwirtschaft paradox

Herr Zieschank, als Projektleiter am Forschungszentrum für Umweltpolitik an der Freien Universität Berlin beschäftigen Sie sich mit der Schnittstelle zwischen Ökonomie und Ökologie. Wie adäquat reagieren Wirtschaft und Politik auf die Klimakatastrophe?

Roland Zieschank: Wir leben in einer merkwürdigen Parallelwelt. Bisher war Wirtschaftswachstum die wichtigste Größe für staatliche Politik und unternehmerisches Handeln. In den letzten Jahren erfolgte zwar eine Ökonomisierung der Umweltpolitik, aber keine entsprechende Ökologisierung der Wirtschaftspolitik. Im Ergebnis hinken Umwelt und Naturschutzmaßnahmen den negativen Veränderungen hinterher. Vor diesem Hintergrund werden nun Wissenschaftsverbände zum ersten Mal politisch aktiv. Eine noch nie da gewesene große Allianz europäischer Wissenschaftler fordert von der EU: »Schluss mit dem gegenwärtigen Wachstum!«[197] Zudem begnügen sich UN-Klimarat und UN-Biodiversitätsrat nicht mehr mit einer wissenschaftlichen Beschreibung der Situation, sondern geben drastische politische Empfehlungen. Zusätzlich unterstützen die Scientists for Future die Fridays for Future. Das ist ein neues Selbstverständnis von Wissenschaft.

Sie haben im Auftrag der Grünen einen »Jahreswohl-standsbericht« erarbeitet. Wird das im Kanzleramt und Wirtschaftsministerium zur Kenntnis genommen?

Ja, aber es gibt Bedenken, neue Instrumente zur Messung von gesellschaftlicher Wohlfahrt und Lebensqualität zu übernehmen. Einige Akteure verstehen, dass die Situation gefährlicher wird und der Wohlstand in vielerlei Hinsicht sinkt, statt zu steigen. Andere aber sagen, sie könnten nicht anders handeln, weil die internationale Wettbewerbsfähigkeit Deutschlands gewährleistet werden müsse. Sie erkennen schon das Problem eines »illusionären Wohlstands«, sind aber in Pfadabhängigkeiten und Wachstumsideologien verfangen.

Nach dem Motto: Die Weltwirtschaft und das Exportland Deutschland müssen weiter wachsen?

Ja, aber das funktioniert immer weniger. US-Präsident Trump hat mit seinen Handelszöllen die bisherige Form der Globalisierung ausgehabelt. Es ist paradox, dass ein Wachstumsfanatiker selbst das Wachstum eindämmt. »America first« beinhaltet faktisch weniger Handel mit anderen. Das wechselseitige Verhängen von Zöllen führt zu Importrückgängen. Das verunsichert Investoren sehr. Sie fragen sich: Lohnen sich Investitionen noch? Unternehmer fragen sich: Drohen mir Sanktionen, weil ich Geschäfte mit dem Iran mache oder die falsche Pipeline unterstütze? Insofern sichern sie lieber ihr bisheriges Geschäft ab, als weiter zu expandieren. Das sind paradoxe Prozesse neuer Art.

Sehen Sie das positiv oder negativ?

Positiv. Wachstum ist nicht mehr die höchste aller Normen. Manche Wachstumseinschränkungen sind wohlfahrtssteigernd. Und positiv für den Klima- oder Artenschutz, etwa wenn weniger Benzinautos verkauft werden oder weniger Glyphosat.

Zentralbanken versuchen dem Wachstumsrückgang
aber mit Niedrigzinsen entgegenzuwirken.

Ja, US-Notenbank und Europäische Zentralbank wollen damit und über den Kauf von Staatsanleihen das Wachstum beschleunigen. Niedrig- oder gar Negativzinsen waren bisher die Ultima Ratio des Ankurbelns, nun in gigantischen Größenordnungen. Aber das bringt für Europa kaum mehr etwas. Es fehlt nicht an billigem Geld, sondern an ertragreichen Investitionen. So fließen die Mittel stärker in den Immobiliensektor, in Aktien- und riskante Anleihemärkte.

Welche Auswirkungen hat die Coronakrise?

Die Deutungshoheit der Ökonomen und das Primat der Wirtschaft haben sich relativiert. Das Primat der Gesundheit rückt nun die öffentlichen Güter wieder in den Mittelpunkt. Gerade jene Staaten, die den Gesundheitssektor stark privatisiert haben, müssen feststellen, dass der nun drastische Defizite aufweist. In allen Regierungsformen wurde der Staat zum entscheidenden Akteur – fallweise eine richtige Kehrtwende für westliche Staaten. Mit bislang für unmöglich gehaltener Entschiedenheit, Eingriffstiefe und Schnelligkeit werden derzeit Wirtschafts- und Lebensprozesse umorganisiert.

In der Finanzkrise 2008 galten Banker, Hedgefonds oder Notenbanken als »systemrelevant«, nun sind es Gesundheits- und Pflegekräfte – mehrheitlich Frauen. Identisch sind aber die Maßnahmen der Staaten und Finanzinstitutionen. Die Bereitstellung von Geld ist erstaunlich – und offensichtlich kein Problem. Die USA mobilisierten sechs Billionen Dollar; die Europäische Zentralbank und die EU-Staaten viele Milliarden Euro. Die deutsche Kreditanstalt für Wiederaufbau erhielt so weitreichende Befugnisse, dass Kapital beinahe unerschöpflich wird: Sie bürgt quasi unbegrenzt und in Teilbereichen mit bis zu 100 Prozent für bereitgestellte Kredite.

Sehen Sie auch ökologische Chancen?

Die Ökosysteme werden gerade enorm entlastet. Deutschland kann überraschenderweise seine Klimaschutz-Ziele für 2020 einhalten. Die Ölindustrie verliert global an Einfluss. Selbst die weltweit größte Vermögensanlage-Gesellschaft, Blackrock, empfiehlt daher inzwischen ökosoziale Kriterien bei der Wertanlage. Der Konsum wird wohl längere Zeit nicht mehr das vorige Niveau erreichen, und vielleicht setzt auch eine Umbesinnung ein, was für die eigene Lebensqualität wichtiger ist.

Die derzeit markante Rolle von Wissenschaft bei der Regierungsberatung könnte auch einen Impuls geben, die Klimakrise ernster zu nehmen. Wenn im Gesundheitsschutz das neue Vorsorgeprinzip gilt, warum nicht im Umweltschutz? Staatsinstitutionen haben gezeigt, wie schnell sie umsteuern und durchgreifen können. Es gibt also keine plausiblen Ausreden mehr für anspruchsvollen Klimaschutz, eine Verkehrs- oder Agrarwende. Damit müsste es auch möglich sein, Aufbauprogramme an »grüne« Kriterien zu knüpfen.

Haben deutsche Konzernleitungen die ökologischen Alarmsignale nicht gehört?

Ja. RWE ist hier ein gutes Beispiel. Ihr Aktienkurs rutschte seit 2007 in den Keller, weil man die Schädlichkeit von Braunkohle und die Risiken und Folgekosten von Atomkraft nicht wahrhaben wollte. Für Analysten sind aber inzwischen CO_2-Steuern »Nachhaltigkeits-Risiken«, und RWE oder E.ON galten bei ihnen als Nachhaltigkeits-Verlierer. Inzwischen überlegt RWE sogar einen früheren Ausstieg aus der Braunkohleförderung, weil es auf Entschädigungsprämien hofft. Auch das ist scheinbar paradox, aber für das Unternehmen günstiger als eine ansteigende CO_2-Bepreisung. Bei Bayer-Monsanto gibt es das »Biodiversitäts-Risiko«: Weil Glyphosat Arten aussterben lässt, hat Österreichs Parlament das Ackergift verboten, andere werden wohl folgen. VW muss wohl ab 2021 Kompensationen an die EU abführen, wenn die Abgasnormen für die Gesamtflotte nicht eingehalten werden kann. Daimler musste bereits die zweite Gewinnwarnung verkünden. Aber laut einer Umfrage des Bundeswirtschaftsministeriums unter 16.000 Unternehmen scheint die Mehrheit der Firmen inzwischen zumindest die Signale verstanden zu haben: Nachhaltigkeit, sagen sie, habe für sie einen hohen Stellenwert. Vor allem in der Land- und Forstwirtschaft, am wenigsten im Dienstleistungssektor.

> *Die Forstwirtschaft beschwert sich, dass nach den Dürresommern 2018 und 2019 keine Bäume nachgepflanzt werden können, weil zu wenig Totholz aus dem Wald geholt wird – das sei angesichts niedriger Holzpreise zu teuer.*

Das ist eines der vielen Probleme, die die Klimakrise verursacht. Dieses Problem bewirkt hoffentlich die Einsicht, dass Wohlstand auch von »Naturkapital« abhängt, von sauberer Luft, sauberem Wasser, CO_2-Bindung, intakten Wäldern. Reiche Flora und Fauna trägt auch zum »Reichtum« einer Gesellschaft bei. Investitionen in »Naturkapital« vermeiden steigende Umweltschäden und bringen manchmal mehr als hoch subventionierte Hightech-Standorte in strukturschwachen Gebieten.

> *Ist auch der Agrarsektor von »Nachhaltigkeitsrisiken« betroffen?*

Ja. Wenn die EU-Gülleverordnung in Deutschland weiter überschritten wird, muss die Bundesregierung Strafzahlungen leisten. Wegen der Nitrateinträge in Flüsse und Meere können auch Umweltschutz-Abkommen für die Nord- und Ostsee nicht länger eingehalten werden. Pestizide, Kunstdünger, Massentierhaltung – die Industrialisierung der Landwirtschaft ist ökologisch und ökonomisch am Ende. Bestimmte Sektoren sollten einfach nicht mehr wie bisher wachsen.

Rechnen die Konzerne selbst mit höheren
Regulationskosten?

Auf jeden Fall. Die Non-Profit-Organisation »Carbon Disclosure Project« hat Einschätzungen von rund 7.000 Unternehmen gesammelt, darunter Großkonzerne wie Apple, Microsoft, Bayer, BMW. Das Ergebnis: Die Großen beziffern die Kosten des Klimawandels in den kommenden fünf Jahren auf fast eine Billion Dollar. Ihre Manager kalkulieren rund 500 Milliarden Kosten für eine CO_2-Bepreisung und Abschreibungen für nicht mehr rentable Geschäftszweige von 250 Milliarden. Die Furcht vor Regulierung ist inzwischen genauso wichtig wie die Regulierung selbst. Hier haben auch die Investoren und Unternehmensberater eine veränderte Rolle. Sie ließen sich schon vergleichsweise frühzeitig bei ihren Empfehlungen von möglichen ökonomischen Risiken leiten. Neu ist, dass sie verstärkt Preise für Nachhaltigkeitsrisiken einrechnen, also Regulations- und Reparationsrisiken oder die Ewigkeitskosten im Bereich der atomaren Endlagerung. Beim Artensterben müsste es allerdings solche Ewigkeitskosten ebenfalls geben.

Sickert die Veränderung langsam auch in
den Finanzsektor ein?

Ja. Analysten fragen in der Regel: Wo sind die Risiken? Die Allianz oder die Munich RE ziehen sich aus Investitionen in fossile Energien zurück, ebenso der norwegische Staatsfonds. Andere investieren in ökosoziale Fonds. Eine Vereinigung niederländischer Banken, Versicherungen und Pensionsfonds entwickelte ein Instrument, mit dem man CO_2-Fußabdrücke von Firmen messen kann – das kann eine Rolle für nachhaltige Investitionen spielen. Laut einer Studie der Hochschule St. Gallen orientierten sich in den letzten zehn Jahren schon 35 europäische Versicherungen an grünen Kriterien, und das hat sich noch beschleunigt.

Wenn Sie Kanzler wären, was würden Sie tun?

Zuerst würde ich fordern, dass man mir ehrliche Zahlen auf den Tisch legt. Vieles wird ja durch die bisherigen ökonomischen Modellierungen immer noch verschleiert, wo kaum Umweltaspekte integriert oder verknüpft sind. Ich würde also versuchen, gesellschaftliche Wohlfahrt zu fördern, indem Umweltschäden mitbilanziert und in der Folge reduziert werden. Die UNO experimentiert ja bereits mit einer neuen wirtschaftlichen Gesamtrechnung, in der die Leistungen der Natur einbezogen werden, der sogenannten SEEA-EEA. Das Bruttoinlandsprodukt könnte durch Wohlstands-Indikatoren ergänzt werden. Dann würde ich mich für umweltpolitische Regulierungen einsetzen, sodass keine Strafzahlungen an die EU fällig wären, und möglichst alle umweltschädlichen Subventionen abbauen, auch im Agrarsektor. Das sind knapp 60 Milliarden Euro, also eine große Position. Ich würde auch eine Finanztransaktionssteuer und eine angemessene Vermögenssteuer einführen. Und vor allem eine ökologische Industriepolitik fördern, bei der Suffizienz mit Effizienz verbunden wird, sodass weniger Waren mit weniger Material und Energie produziert werden. Man könnte im Agrar- und Ernährungsbereich Mindestflächen für die jeweiligen Tierarten vorschreiben, sodass Massentierhaltung – sicherlich mit einer Übergangszeit – zurückgeht. Agrarland müsste übrigens einen Preisdeckel erhalten und aus der Spekulation herausgenommen werden.

Trägheit, Angst und purer Selbsterhalt

Nicht nur die Größe allein, auch die Strukturen vieler Wirtschaftsunternehmen sind problematisch. RWE, Bayer, Deutsche Bank, VW, Daimler – unsere Scheinriesen sind intern streng hierarchisch organisiert. Ihr grundsätzliches Problem: Weil nur die Obersten den Kurs bestimmen, liegen Wissen, Kreativität und Engagement aller anderen brach. »Herkömmliche Pyramidenstrukturen verlangen zu viel von zu wenigen und nicht genug von allen anderen«, bringt es US-Unternehmensberater Gary Hamel auf den Punkt.[198] Nicht zufällig wurden weder Waschmaschine noch Staubsauger, weder Radio noch Bügeleisen, weder Personalcomputer noch ihre Betriebssysteme in Großkonzernen erfunden. Neue Ideen bleiben dort oft unbeachtet oder werden gar eifersüchtig angefeindet. Viele Beschäftigte haben keinen Zugriff auf Informationen, die für ihre Arbeit wichtig sind. Stattdessen müssen sie sich mit sinnlosen Meetings und Dokumentationspflichten herumplagen, die nicht selten die Hälfte ihrer Arbeitszeit ausmachen. Ganze Abteilungen fechten Machtkämpfe untereinander aus oder gehen in die »innere Kündigung«. Die Belegschaft: unmotiviert. Die Chefs: überarbeitet.

Über Gefühle darf dort nicht geredet werden – stattdessen herrscht technokratisches Denglisch vor: Output-Kontrolle, Leverage, Shareholder Values, Compliance, Commodifizierung. Der Subtext all dieser Begriffe ist Angst. Wer nicht effizient und gewinnbringend genug arbeitet, wer der Konkurrenz innerhalb oder außerhalb des Betriebs nicht standhält, fliegt raus. Das führt zu Lähmungen, Geheimnistuerei, Silodenken, Informationsstaus, Burn-outs und falschen Entscheidungen.

In heutigen Krisenzeiten, wo oft blitzschnell entschieden werden muss, gerät Hierarchie zur Katastrophe in Chefsesselform. Wenn nur »der da oben« entscheidet, müssen alle anderen Zuträger spielen. Untergebene in einem Konzern oder einem Ministerium müssen aufwendig Informationen oder »Sprechzettel« zusammenstellen, aufbereiten und mit anderen Abteilungen abstimmen. Das dauert und ist höchst fehleranfällig, weil sie oft Fakten weglassen, die ihre Abteilung schlecht dastehen lassen. Oder nur Dinge präsentieren, die der Chef mutmaßlich hören will. Und auch der – meist männliche – CEO macht gravierende Fehler, wenn er von Jasagern umgeben ist oder in seinem Höhenrausch glaubt, unfehlbar zu sein. So erging es Werner Baumann mit seiner Einschätzung, Monsanto unbeschadet aufkaufen zu können. So erging es dem früheren VW-Chef Martin Winterkorn, der wegen des Abgasskandals juristisch verfolgt wird. So ergeht es Donald Trump und vielen autokratischen Herrschern.

Je größer eine Organisation, desto träger wird sie, desto mehr beschäftigt sie sich mit sich selbst und der Legitimation ihrer schieren Existenz. Jede Abteilung, Unterabteilung und Unterunterabteilung ist natürlich superwichtig und braucht stets mehr Ressourcen, Stellen, Zuständigkeiten, Macht. Der Aufblähismus ist eingebaut. Und weil wachsende Größe mit mehr Komplexität und Unübersichtlichkeit einhergeht, wuchert auch die Kontrollbürokratie. »Bürokratien werden von und für Menschen aufgebaut, die damit beschäftigt sind zu beweisen, dass sie unverzichtbar sind. Insbesondere dann, wenn sie den Eindruck haben, dass sie in der Tat überflüssig sind«, schreibt Ricardo Semler, Geschäftsführer des radikaldemokratischen Unternehmens Semco in Brasilien, in dem zufriedene Beschäftigte Glas, Pumpen oder Kühlaggregate produzieren.[199] Der Hauptgrund, der Angestellte in den riesigen Konzernen an der Kündigung hindert, seien deren »goldene Hand- und Fußfesseln«, sagt eine Führungskraft eines Scheinriesen und meint damit die exorbitanten Gehälter. Oder vielleicht besser gesagt: Schmerzensgelder.

Großkonzerne sind ökonomische Scheinriesen ohne Zukunft. Der britische Komplexitätsforscher Geoffrey West hat berechnet, dass etwa die Hälfte aller börsennotierten US-Unternehmen bereits nach zehn Jahren verschwunden ist und Konzerne immer schneller »sterben«.[200] Vor allem in Europa und Japan gibt es zwar etliche Unternehmen, die mehr als 100 Jahre alt sind, etwa Gasthäuser, Brauereien oder Restaurants. Aber das sind Familienbetriebe, die fast immer weniger als 300 Beschäftigte zählen.

INTERNETKONZERNE UND
ASOZIALE MEDIEN

Zu den größten »Superstars« gehören heute die Internetkonzerne aus dem Silicon Valley: Amazon, Apple, Facebook, Google, Microsoft. Sie sind marktbeherrschend, weil sie ihre Kunden und Konsumentinnen abhängig gemacht haben. Wer Hard- oder Software von Apple oder Microsoft kauft, wird gezwungen, regelmäßig Updates zu erwerben, weil das Zeug sonst schnell nicht mehr funktioniert. Gehen Teile kaputt, etwa ein Akku, muss das reparaturfeindlich konstruierte iPhone von Apple meist durch Neukauf ersetzt werden – Berge von Elektronikschrott bleiben übrig.

Microsoft hat Unternehmen, Verwaltungen und Regierungen von seiner Software abhängig gemacht: Windows läuft fast überall und muss ständig teuer aktualisiert werden. Monokulturen aber sind immer schädlich, nicht nur auf Feldern, sondern auch in wirtschaftlichen Ökosystemen. Die monopolartige Struktur der Software macht es kriminellen Hackern leicht, Viren einzuschleusen und sich illegal Daten zu verschaffen. Immer wieder brechen deshalb ganze Computersysteme zusammen. Im Winter 2019/20 war die Universität Gießen offline, die Stadtverwaltungen von Potsdam und weiterer Städte sowie das Kammergericht Berlin. Dort hatten unbekannte Hacker hochsensible Daten über Terrorismusverfahren abfließen lassen. Für die Zukunft sind noch weit mehr Zusammenbrüche oder gar Cyberwars zu erwarten.

Die sogenannten sozialen Medien machen auf andere Weise süchtig. Dass Facebook über »Likes« und digitale »Freunde« funktioniert, war die genialste und gleichzeitig perfideste Erfindung seines Gründers Mark Zuckerberg. Einsam und isoliert zu sein, keine Freunde zu haben, das entspricht den tiefsten Ängsten von Menschen, und Facebook nutzt sie aus. Schon Kinder und Jugendliche tun alles dafür, möglichst viele »Freundschaften« zu sammeln, und seien sie auch nur trügerisch digital und nicht real. Ihre Internetsucht wird dadurch regelrecht angeheizt. Jugendliche von heute verbringen im Schnitt über sieben Stunden täglich in sozialen Netzwerken und am PC.[201] Sex und »Likes« lassen nachweisbar dieselben Glückshormone im Gehirn purzeln, aber »Likes« sind leichter erreichbar. Viele Jugendliche verzichten deshalb lieber auf Sex als auf ihr Smartphone.[202]

Ohne die (a)sozialen Medien hätten auch die rechtspopulistischen Bewegungen von heute niemals solche Erfolge. Eine Anfang 2020 erschienene Studie des Wissenschaftszentrums Berlin belegt, dass die Wahlerfolge von AfD, schnelle Internetverbindungen und die Nutzung von Onlinemedien eng zusammenhängen.[203] Das liegt schon allein am technischen Setting: Internetnutzer sitzen nicht vor einem lebendigen Gegenüber, sondern vor toten Bildschirmen. Das ist eine Entkörperung. Die Kommunikation nach menschlichem Maß ist gestört, weil niemand die User ansieht, reagiert und mit ihnen spricht, weil es keine soziale Kontrolle gibt. Also glauben sie, ungestraft Hass, sexuelle Gewaltfantasien und Fake News herausschleudern zu können.

Facebook und Twitter unternehmen wenig gegen die gesellschaftszerstörenden Hasswellen, weil das ihr Geschäftsmodell stören würde. Würde die EU Internetdienste regulieren oder gar selbst gründen, die ähnlich wie öffentlich-rechtliche Medien unabhängig vom Verkauf der Nutzerdaten an Werbefirmen funktionieren, würden uns die meisten dieser Probleme erspart bleiben.

Übrigens: Wer datenkrakenfrei surfen will, kann das heute schon mittels unabhängiger dezentraler Internetnetze tun: über freifunk.net, den Facebook-Ersatz diasporafoundation.org, die deutsche Suchmaschine Ecosia oder das niederländische Startpage.

Homo oeconomicus oder
Homo cooperativus

Die heutige »Leitwissenschaft« der Ökonomie glaubt noch immer an die Existenz des rein eigennützigen Homo oeconomicus, obwohl Unmengen sozialwissenschaftlicher Untersuchungen belegen, dass wir vor allem ein Homo cooperativus sind. Experimente belegen, dass das Gehirn uns mit Glückshormonen belohnt, wenn wir uns sozial und fair verhalten, nicht aber, wenn wir in Konkurrenz zueinander treten.[204] Ein umfangreicher Test mit über 17.000 angeblich verlorenen Geldbörsen in 355 Städten der Schweiz und den USA dokumentierte: Je mehr Geld in der Brieftasche war, desto ehrlicher waren die Finder beim Zurückgeben. »Die Studie zeigt, dass wir ein zu negatives Menschenbild haben«, sagt Mitautor Christian Lukas Zünd von der Universität Zürich. Menschen seien weniger egoistisch als gedacht.[205]

Uns sind Altruismus und Fairness sogar angeboren. Die Forscher Michael Tomasello und Felix Warneken konnten in Experimenten zeigen, dass bereits 6 bis 10 Monate alte Wickelkinder ein Gerechtigkeitsgefühl haben: Sie bevorzugen Puppen, die anderen Puppen im Spiel »geholfen« haben.[206] 14 bis 18 Monate alte Kleinkinder öffnen für schwer beladene Erwachsene spontan eine Schranktür. Doch man kann ihnen solch ein soziales Verhalten durch materielle Belohnungen schnell auch wieder abgewöhnen: Belohnte Kinder halfen der nächsten Versuchsperson nur noch, wenn weitere Süßigkeiten oder Spielzeug winkten.

Menschen retten unter Lebensgefahr Ertrinkende. Sie teilen mit Unbekannten Essen und Geld. Und strahlen vor Glück, wenn sie anderen helfen können. »Wir werden nicht als Egoisten geboren, wir werden dazu gemacht«, folgert der Philosoph Richard David Precht.[207] Viele Institutionen, vom Kindergarten bis zur Universität, tragen dazu bei, aus sozialen Kleinkindern kleine und große Ichlinge zu formen, die auf den eigenen Vorteil aus sind und Zusammenarbeit verlernen. Studien belegen, dass Individualismus in den vergangenen

57 Jahren um 12 Prozent zu- und Empathie in den letzten 30 Jahren um 40 Prozent abgenommen hat.[208] Der Homo oeconomicus ist zwar eine ideologische Erfindung, aber eine sehr wirkungsvolle: Sie gleicht immer mehr einer sich selbst erfüllenden Prophezeiung.

Weitere Experimente zeigen, dass Menschen eine faire Verteilung von Geld und Ressourcen bevorzugen und eine »Ungleichheits-Aversion« haben. Ein Team um Christopher Dawes testete das in einem Geldspiel: Alle anonymen Mitglieder einer Gruppe konnten das Guthaben ihrer Mitspielenden beliebig erhöhen oder verringern. Ein Homo oeconomicus hätte sein Geldsäckel fest zugeklemmt. Stattdessen aber erhöhten knapp drei Viertel der Getesteten das Guthaben anderer mit ihrem eigenen Geld.[209] Große Unterschiede im Einkommen stoßen ebenfalls auf Ablehnung. Christian Felber, Initiator der »Gemeinwohlökonomie«, fragt regelmäßig in seinen Veranstaltungen, welche Gehaltsdifferenz das Publikum für noch akzeptabel hält; meist kommt dabei ein Verhältnis von 1:10 heraus. Manager von Großkonzernen erhalten jedoch heute das Vieltausendfache ihrer Beschäftigten, obwohl sie mit Sicherheit nicht vieltausendfach so viel leisten wie diese.

Michael Tomanello, Co-Direktor des Max-Planck-Instituts in Leipzig, testete unter Schimpansen und Kleinkindern auch, ob sie Kooperation oder Konkurrenz bevorzugen. Ergebnis: Schimpansenkinder konkurrieren, Menschenkinder kooperieren.[210] Warum also verhalten wir uns als Erwachsene nach Schimpansenmaß und nicht nach Menschenmaß?

Offenbar deshalb, weil das heutige Wirtschaftssystem unsere schlechtesten Seiten wie einen Muskel trainiert. Wenn »Wettbewerbsfähigkeit« ständig ideologisch gepriesen und ökonomisch belohnt wird, passen sich Menschen dem an. Dabei reduziert Konkurrenz erwiesenermaßen unsere besten Seiten, nämlich Freundlichkeit, Empathie und Vertrauen, zudem erhöht sie die Aggressivität. Und das laut Studien bereits unter Vorschulkindern.[211]

Aber es geht auch umgekehrt. Wenn Babys und Eltern schmusen, wird Oxytocin freigesetzt, das Bindung stiftet und durch Bindung gefördert wird, also Ursache und Wirkung zugleich ist. Das »Kuschelhormon« wird bei Körperkontakt produziert und stärkt Gefühle wie Liebe, Freundschaft, Verbundenheit und Vertrauen, Großzügigkeit und Versöhnungsbereitschaft. Es baut Stresshormone ab und ist essenziell für unser körperliches und seelisches Wohlergehen. Bereits vor Hunderttausenden Jahren spielte es eine wesentliche Rolle dabei, dass unsere Vorfahren jenen kooperativen Gemeinsinn entwickelten, der ihre Überlebenschancen in der afrikanischen Steppe angesichts von Raubtieren und anderem Gesockse beträchtlich erhöhte.

Aus Studien mit künstlich hergestelltem Oxytocin weiß man heute, dass das Hormon den sozialen Zusammenhalt enorm stärkt. Alle Menschen verhalten sich unter Oxytocin-Gaben vertrauensvoller, liebevoller, konstruktiver und zärtlicher. Die schwedische Hormonforscherin Kerstin Uvnäs Moberg verweist daher auf einen wenig beachteten Aspekt moderner Gesellschaften: Aufgrund von mangelndem Hautkontakt und »Unterkuschelung« sinkt der durchschnittliche Pegel des Oxytocins in unserem Blut, mit entsprechenden sozialen Folgen: Einsamkeit, Misstrauen, Fremdheitsgefühle. Und in der Folge Angst, Frustration, Wut, sogar Hass.[212]

Auch Liebesbeziehungen und Ehen können nur teilweise auffangen, was der allgemeine Oxytocin-Mangel auslöst. Schon Erich Fromm wusste: Das Erlebnis von »Getrenntheit und Abgesondertheit löst Angst aus; tatsächlich ist sie die Quelle jeder Angst«.[213] Der Hirnforscher Joachim Bauer beschreibt, dass Isolierung – etwa durch Mobbing – dieselben Hirnareale aktiviert wie körperlicher Schmerz, also als genauso schlimm und schmerzhaft empfunden wird.[214]

Einsamkeit und Isolation nehmen in der westlichen Welt stark zu: Rund ein Fünftel aller Briten fühlt sich einsam. Etwa drei Vier-tel der US-Amerikaner kennen ihre Nachbarn nicht.[215] Die Psychologin Julianne Holt-Lunstad wertete 70 Studien mit 3,4 Millionen Menschen in den USA aus und kam zu dem Schluss, dass Einsamkeit doppelt so schädlich wirkt wie Fettsucht und genauso schlimm wie Alkoholmissbrauch.[216] Um uns wohlzufühlen, müssen wir offenbar unsere körpereigenen Oxytocinfabriken wieder anwerfen. Dass in Coronazeiten Hautkontakt, Tanzen und Schmusen so stark reduziert werden musste, wird noch erhebliche psychosoziale Folgen haben.

Selbstgeführte Betriebe

Gegen allzu mächtige Organisationen hilft ein einfaches Mittel, das Systemtheoretiker und Informatikerinnen gerne mit P2P abkürzen. »Peer to Peer« bedeutet, dass sich Gleichwürdige auf Augenhöhe verständigen. P2P-Strukturen bestehen aus kleinen, modularen, miteinander vernetzten Systemen, die sich selbst steuern – ohne Hierarchie, ohne Zentrale, ohne Befehl von oben. Sie sind viel effizienter und widerstandsfähiger, da sie auf kurzen Wegen schneller auf Probleme und Krisen reagieren können (siehe Abbildung Seite 63 unten).

Die Entdeckung, dass dezentral vernetzte »Agenten« besser funktionieren, stammt aus der Systemtheorie. Ob es nun Fische oder Vogelschwärme sind, Computernetze oder Unternehmen: »Schwarmintelligenz« lenkt zuverlässiger als Chefintelligenz (siehe Seite 62). Auch jeder Programmierer weiß: Digitale Programme dürfen nicht mehr als 1.000 Zeilen und keinen hierarchischen Aufbau enthalten, sonst summieren sich Fehler.

Gruppen und Betriebe, die nach dem P2P-Prinzip arbeiten, sind kreativer und lebenszufriedener. Wenn jedes Mitglied einer Organisation selbst bestimmen darf, was es am liebsten tut und am besten kann, kommen in solchen Strukturen schlummernde Talente zum Zuge. Da Begabungen höchst unterschiedlich verteilt sind, bleiben Aufgaben fast nie unerledigt: Die einen erfinden gerne, die anderen organisieren am liebsten, die Dritten sind gerne fürsorglich. Und wenn alle zufrieden sind mit dem, was sie tun, breitet sich eine Atmosphäre der Wertschätzung und des Vertrauens aus. Gegenseitige Wertschätzung motiviert laut Studien wiederum mehr als jedes Geld.[217] Und Vertrauen ist der Humus für Lebenszufriedenheit.[218]

Der belgische Ex-Unternehmensberater Frédéric Laloux nennt derlei Betriebe »selbstgeführte Unternehmen«. Der Vordenker des »New Work«, der in einer Ökosiedlung nahe New York lebt, schrieb mit »Reinventing Organizations« ein Standardwerk, das zum Bestseller wurde. Herkömmliche hierarchische Unternehmen seien wie Maschinen konzipiert, sagt er, mit Input, Output und »Humankapital«. Doch immer mehr Organisationen verstünden sich als »lebendige Organismen«. »Selbstführung«, schreibt er, »ist die Art und Weise, wie das Leben in der Welt sich seit Milliarden von Jahren entfaltet hat.« Selbstorganisation bewege sich stets an der Grenze zum Chaos und enthalte nur so viel Ordnung, wie nötig sei, damit Lebensenergie fließen kann.[219] »Unser Gehirn hat 85 Milliarden Nervenzellen, es kommt sehr gut ohne das mittlere Management aus«, so Laloux in einem Interview. Paradoxerweise, fügt er hinzu, florierten Firmen ohne »Output-Maximierung« viel mehr. Und Manager, die auf Macht verzichten und ihren Beschäftigten viel Freiheit gewähren, seien viel wirkungsvoller.[220]

Laloux stellt in seinem Buch ein Dutzend selbstgeführte Unternehmen in unterschiedlicher Größe vor. Dort fassten die Beschäftigten, organisiert in kleinen Teams, fast alle Entscheidungen selbstständig und autonom, weil die Geschäftsführung irgendwann signalisierte: Ich vertraue euch! Sie müssten aber eine Regel einhalten, die auch für Chefs gilt: Fälle alle Entscheidungen nie allein und erst nach Beratung mit anderen. Es gebe in diesen Unternehmen keine Personalabteilungen mehr, keine Innovations- oder Planungsabteilung, keine Verkaufsvorgaben, keine Kontrollbürokratie, keine Organigramme, keine Stellenbeschreibungen, nicht mal Sicherungen vor internen Diebstählen seien noch nötig. Hierarchien seien flach, Gehaltsunterschiede gering, Boni gebe es selten. Arbeitsräume seien meist selbstgestaltet, farbenfroh, einladend, warm, offen für Kinder, Tiere und Natur. Statussymbole seien out. »Wenn man den Menschen mit Praktiken begegnet, die auf Vertrauen basieren, werden sie dieses Vertrauen mit verantwortlichem Handeln belohnen«, schreibt Laloux. Denn: »Angst sät Angst; Vertrauen sät Vertrauen.«[221]

In solchen Betrieben sind Gespräche über Gefühle ausdrücklich erwünscht. Viele haben »Werte-Tage« oder »Werte-Meetings«, in denen es um den Sinn des gemeinsamen Wirtschaftens geht. Gibt es Streit, wird als Erstes ein Gespräch zwischen den Konfliktparteien geführt, dann eine Vertrauensperson eingeschaltet und schließlich ein Gremium. So etwas führt zu Gefühlen von sicherer Bindung. Kündigungen sind deshalb laut Laloux selten.[222]

Besonders faszinierend: Dieses Prinzip der modularen Gruppenarbeit funktioniert offenbar auch in Großunternehmen mit mehreren zehntausend Beschäftigten. Der US-Energieversorger Applied Energy Services (AES), der lange Zeit selbstführend arbeitete, unterhielt mit seinen rund 40.000 Betriebsangehörigen Kraftwerke und Anlagen in 31 Ländern. Zu seinen Teams gehörten je 15 bis 20 Personen, pro Standort waren maximal 300 bis 400 Menschen in 15 bis 20 Teams tätig. Das galt als natürliche Grenze: Bis zu dieser Größe kennen sich Beschäftigte noch mit Namen oder vom Sehen und können miteinander reden.[223] Der niederländische Pflegedienst Buurtzorg hat rund 14.000 Beschäftigte, allesamt in autonomen Teams organisiert (siehe Seite 204).

Selbstführende Unternehmen krempeln den Betriebsalltag völlig um. Sie beweisen, dass selbst Großunternehmen in kleinen autonomen Einheiten von Gleichwürdigen wirtschaften können, locker zusammengehalten von einer Koordinations-Instanz. Weil alle Verantwortung tragen und nicht nur der Chef, verspüren Menschen wieder Freude und Sinn bei der Arbeit.

Interne Demokratie reicht jedoch noch nicht aus. Sie ist zwar eine notwendige, aber noch nicht hinreichende Bedingung für eine neue Wirtschaftsweise nach menschlichem und planetenfreundlichem Maß. Unter Berufung auf den US-Kulturphilosophen Ken Wilber nennt Frédéric Laloux solche Unternehmen bereits »integral«, auch wenn sie sozial und ökologisch so gar nicht vorbildlich wirken. Bei AES etwa arbeiteten während Laloux' Untersuchung viele Kraftwerke mit fossiler Energie, erst in jüngerer Zeit hat das Unternehmen auf Erneuerbare umgeschaltet.

Mit dem integralen Arbeiten ist es ähnlich wie mit der Inklusion: Es ist eine wichtige Voraussetzung für gutes Miteinander innerhalb des Unternehmens und in dessen Kontakt zu Partnern und Kundinnen. Damit Produkte und Dienstleistungen das Gemeinwohl fördern, braucht es jedoch erheblich mehr.

Gemeinwohl-Wirtschaft und Allmende-Verbünde

Um diese weitergehenden ökosozialen Fragen geht es dem Wiener Aktivisten Christian Felber mit seiner Bewegung für Gemeinwohl-Ökonomie. Geld sei im Kapitalismus zum Selbstzweck geworden, sagt er, es fördere die schlechtesten Eigenschaften der Menschen: Gier, Geiz, Egoismus, Verantwortungslosigkeit und Mitweltzerstörung. Das Ziel allen Wirtschaftens sollten das Gemeinwohl sein und die Förderung von Werten wie Vertrauen, Wertschätzung, Kooperation, Solidarität und Demokratie. Felber entwarf deshalb zusammen mit anderen eine Zertifizierung für Gemeinwohl-Betriebe: Es gibt Pluspunkte für Qualitäten wie ökosoziales Wirtschaften, Mitbestimmung, geringe Gehaltsunterschiede, Transparenz, Weitergabe von Wissen, Frauen in Führungspositionen, Betriebskitas oder Vorprodukte aus der Region. Das Ganze sei aber kein festes inhaltliches Modell, sondern ein demokratischer Prozess. Das Gemeinwohl könne letztlich nur ein Wirtschaftskonvent der Bürger definieren, der eine demokratische Wirtschaftsverfassung ausarbeite und diese in den jeweiligen Länderverfassungen verankere.

Anfang 2020 hatten sich gut 2.200 Unternehmen, 7.100 Einzelpersonen, etwa 100 Regionalgruppen und ganze »Gemeinwohl-Regionen« der Bewegung angeschlossen, die meisten davon in Österreich, Deutschland, der Schweiz sowie in Lateinamerika. Der Wirtschafts- und Sozialausschuss des EU-Parlaments urteilte 2015 in einer Stellungnahme, das Modell sei »geeignet, in den Rechtsrahmen der EU und ihrer Mitgliedstaaten integriert zu werden«. Mindestens eine Unternehmensform wird es aber wohl nie in die

Gemeinwohlbewegung schaffen: Großkonzerne in Form von Aktiengesellschaften sind laut Satzung zur Rendite-Erwirtschaftung für ihre Aktionäre *verpflichtet* – sie *dürfen* also Gemeinwohl gar nicht als ihr höchstes Ziel definieren.

Die deutsche Commons-Expertin Silke Helfrich wirbt ebenfalls für eine Orientierung am Gemeinwohl. Aufgewachsen in einem Dorf in der DDR nahe der Grenze zur BRD, suchte sie viele Jahre nach einem neuen Horizont jenseits von Realsozialismus und Kapitalismus und fand diesen schließlich in den Allmenden. In ihrem Buch »Frei, fair und lebendig – die Macht der Commons« präsentiert sie zusammen mit ihrem US-Kollegen David Bollier erfolgreiche Allmenden aus der ganzen Welt und leitet daraus Muster ab. Noch heute, berichtet sie, wirtschaften weltweit bis zu 2,5 Milliarden Menschen auf Gemeinschaftsland und in Gemeinschaftswäldern – allerdings oft ohne Landtitel und rechtliche Absicherung. Damit eine natürliche Allmende nicht übernutzt wird, treffen sie Absprachen, begrenzen Entnahmen und sprechen Sanktionen gegen Missbrauch aus. Neben solchen natürlichen Allmenden gibt es auch digitale Allmenden, die durch Teilen nicht geringer werden, etwa Wikipedia oder Open Source Projekte. Die profitieren von ihrem Allmende-Status: Quelloffene Software wie etwa Linux wird immer besser, je mehr Beteiligte Fehler finden und an der Programmierung feilen. Das alles ist »Commoning«, übersetzbar mit »gemeinschaffen« und »pflegnutzen«.

Viele Kritiker behaupten, Allmenden seien zu klein, um Klimakrise, Armut und andere Weltprobleme zu bekämpfen. Das ist ein Denkfehler, der aus dem Glauben erwächst, nur mit mehr Wachstum ließe sich Wohlstand und Sicherheit erzeugen. Dabei ist es genau umgekehrt: Das ganze Leben auf dem Planeten organisiert sich kleinteilig vernetzt und kann sich daher auch nur kleinteilig vernetzt von den Verletzungen der letzten 200 Jahre heilen. Allmenden funktionieren lebensverbunden, dezentral, kosmo-lokal und demokratisch. Sie sind auf die Erfüllung lokaler Bedürfnisse ausgerichtet und nicht auf die weltumspannende Produktion von Statusgütern.

In Commons werden Lebensmittel angebaut und verteilt wie bei der Solidarischen Landwirtschaft, wird Wohnraum geschaffen wie beim Mietshäuser Syndikat, werden Menschen gepflegt wie bei Buurtzorg, werden Schulbücher verfasst und gemeinwohlorientierte Kreditsysteme geschaffen. Über digitale Allmenden, die mit quelloffener Software arbeiten, könnten überall auf der Welt kosmo-lokale Manufakturen für Alltagsgüter geschaffen werden. FabLabs, Maker-Spaces und Offene Werkstätten machen es möglich. Ob im globalen Norden oder im globalen Süden: Heute kann über 3-D-Drucker und digital getriebene Werkzeuge hergestellt werden, was üblicherweise aus der Fabrik kommt: Lampen, Mikroskope, Ersatzteile, Stoffe, Solarautos und vieles mehr. Die Kosten betragen oft nur einen Bruchteil derjenigen für Markenartikel, weil kein Geld für Managerboni, Vermarktung, Werbung, Transport und Patentrechte anfällt.

Über das Projekt Open Source Ecology kann man so ganze Traktoren und andere Werkzeuge auf modularer Basis produzieren. Open Desk ermöglicht die Herstellung von Möbeln. Das Open Prothetics Project stellt für Kriegsopfer in südlichen Ländern Ersatz-Gliedmaßen her.[224] WikiHouse ist eine globale Gemeinschaft von Designern und Architektinnen, die einen quelloffenen Baukasten für die Schaffung von einfachem, günstigem und ökologischem Wohnraum bereitstellen. Ähnliche Ziele haben das Open Building Institute und das Vivihouse, mit dem man sogar Mehrfamilienhäuser selbst bauen kann. Open Farm veröffentlicht Gärtnerwissen mit der »Vision einer Welt, in der man überall alles pflanzen kann«. Open Olitor stellt Solidarischen Landwirtschaften freie Software zur Verfügung. Open Street Map macht Google Maps überflüssig. Nextcloud, eine Alternative zu Datenkraken wie Googles Dropbox, beruht auf freier modularer Software – einschließlich Kalender, Adressbuch, E-Mail-Programm, Textverarbeitung und so weiter.[225]

Sprunginnovationen und dezentrale Techniken helfen auch afrikanischen Ländern, ihre Rohstoffe selbst zu Fertigprodukten zu verarbeiten und Wohlstand zu schaffen. In Ruandas Fabriken werden so bereits E-Motorräder und das erste Handy »Made in Africa« gefertigt.[226]

Lebensfreundliche Technik

Eine Welt des »Open Source Everything« scheint also nicht mehr weit entfernt zu sein. Das wäre eine Welt, in der es für fast alle Menschen zumindest digital fast alles gratis gibt, wenn man nur die entsprechenden Internetquellen nutzt. Manche, etwa der US-Autor Jeremy Rifkin, glauben deshalb, dass solche *Collaborative Commons* quasi automatisch eine »Null-Grenzkosten-Gesellschaft« herstellen. Sein gleichnamiges Buch enthält jedoch viel Technikgläubigkeit und historische Verkürzungen. So behauptet er, dass »der 3-D-Druck von vornherein auf nachhaltige Produktion ausgerichtet« sei.[227] Das ist aber falsch, denn die Schwäche mancher Open-Source-Plattformen ist gerade, dass hier oft energieverschwenderische oder giftige Materialien zum Einsatz kommen, die nicht abbaufähig sind. 3-D-Drucker alleine machen die Welt nicht zukunftsfähig. Rifkin glaubt fälschlicherweise, »die Demokratisierung der Fabrikation« bedeute, »dass irgendwann schließlich jeder Zugang zu den Produktionsmitteln hat, was die Frage, wer sie besitzen und darüber verfügen soll, irrelevant macht und den Kapitalismus mit ihr«.[228] Das kann nur meinen, wer in Google mehr eine Wohlfahrtsvereinigung als ein superreiches Unternehmen sieht und die Silicon-Valley-Unternehmen durch eine rosarote Brille betrachtet. Und Rifkin lässt sich tatsächlich höchst unkritisch für Google Talks einspannen.[229]

Es bedarf also weiterführender Kriterien für eine Technik, die nach menschlichem und planetenfreundlichem Maß funktioniert. Ivan Illich hat schon 1973 »beherrschende Werkzeuge« unterschieden von »konvivialen Werkzeugen«, die das Zusammenleben fördern. Letztere seien klein, angepasst, dezentral, modular, reparabel, so etwa das Telefon und das Fahrrad.

In ihrem Buch »Konviviale Technik« führt die Kulturanthropologin Andrea Vetter fünf Dimensionen solcher Werkzeuge auf: Sie unterstützen »Verbundenheit«, also zwischenmenschliche Resonanzerfahrung, Kreativität und Selbstbestimmung. Sie sind

»zugänglich«: leicht erreichbar und ohne Expertenwissen nutzbar. »Anpassungsfähig« sind sie, weil sie klein, sanft, dezentral, modular und vor Ort herstellbar sind. »Bio-Interaktion« praktizieren sie, indem sie sich problemlos in natürliche Kreisläufe einfügen und keine giftigen Abfälle produzieren. Und »angemessen« sind sie, wenn sie einfach, sparsam und sanft sind. Komposttoiletten und Lastenfahrräder sind für Vetter zwei Modelle, auf die alle Kriterien zutreffen.[230]

BEISPIELE FÜR WERKZEUGE NACH MENSCHLICHEM UND PLANETENFREUNDLICHEM MASS

* Gefäße und einfache Küchengeräte aller Art (Essen fördert Gemeinschaft)
* Klangkörper aller Art (Musik und Tanz fördern Verbundenheit)
* Papier, Bücher, Stifte, Bibliotheken (Wissen fördert Wertebildung und menschliche Reife)
* Fahrzeuge mit erneuerbarer Antriebsenergie: Fahrräder, E-Bikes, Lastenräder, Solarboote, Ruderboote, Segelschiffe (Bewegung fördert Gesundheit, Begegnung und Kulturaustausch)
* autonome Energienetze (Solarlampen in Afrika und anderswo fördern Autonomie)
* dezentrale Internetnetze (fördern Unabhängigkeit von Internetgiganten)
* quelloffene Soft- und Hardware (fördert dezentrale Produktion und Bedürfnisbefriedigung)
* Smartphones mit quelloffener Hard- und Software (fördern Kommunikation und Wissensaustausch)
* lizenzfreies Saatgut (fördert die Autonomie von Kleinbauern und die Artenvielfalt)
* Selbstbaumöbel und -häuser (fördern Unabhängigkeit)

Bionik: die Natur als Vorbild

Wenn man stets fragt: »Wie würde die Natur dieses konkrete Problem lösen?«, kommt man auf ungeahnte Ideen. Das Universalgenie Leonardo da Vinci hat unter anderem eine »Flugmaschine« entworfen und sich dabei von den Vogelschwingen inspirieren lassen. Heute heißt diese Vorgehensweise »Bionik« oder »Biomimikry«. Moderne Beispiele dafür sind Klettverschlüsse, die Klettfrüchte nachahmen; Schwimmanzüge, die nach dem Vorbild der Haihaut kaum Widerstand im Wasser entwickeln; Raumoberflächen in Kliniken, die ebenfalls wie Haihaut die Ansiedlung von Erregern verhindern; Dachziegel und Fassadenfarben, die wie Lotusblüten Wasser und Schmutz abtropfen lassen; Lüftungsanlagen, die wie Termitenbauten konstruiert sind; Stahlrohrtürme von Windanlagen, die Getreidehalmen ähneln.

Auch das Internet könnte man als Nachahmung eines uralten Netzes sehen: des World Wood Web, mit dem sich Baumwurzeln, Pilzfäden und ganze Wälder fast weltumspannend verbinden. Wenn wir den Stoffwechsel von Organismen oder ganzen Biotopen nachahmen, haben wir fast unendlich viele Chancen, eine sanfte planetenfreundliche Technik zu entwickeln. Die US-Wissenschaftsautorin Janine Benyus fasst das in einem TED-Talk so zusammen: Wir Menschen seien keineswegs die Ersten, die Häuser bauen oder Papier herstellen – all das könnten Tiere sogar besser als wir, weil sie keine Gifte und Abfälle produzieren. Das Leben kreiere Bedingungen, die das Leben fördern. Es produziere Böden, reinige Wasser und Luft. Wir müssten uns nur immer wieder daran erinnern, dass wir auf einem »brillanten Planeten« leben.[231]

Kosmopolitischer Lokalismus

Wenn die Menschheit eine Zukunft haben will, sollte sie eine durchgängig regenerative Wirtschaftsweise aufbauen. Wie die aussehen könnte, ist in Umrissen klar. Sie gleicht eher einer bunten, widerstandsfähigen Blumenwiese mit einer hohen Vielfalt an Arten, die sich gegenseitig schützen und nähren, und nicht einer Monokultur, die Katastrophen ökologischer und ökonomischer Art schutzlos ausgeliefert ist, weil sie beim Ausfall einer Art keinen Ersatz anzubieten hat. Eine regenerative Ökonomie ist weitgehend kleinteilig, überschaubar und dezentral organisiert, sie arbeitet mit lebensfreundlicher Technik und fördert die Heilung von Schäden. Sie organisiert sich als Mixwirtschaft in einer Vielzahl von Rechtsformen, etwa Genossenschaften, öffentlichen Betrieben der Daseinsfürsorge und Privatunternehmen. Sie produziert nur noch Abfälle, die von anderen Akteuren wiederverwertet werden können. Sie verursacht kaum noch Treibhausgase durch Transport, weil sie lokale Bedürfnisse so weit wie möglich lokal befriedigt – weg vom Weltmarkt, hin zum Wochenmarkt. Sie verzichtet auf lange Handels- und Handlungsketten, die Anonymität und Verantwortungslosigkeit fördern, und setzt auf lokale Herstellung und Vertrauen. Sie produziert Güter, die »wahre Preise« tragen. Sie misst ihren Erfolg nicht mehr nach dem Bruttosozialprodukt, sondern nach dem »Bruttosozialglück«: der Lebenszufriedenheit der Menschen – wie es Bhutan, Neuseeland und Schottland bereits vormachen. Und sie setzt die Ökologie an die allererste Stelle und nicht länger Geldmacherei.

Die Probleme mögen global sein, aber alle Lösungen sind lokal. Und die meisten Menschen sind im Kleinen verwurzelt, schrieb Leopold Kohr: »Das Leben wird letztlich lokal gelebt, es sind die lokalen Dinge, die zählen.«[232] »Think global, act local«, heißt ein immer noch gültiger Spruch. Der Mitweltphilosoph Wolfgang Sachs sieht deshalb im »kosmopolitischen Lokalismus« die Lösung.

Eine solche Wirtschaftsweise sollte am besten nach dem Subsidiaritäts-Prinzip aufgebaut sein. »Subsidio« kommt aus dem Lateinischen und bedeutet »Ersatz« oder »Hilfe«. Alles, was in der kleinsten Einheit regelbar ist, sollte auch dort geregelt werden. Größere Einheiten sollten erst dann helfend, regulierend oder auch kontrollierend eingreifen, wenn die kleinere Einheit dazu nicht in der Lage ist.

Dieses schöne Muster mit dem hässlichen Namen »Subsidiaritäts-Prinzip« würde die Autarkie und Eigenversorgung von Regionen stärken und deren Wirtschaft krisenfester machen. Es würde eine Ökonomie der kurzen Wege ermöglichen, wo Wert*schätzungs*ketten genauso viel gelten wie Wert*schöpfung*sketten. Die Arbeitsteilung und Spezialisierung würden eingeschränkt, damit Menschen nicht die Freude an ihren Tätigkeiten verlieren. Öffentliche Güter, lokale Betriebe und Kleinunternehmen hätten Vorrang. Jedes Land könnte und sollte so viel wie möglich selbst erzeugen – vor allem in den Bereichen Ernährung, Kleidung, Energie und Alltagsgüter. Ideen, Wissen, Wissenschaft, Gastfreundlichkeit dürfen und sollten weiter international sein, wie es schon Keynes vorschlug.

Ein Beispiel dafür ist der Gemeinwohlbetrieb Gea, der im österreichischen Waldviertel Schuhe und Möbel herstellt. Ihr Gründer Heini Staudinger wagte es, wenigstens einen kleinen Teil der globalisierten Schuhproduktion wieder zu relokalisieren. Alle warnten ihn, das würde sich nie und nimmer lohnen, weil hiesige Beschäftigte im Vergleich zu Billiglöhnern in Bangladesch und anderswo viel zu viel verdienten. Gea aber floriert, produziert wunderbar haltbare Schuhe – und finanziert mit seinen Gewinnen ökosoziale Aktivitäten.

Auf diese Weise kann auch eine »Ökonomie der Dankbarkeit« entstehen. Menschen, die solche Produkte kaufen, zollen den Herstellern Respekt, Anerkennung und Dankbarkeit. Sie wissen: Wenn ich diese Schuhe trage, unterstütze ich Staudingers Beschäftigte und seine Projekte. Relokalisierte Wirtschaft lässt Beziehungsreichtum aufblühen und sorgt dafür, dass Produkte nicht gedankenlos verbraucht, sondern mitsamt ihren Herstellern wertgeschätzt werden. Solche Güter erzählen Geschichten von Freude und Sinn.

Dezentrale Energie

Zur Subsidiarität gehört auch ein dezentraler Energiefluss. Was früher undenkbar schien, ist in der Bundesrepublik heute an manchen Tagen Realität: Die im Vergleich zu Kohle- und Atomkraftwerken kleinteiligen erneuerbaren Energien liefern 100 Prozent des Bedarfs eines stromhungrigen Industrielandes. Was noch fehlt, sind preiswerte Speicherkapazitäten für Tage, an denen die Sonne nicht scheint und kein Wind weht. Hier gibt es aber bereits viele interessante Ansätze, etwa Power-to-Gas: Windkraft spaltet klimaneutral Wasser in Sauerstoff und Wasserstoff. Letzterer kann Autos über Brennstoffzellen antreiben oder unter Zugabe von CO_2 in »grünes« Methangas umgewandelt werden. In Deutschland stünden fast 50 Erdgasspeicher und knapp eine halbe Million Kilometer lange Gasleitungen als Speicher zur Verfügung. Energiegenossenschaften und Zusammenschlüsse von Kleinproduzenten machen die Sache noch leichter: Man kann Sonne vom eigenen Dach oder Balkon tanken, in Keller- oder E-Autobatterien speichern, solare Nachbarschaftsnetze bilden und vieles mehr. Weil erneuerbare Energien immer billiger werden, müssen sich nur die Manager fossiler Konzerne vor einer Welt fürchten, in der jeder Mensch tendenziell energieautark leben kann.

Diese fossilen Manager und ihre politischen Verbündeten bemühen sich jedoch weiterhin nach Kräften, eine konsequente Energiewende zu verhindern. Deutschland hatte in den 1990er-Jahren die einmalige historische Chance, global zu beweisen, dass sich auch ein Industrieland mit erneuerbaren Energien versorgen kann. Es schenkte der Welt das vorbildliche »Erneuerbare Energien Gesetz« (EEG), das Strom aus Sonne und Wind per Einspeise-Vergütung förderte und nunmehr von etwa 80 Ländern nachgeahmt wird. Doch die aufblühende deutsche Solarindustrie mit ihren rund 60.000 Jobs wurde in den Folgejahren fast gänzlich zerstört und die Windindustrie so extrem behindert, dass mindestens 40.000 Arbeitsplätze verloren gingen – insgesamt also über 100.000. Der sukzessive Wegfall von rund 20.000 Jobs in der Kohleförderung wurde hingegen mit 40 Milliarden Staatssubventionen begleitet.

Wovor habt ihr Angst?

Eine menschen- und planetenfreundliche Wirtschaft könnte Millionen neuer Arbeitsplätze schaffen – und eine schönere Welt mitsamt gesünderen Menschen. Nach einer Prognos-Studie haben die drei

»Leitmärkte« regenerative Energien, Energieeffizienz und klima-freundliche Mobilität seit 2003 mehr als eine halbe Million Stellen generiert, und das wird anhalten: Der ökosoziale Umbau Deutschlands wird laut Prognos tendenziell mehr Arbeitsplätze schaffen als abschaffen, wobei Ostdeutschland »von einer ambitionierten Energiewende etwas stärker profitieren würde« als Westdeutschland. Im Kohlebergbau und der Autoindustrie fallen etwa 20.000 beziehungsweise 120.000 Stellen weg, die meisten aber durch Verrentung der Beschäftigten. Dafür kommen bei der Elektromobilität, den erneuerbaren Energien und der Gebäudesanierung noch mehr Stellen hinzu. Insgesamt verlaufe der Umbau »ohne Gefahr für unseren Wirtschaftsstandort«.[233] Was die Forscher dabei noch gar nicht im Blick hatten: die enormen Beschäftigungseffekte im Bereich Land- und Forstwirtschaft sowie beim Handwerk. Unterm Strich könnte also alles viel besser werden.

ZUSAMMENFASSUNG

Was für schöne Aussichten: Der durch Klima- und Ressourcenkrise nötig gewordene ökosoziale Umbau der Wirtschaft ist eine Riesenchance. Rekommunalisierte und relokalisierte Betriebe könnten ohne Gift und Abfall weitestgehend für ihr regionales Umfeld produzieren. Beschäftigte, die sich in autonomen Teams selbst organisieren, wären viel zufriedener und produktiver. Die »Diktatur der Konzerne« könnte durch eine ökosoziale Mischwirtschaft aus Genossenschaften, selbstorganisierten Betrieben und Gemeinwohl-Organisationen abgelöst werden, neue Ökotechniken wie Solarenergie und Bionik würden dabei helfen. So kann eine Ökonomie der Dankbarkeit erblühen, weil Menschen wieder Bezüge zu Herstellern entwickeln und Güter wieder eine Geschichte erzählen können.

Vision für das Jahr 2040

Eine junge Frau läuft in Leverkusen über eine Wiese, eine ältere Dame und ein alter Herr können ihr kaum folgen. »Guck mal, ein Hase!«, ruft sie begeistert, als sie Ohren aus dem Gras lugen sieht. Der Alte kommt beim Näherkommen aus dem Staunen nicht heraus: »Die Ohren sind auffallend kurz. Ist das nicht ein Sardischer Pfeifhase? Das letzte Exemplar davon wurde meines Wissens vor etwa 250 Jahren gesichtet. Ich dachte, er sei ausgestorben. Ausgerechnet hier hat er offenbar in einer Ökonische überlebt.«

»Was du alles weißt!«, staunt die junge Frau.

»Ich bin nun mal ein Naturliebhaber«, brummelt der Alte. »Und Pfeifhasen haben es mir angetan. Sie pfeifen, tröten und quäken, als wollten sie sich am Wettbewerb der schönsten Dorfkapellen beteiligen.« Die drei finden mitten auf der Wiese einen Rastplatz und setzen sich. Die Frau zwischen den Wiesenblumen ist die 30-jährige Jane Knopf, begleitet von Tramfahrerin Lucy (50) und Tuzan (85).

»Nett hier«, nickt Tuzan. »Sieht man ja gar nicht mehr, dass Leverkusen mal ein Industrie-Standort war. Das ist also deine neue Heimat? Du bist doch kein Pfeifhase, warum bist du hier gelandet?«

»Na, weißt du doch«, entgegnet Jane. »In der Nähe liegt mein Arbeitsplatz bei einem Internetmagazin. Ich verfasse jetzt Wirtschaftsmeldungen. Wollt ihr meine neuesten Nachrichten hören?« Die beiden nicken. Jane räuspert sich:

»*Leverkusen.* 15 Jahre nach der entscheidenden Sitzung zur Neuausrichtung der Bayer AG im Jahre 2025 vermelden heute die früheren Bayer-Töchter: Alle Produktionsbereiche sind auf 100 Prozent Bio umgestellt. Sie stellen mitweltfreundliche Farben und Reinigungsmittel her, ein breites Sortiment an Biomitteln gegen unerwünschte Insekten und ein vielfältiges Angebot im Bereich Naturmedizin. Das altehrwürdige Aspirin wird schon länger CO_2-neutral hergestellt. ›Es hat ja keinen Spaß gemacht, täglich giftige Chemikalien zu produzieren und zu wissen, dass damit Lebewesen ausgerottet werden‹, sagt ein Mitarbeiter der früheren Pestizid-sparte. ›Wir haben das verdrängt, so gut wir konnten, aber viele sind deshalb dem Suff verfallen oder depressiv geworden. Heute aber können wir stolz sein auf unsere Produkte.‹

Wie dramatisch die Geschichte des Konzerns mit seinen 110.000 Beschäftigten verlief, haben heutzutage viele vergessen. 2016 hatte Bayer den Glyphosat-Hersteller Monsanto gekauft, der danach zur Zahlung von vielen Milliarden Dollar an Krebsopfer verurteilt wurde. Die Schadensersatz- und Vergleichskosten zehrten Bayers Reserven auf, das Ackergift wurde unverkäuflich, und neue EU-Richtlinien untersagten den Einsatz von immer mehr Pestiziden, vor allem Bienengiften, weil das Artensterben zugenommen hatte. Bayer versuchte die Verluste durch Entlassung von Zehntausenden Beschäftigten weltweit zu kompensieren, aber das half nicht. Die Pleite schien unabwendbar.

Aber die Belegschaft in Leverkusen und anderswo begann sich zu wehren. Sie erkannte, dass nur die Konversion des Konzerns in einen reinen Ökobetrieb ihre Arbeitsplätze retten konnte. Ein Mitglied des Betriebsrat war in E. F. Schumachers Buch »Small is beautiful« auf das Beispiel von Ernest Bader gestoßen. Der hatte 1920 in England die Chemiefirma Scott Bader gegründet, sein Privatvermögen einer Stiftung übertragen und seine Angestellten zu Teilhabenden gemacht. Überstieg ihre Zahl 350, sollte ein neuer Betrieb gegründet werden. Gehaltsunterschiede sollten nicht mehr als 1:7 betragen, die Hälfte der Gewinne sollte an die Belegschaft ausgeschüttet, die andere für gemeinnützige Zwecke verwendet werden. Die Firma war und ist erfolgreich mit Ökoprodukten, die nie entstanden wären ohne die kreative Beteiligung der Beschäftigten. Warum sollte solch ein Modell nicht auch bei Bayer gelingen?

Angesichts des drohenden Bankrotts geschah 2025 das Wunder: Der Vorstand beschloss die Auflösung der Bayer-Aktiengesellschaft und die Umwandlung aller Konzernsparten und -töchter in integrale selbstorganisierte Betriebe. Diese gingen weltweit sehr unterschiedliche Wege in unterschiedlichen Rechtsformen, aber eines war ihnen gemeinsam: Ihre kleinen Belegschaften entwickelten ein Feuerwerk an Kreativität bei der Entwicklung ökosozialer Produkte. In Deutschland spielte Christian Felber mit seinem Beraterteam eine wichtige Rolle. Felber, nunmehr 68 Jahre alt, zeigt sich heute sehr zufrieden: ›Gift bedeutet auf Englisch Gabe. Es ist uns gelungen, einen früheren Giftkonzern in eine menschenfreundliche Gabe zu konvertieren.‹«

Jane schöpft kurz Atem, schaut in die Runde. »Ach, der Felber!«, kommentiert Lucy vergnügt. »Der Traumtänzer! Ich erinnere mich, wie er früher seine Vorträge immer mit einem Tanz begann. Oder einem Kopfstand. Er wollte partout die Welt auf den Kopf stellen.«

»Ist ihm ja auch gelungen«, meint Jane. »Er hat die Economists for Future mitbeeinflusst und sie ihn. Erinnert ihr euch? Die haben für grundstürzende Änderungen in der Volks- und Betriebswirtschaft gesorgt. Das passt zu meiner nächsten Meldung.« Und sie fährt in theatralischem Ton fort:

»*Frankfurt am Main.* Mehrere Institute vermelden heute unabhängig voneinander, die Gesamtwirtschaft sei weiter auf Regenerationskurs. Der Abzug von vielen Billionen Dollar Investitionskapital aus klimaschädlichen Unternehmen im Rahmen der Divest-Kampagne von Bill McKibben hatte zu einem Totalumbau der Wirtschaft geführt, genauso wie der Trend zur Relokalisierung der Weltwirtschaft nach der Coronakrise. Die Economists for Future, von denen viele zu Regierungsberatern wurden, unterstützten das mit energischen Gesetzesänderungen. Wer Schäden verursacht, muss sie beseitigen – das ist nun geltendes Recht. Unternehmen sind zu Gemeinwohl und Klimafreundlichkeit verpflichtet; wer gegen Menschenrechte und Mitweltstandards verstößt, wird zwangsweise aufgesplittet und verkleinert. Betriebe der Daseinsfürsorge dürfen nicht mehr privatisiert werden, Banken Kredite nicht mehr aus dem ›Nichts‹ schöpfen. Eine internationale Steuerbehörde räumt mit den letzten Steueroasen auf. Viele Praktiken der Finanzindustrie wurden verboten, etwa die Spekulation mit Boden, Lebensmitteln und Wasser. Unternehmen sind verpflichtet, ihre wahren ökosozialen Kosten in ihren Preisen auszudrücken, sie dürfen diese nicht mehr auf die Allgemeinheit verschieben. Alle 4 Jahre müssen sie mögliche Folgekosten auf die nächsten 100 Jahre ausweisen. Ein ›Lieferkettengesetz‹ zwingt transnationale Unternehmen, Menschenrechte und Mitwelt-Gesetze entlang ihrer Lieferkette zu beachten. Wenige grundlegende Änderungen im Wirtschaftsrecht haben einen unglaublichen Wandel angeschoben.

Dazu gehörte auch, dass eine sehr hohe sogenannte ABCDE-Steuer zum verpflichtenden internationalen Gesetz wurde, im Deutschen umgangssprachlich auch als ›Giftsteuer‹ bekannt. Sie machte gefährliche Substanzen sehr teuer und finanzierte in der Übergangsphase bis zu deren vollständigem Verbot und restloser Beseitigung den Umgang mit ihnen. Der Buchstabe *A* bezieht sich auf Atom, also die Endlagerung von radioaktivem Müll. *B* umfasst die Biologie, also gentechnisch veränderte Substanzen und Eingriffe in die Artenvielfalt. *C* meint Chemie: Pestizide, krebserregende Substanzen und andere Giftstoffe. *D* bezieht sich auf den Digitalbereich: Wenn Digitalkonzerne die Verbreitung von Hassmails und Fake News dulden, müssen sie dafür bezahlen; die Konzerne holen sich diese Strafgelder inzwischen von den Verbreitern von Gewaltparolen zurück, wodurch sich diese schnell und effektiv verringern. *E* umfasst den Bereich Energie und Effizienz: Hohe Bepreisungen von CO_2, Methan, Lachgas und Fluorkohlenwasserstoffen haben zu einer schnellen Verringerung dieser Treibhausgase geführt.«

»Lachgas«, kichert Lucy. »Was passiert eigentlich, wenn ein Pfeifhase Lachgas abkriegt? Pfeift er dann aus dem letzten Loch, oder lacht er sich tot?«

Jane schaut sie böse an. »Du bist albern!«

Tuzan hebt beschwichtigend die Hände: »Kinder, nicht streiten! Ich würde gerne noch mehr von diesen guten Nachrichten
hören. Gibt es nicht heute irgendeinen Wal-Geburtstag?«

»Kein Wal, nur ein ehemaliges Dickmonster«, lacht Jane. Und
fährt fort:

»*Wolfsburg.* Mobi Dick, die Tochterfirma von VW, feiert heute
ihr 20-jähriges Bestehen. Die Mobilitäts-Anbieterin hat entscheidend dazu beigetragen, dass die frühere Hochburg der Autoindustrie nunmehr nicht wiederzuerkennen ist. Diese wurde zu einer
Modellregion für Verkehrsinnovation, in der viele der rund 70.000
VW-Beschäftigten weiterarbeiten konnten. Engagierte Angestellte
sorgten dafür, dass die E-Auto- und E-Bike-Flotte von Mobi Dick
mit der Bahn und den ›Öffis‹ kurzgeschlossen wurde. Kunden und
Einwohnerinnen konnten per Handy ihre Mobilität von Haus zu
Haus organisieren. Es entstanden private und öffentliche Bring-
dienste, Rufbusse und Shuttle-Services für Kranke und Bequeme.
Das Modell war so erfolgreich, dass es schnell auf andere Regionen
übersprang.[234] Die frühere VW-Belegschaft hatten alle Hände voll zu
tun, um den neuen Bedarf auch an Wasserstoffbussen, E-Lastern,
E-Lastenrädern, E-Seilbahnen und Solarschiffen zu stillen.«

Jane sieht auf, sie merkt, dass Lucy das Gesicht verzieht. »Du
hast die Tram vergessen, Jane«, sagt sie beleidigt. »Zusammen mit
unserem Team habe ich entscheidende Weichen gestellt und Schienen in die Zukunft gelegt. Ohne uns hätte es die Verkehrswende
in Städten wie Zürich, Berlin und anderswo nicht gegeben.« Jane
wird ein wenig rot und verspricht, das zu korrigieren. »Aber zuerst
lese ich zu Ende.«

Die Jungjournalistin räuspert sich und fährt fort: »Überhaupt
ist es im Rückblick erstaunlich, wie gut Deutschland den ökosozialen
Umbau hinbekam. Der Kohlekompromiss der Bundesregierung von
2019 hatte den Braunkohleregionen noch 40 Milliarden Staatsgelder
bis zur Abschaltung der letzten Anlage 2038 gewährt. Dann ging
alles viel rasanter, weil sich keines der Braunkohle-Kraftwerke wirtschaftlich mehr lohnte und die Divest-Kampagne Fahrt aufnahm.

Auch Leuchtturm-Projekte entstanden schneller als gedacht, etwa extrem leistungsfähige Kraftwerke aus schwimmenden Solarzellen, die in den Stauseen der früheren Tagebaulöcher Strom ernteten. Heute firmiert unter ›grünem Wohlstandswunder‹, wie rapide neue Branchen der regenerativen Wirtschaft und Landwirtschaft aufblühten und unzählige Arbeitsplätze schufen. Hinzu kam der Aufschwung in den Dörfern und Regionen, hervorgerufen durch über vier Millionen neue Jobs in Land- und Forstwirtschaft. Zwar nicht supergut bezahlt, aber dafür enkelgerecht, gesund und Lebenshaltungskosten sparend. Im Nachhinein schüttelten viele den Kopf, wie sehr man die Autoindustrie überschätzt hatte. Deutschland habe damals an ›Autokratie‹ gelitten, urteilen heute Historiker.

Ähnlich überschätzt wurde übrigens die Digitalisierung. Nach unzähligen Datenskandalen, Netz-Zusammenbrüchen und Cyberwars wurde das Internet völlig neu aufgebaut – mit autonomen und öffentlich-rechtlichen Netzen, die die EU finanzierte. Heute beraten Bürgerräte darüber, ob bestimmte Bereiche überhaupt digitalisiert werden sollten.«

»Hm, hm«, kratzt sich Tuzan den weißen Bart. »Da fehlt noch. Die Bürgerräte fanden doch nur Zeit für ihre Arbeit, weil die Gewerkschaften eine Arbeitszeitverkürzung durchsetzen konnten.«

»Stimmt«, meint Jane. »Hör doch mal:

Hannover. Nach dem Metallbereich hat nun auch die Gewerkschaft Ver.di im öffentlichen Dienst erfolgreich die 25-Stunden-Woche ausverhandelt. Damit verkürzt sich für fast 80 Prozent der abhängig Beschäftigten die Erwerbszeit auf deutlich unter 25 Stunden. Der Trend, dass Menschen sich wieder mehr Zeit für Muße und Musik, Eigenversorgung und Engagement nehmen, setzt sich fort. Zeitwohlstand ist der neue Luxus. Lieber nehmen Leute materielle Einbußen in Kauf, als sich zu Tode zu schuften.«

Tuzan nickt befriedigt. Jane sieht auf. »Und hier meine vorletzte Meldung:

Konstanz. Das Archäologische Landesmuseum in Konstanz startet heute seine Sonderausstellung ›Friedensregion Bodensee‹.

Früher machten hier fast ausschließlich Rüstungskonzerne ihre Geschäfte: Liebherr, Rheinmetall, Airbus, Diehl und etwas weiter entfernt auch Heckler & Koch. Heute ist das Geschichte, genauso wie die Hexenverbrennung und der Sklavenhandel. Eine Multimedia-Show verdeutlicht, wie die Transformation in faire, menschen- und klimafreundliche Betriebe vonstattenging. Diese stellen heute Fahrräder und E-Bikes her oder verarbeiten Lebensmittel und Biomasse aus jener enorm fruchtbaren Region.«

»Hat ja schon Willy Brandt festgestellt: Frieden ist nicht alles, aber ohne Frieden ist alles nichts«, murmelt Tuzan in seinen Bart. Doch Jane hat gar nicht zugehört und fährt fort:

»*Berlin*. Ebenfalls stark zum ›grünen Wohlstandswunder‹ beigetragen hat auch das 2036 vom Bundestag verabschiedete Kreislaufgesetz. Betriebsgenehmigungen für neue Firmen werden nur noch erteilt, wenn sie nachweisen können, dass sie selbst oder andere Unternehmen ihren Abfall als Ausgangsstoff für neue Produkte nutzen; streng regulierte Ausnahmen gibt es nur für Medizin und Forschung. Das revolutionierte die gesamte Fertigungsindustrie – zuerst in Deutschland, dann in der EU, schließlich weltweit. Die Textilindustrie etwa, früher eine der dreckigsten Branchen überhaupt, durfte nur noch mit Bio-Stoffen arbeiten und färben, auch die Chemieindustrie darf keine Giftstoffe mehr verwenden, und der Maschinenbau muss Metalle komplett recyclen. Das alles hatte den Vorteil, dass Hunderttausende neue Arbeitsplätze geschaffen wurden – auf Dauer.«

Jane hat zu Ende gelesen und sieht Lucy und Tuzan gespannt an. »Wie gefallen euch meine Nachrichten?«, fragt sie. Tuzan nickt mit einem leisen Lächeln. Doch ihre alte Tante Tram zeigt sich unzufrieden:

»Alles so idyllisch! Wenn man dir zuhört, glaubt man, wir würden im Paradies leben. Das stimmt doch überhaupt nicht! Es gibt immer noch keine Biopille gegen Liebeskummer, verursacht durch nichtsnutzige Nichten, die historische Verdienste ihrer alten Tanten nicht zu würdigen wissen.«

Kapitel 4

Gesundheitswesen: heilend – fürsorglich – kommunal

Es geht nicht um die Krankheit im Menschen, sondern um den Menschen in einer Krankheit.

DR. MED. STEFAN HILLER, ZENTRUM FÜR INTEGRATIVE ONKOLOGIE, STUTTGART

Viele Lebewesen tragen ein intuitives Wissen darüber in sich, wie sie sich bei Krankheiten und Verletzungen selbst heilen können. Verwundete Wildtiere etwa wälzen sich in Schafgarben-Feldern, sie »wissen«, dass das die Wundheilung fördert. Hunde, Füchse, Wölfe und Kojoten fressen bestimmte Grassorten, um sich gegen Magenverstimmungen zu schützen. Spatzen bringen Zigaretten-stummel in ihre Nester, um Parasiten und Milben fernzuhalten. »Ich glaube, dass jede Tierart sich selbst medikamentiert«, sagt der Biologe Michael Huffmann von der Universität Tokio.[235] Auch Pflanzen wissen sich zu wehren: Ulmen, Kartoffelpflanzen und viele andere rufen mit Duftmolekülen Nützlinge zu Hilfe, wenn sie von Schadinsekten angefressen werden.[236]

Auch bei den Menschen ist Naturheilkunde die älteste Medizinbranche der Welt. Die chinesische Heilkunst und das indische Ayurveda-Wissen entstanden vor ungefähr 4.000 Jahren. Der Jung-steinzeitmann »Ötzi«, der vor rund 5.300 Jahren in den Ötztaler

Alpen verunglückte und 1991 als Eismumie gefunden wurde, hatte in einem Lederbeutel Birkenporling gesammelt – ein uraltes Antibiotikum.

Heute können wir uns nur noch schwer vorstellen, wie sich das Leben für Ötzi & Co. anfühlte – nämlich sehr kurz. Allein schon die bei Homo sapiens so komplizierte Geburt forderte unzählige Opfer unter Müttern und Neugeborenen. Steinzeitmenschen wie Ötzi lebten im Schnitt nur 28 Jahre. Dem schwedischen Gesundheitsforschers Hans Rosling zufolge war die globale durchschnittliche Lebenserwartung bis zu Beginn des 19. Jahrhunderts auf gerade mal 31 Jahre gestiegen. Vor allem die hohe Kindersterblichkeit drückte den Schnitt: Etwa die Hälfte aller Geborenen starb vor dem Erwachsenenalter. Die Überlebenden wurden indes oft so alt wie wir heute, wenn nicht Seuchen wie Pest und Cholera sie dahinrafften. Kurz nach dem Ersten Weltkrieg starben rund 50 Millionen Menschen an der Spanischen Grippe – mehr, als der Krieg an Toten gefordert hatte; dadurch sank die Lebenserwartung von 33 auf 23 Jahre. Doch nach 1945 stieg sie rapide an und liegt nunmehr bei weltweit etwa 70 Jahren. Das bedeutet vor allem für Länder des globalen Südens eine gigantische Veränderung: 1972 bekamen die Frauen in Bangladesch im Durchschnitt sieben Kinder, die 52 Jahre alt wurden; heute haben sie im Schnitt zwei Kinder, deren Lebenserwartung bei 73 Jahren liegt.[237] Wir in Deutschland werden noch älter: Die jetzige Lebenserwartung liegt für Frauen bei etwa 84 Jahren und für Männer bei 79.[238]

Diese rasanten Fortschritte sind größtenteils verbesserten Lebensbedingungen durch gute Ernährung und Hygiene zu verdanken. Und zum Teil auch der naturwissenschaftlichen Medizin, die »evidenzbasiert« arbeitet – also nur solche Behandlungen vornimmt, deren Wirksamkeit durch Studien und Experimente belegt ist. Um nur einige wenige Meilensteine zu nennen: 1767 führte Franz Heinrich Meinolf Wilhelm die erste Pockenimpfung durch. 1861 fand Ignaz Semmelweis heraus, dass man das »Kindbettfieber« durch Händewaschen eindämmen konnte. Um 1880 begründeten

Louis Pasteur und Robert Koch die Bakteriologie, 1928 entdeckte Alexander Flemming das Antibiotikum Penicillin. Ab 1953 gab es Massenschutzimpfungen, ab 1967 Herztransplantationen. Wer heute die Lebensweisen von Frühmenschen als »im Einklang mit der Natur« preist, vergisst gerne, dass dieser »Einklang« oft mit frühzeitigem Tod verbunden war.

Aber: Medizin folgt immer auch den (Glaubens-)Vorstellungen ihrer Zeit. Mittelalterliche Ärzte sahen Seuchen als Strafe für Sünden an und wollten nicht in »Gottes Willen« eingreifen. Die Mediziner Johann Peter Frank (1745–1821) und Rudolf Virchow (1821–1902) waren Vordenker eines »Sozialkörpers«, der mit Hygiene zu schützen sei; sie wären sicher entsetzt gewesen, wenn sie erlebt hätten, wie die Nationalsozialisten das zu einem »Volkskörper« umdichteten, der von »jüdischen Parasiten und Blutsaugern gereinigt« werden müsse.

Heutzutage folgt das Gesundheitswesen zwei problematischen Erzählungen, die im Grunde längst widerlegt sind: erstens, dass der Körper wie ein mechanischer Apparat funktioniere und entsprechend zu reparieren sei. Und zweitens, dass ein privatisiertes und kapitalorientiertes Gesundheitssystem mit vielen Wettbewerbern besser sei als ein öffentliches und gemeinwohlorientiertes. Das rächte sich bei der Coronakrise: Die am weitesten privatisierten Gesundheitswesen, etwa das in den USA, war am wenigsten gerüstet.

Körper, Geist und Seele

Die Trennung von Körper, Geist und Seele haben wir, wie bereits angedeutet, René Descartes zu »verdanken«. Der Philosoph kam zu dem Schluss, dass der Körper rein mechanisch funktioniere und der Geist unabhängig davon existiere. Diesen Grundfehler im westlichen Denken konnte auch der Wiener Nervenarzt Sigmund Freud nicht beseitigen. Zwar entdeckte der »Vater der Psychoanalyse« Anfang des 20. Jahrhunderts, dass sich in der Hysterie und anderen Leiden psychische Konflikte mit körperlichen Symptomen ausdrückten, Geist und Körper also doch stark verbunden sind. Doch auch Freud verfiel ab und zu dem mechanischen Denken von Descartes, als er die Psyche als Apparat bezeichnete. Und Psychotherapie und Schulmedizin stehen sich bis heute fremd bis feindlich gegenüber.

»Die Medizin ist streng getrennt in eine Medizin für Körper ohne Seelen und eine Medizin für Seelen ohne Körper«, kritisierte Thure von Uexküll (1908–2004), Nestor der »Psychosomatik« und Begründer der »Integrierten Medizin«. Uexküll lehrte, dass der Mensch eine biopsychosoziale Einheit sei und in steter Beziehung zu seiner Mitwelt stehe. Jede seiner Zellen sei verbunden mit anderen Zellen. Er brauche Natur, die ihm Sauerstoff und Nahrung liefert, und ein Gegenüber, das ihm zuhört. Krankheit sei der Ausdruck einer »Passungsstörung«. Ein kranker Magen sei wie eine kranke Person, die besserer Ernährung und freundlicher Zuwendung bedürfe. Doch im stressigen Klinikalltag geschieht oft genau das Gegenteil: Menschen werden auf ihre Organe reduziert oder gar darauf, was sie an Geld einbringen.

Gegen psychosomatische Leiden wie Herz- und Rückenschmerzen, die heute Massenphänomene geworden sind, ist die Schulmedizin bisher machtlos. Der Volksmund weiß schon lange, das einem bei Schicksalsschlägen »das Herz schwer wird« und Liebeskummer »das Herz bricht«, dass zu viel Verantwortung »auf den Schultern lastet«, dass man vor Vorgesetzten »buckelt« oder »den Kopf hängen lässt«, dass etwas »unter die Haut« oder »an die Nieren geht«. Verändert sich die Psyche, verändert sich auch der Körper in jeder einzelnen Zelle, denn er reagiert biochemisch auf negative Gefühle. Die Anzahl der Menschen, bei denen keine organische Ursache für Erkrankungen festgestellt werden kann, wird auf 20 bis 40 Prozent geschätzt. Manchmal suchen diverse Fachärzte jahrelang und finden – nichts. Bei psychisch bedingten Schmerzen dauert es laut einer Studie im Schnitt sieben bis acht Jahre, bis die Ursache erkannt wird.[239]

Etwa jede dritte Person in Deutschland erlebt im Laufe ihres Lebens eine psychische Störung, vor allem Angst- und Stresserkrankungen sowie Depressionen. Viele Beschäftigte arbeiten heute tief in den Feierabend hinein, denn im gleichen Zeitvolumen müssen sie ein Vielfaches von früher erledigen. Im Zuge der Digitalisierung verwischt die Grenze zwischen Arbeit und Freizeit: In einer repräsentativen Umfrage gaben 2018 fast zwei Drittel der befragten Beschäftigten an, sich auch in der Freizeit mit ihrem Beruf zu beschäftigen, etwa indem sie dienstliche Mails bearbeiten.[240] Parallel zum Burn-out des Planeten, zur Erschöpfung seiner Ressourcen, brennen auch die Menschen aus. Zeit wird wie Altpapier zusammengeknautscht und zu einem Brennbrikett verpresst. Burn, burn, Burn-out. Der Mensch als Krone der Erschöpfung.

Umgekehrt ist es allerdings auch nicht hilfreich, jedes Leiden auf psychische Ursachen zurückzuführen. Wer glaubt, die eigene Krankheit – etwa Krebs oder Allergien – sei ausschließlich seelisch bedingt, übersieht viele andere mögliche Ursachen, zum Beispiel Gifte in der Atemluft. Obwohl dafür andere verantwortlich sind, geben sich Betroffene dann selbst die Schuld an der Erkrankung – und geraten damit womöglich noch tiefer in einen schwarzen Strudel. Für die These von der typischen »Krebspersönlichkeit« etwa haben sich bisher keinerlei Beweise gefunden, und Allergien sind auch eine Folge übertriebener Hygiene und mangelnder Herausforderung des »unterbeschäftigten« Immunsystems.

Heilkunst besteht aus Verbindung

Zwischen Ärztin und Patient spielt eine vertrauensvolle Verbindung die wahrscheinlich wichtigste Rolle im Heilungsprozess. »Eine der stärksten Drogen für den Menschen ist der andere Mensch. Was der Arzt dem Patienten sagt, kann eine Wirkung selbst dann entfalten, wenn kein Medikament gegeben wurde«, schreibt der Hirnforscher und Psychotherapeut Joachim Bauer. »Da unser Gehirn Kommunikation in Biologie verwandelt, können Worte – dies lässt sich wissenschaftlich einwandfrei nachweisen – auf die gleichen biologischen Rezeptoren einwirken wie Medikamente.«[241] Thure von Uexküll würde ergänzen: Wir können nur über Deutungen und Bedeutungen miteinander kommunizieren. Der Mensch ist keine Maschine, die auf einen Reiz mit einer Reaktion antwortet, auf eine Ursache mit einer Folge, auf eine Tablette mit Gesundung.

Auch der Chirurg Bernd Hontschik hält deshalb die mechanische Vorstellung der Schulmedizin von Ursache und Wirkung für überholt: Lebewesen seien Einheiten aus Körper und Seele, sodass Bedeutungen und symbolische Zuschreibungen sich in die Körper einschreiben.[242] Wörter können heilen oder krank machen. Die US-Philosophin Susan Sontag weist darauf hin, dass Gesellschaften Krankheiten metaphorisch aufladen und die Leidenden damit oft stigmatisieren und manchmal auch erhöhen.[243] Früher sah man Syphilis- und Aidskranke als besonders verdorben an. Dagegen gilt heute Burn-out in manchen Kreisen fast schon als Auszeichnung, als Merkmal harter Arbeit, während nach wie vor niemand seinen Dauerdurchfall oder Darmkrebs publik machen möchte.

Auch in der Behandlung von Kranken sind Worte bedeutsam. Wenn jemand bei der Narkosevorbereitung gesagt bekommt: »Ich mache Sie jetzt fertig« oder vor Beginn einer Computer-Tomografie: »Wir schneiden Sie jetzt in Stücke«, dann klingt das vielleicht lustig, aber laut dem Arzt Sascha Gröbe nicht für hilflose und verängstigte Kranke.[244] Wörter können im Extremfall sogar töten. In einem ethisch verwerflichen Experiment in den 1930ern wurde einem zum Tode Verurteilten vor der Hinrichtung gesagt, dass es angenehmer sei zu verbluten. Ein Arzt verband ihm die Augen, ritzte ihm geringfügig die Haut an Händen und Füßen und ließ dann Wasser in bereitgestellte Schüsseln tropfen. Der wohlgemerkt junge und gesunde Gefangene dachte, er würde verbluten. Er starb, ohne einen Tropfen Blut verloren zu haben.[245]

Umgekehrt gilt: Patientinnen, die vom Arzt hören: »Sie haben allen Grund zur Zuversicht, dass Sie bald wieder ganz gesund sind«, schweben schon fast geheilt aus der Praxis. »Wie viel Heilpotenzial wird verschenkt, weil Pflegekräfte und Ärzte sich keine Zeit nehmen – oder sich die Zeit aufgrund von den ihnen zugemuteten Arbeitsbedingungen gar nicht nehmen können?«, fragt Mediziner Joachim Bauer.[246]

Nach seiner Überzeugung besitzt jeder Mensch einen »inneren Arzt«. Der sitzt im präfrontalen Cortex hinter der Stirn und ist zuständig für Selbststeuerung und Selbstheilung. Jede gute Ärztin solle im Gespräch mit Kranken Kontakt zu diesem »inneren Heiler« herzustellen versuchen, rät er. Bei Schwerkranken sei dieser innere Arzt oft verzagt, mutlos und geschwächt. Hektische Ungeduld, fehlender Blickkontakt des Mediziners oder das Starren auf den Praxiscomputer verschlimmerten die Sache. Stattdessen seien Zuhören und heilende Worte angesagt. Denn: »Behandelnde Ärzte sind für Patienten meistens sehr bedeutsame Personen, ihre Ansagen haben daher große Kraft.«[247]

Die Zuversicht der Kranken und damit ihre innere Heilkraft zu stärken sei enorm wichtig, zumal vor allem Krebs und Herzleiden bei objektiv gleich schweren Befunden höchst unterschiedliche Verläufe nehmen könnten: »Ich habe Patienten mit schweren Beeinträchtigungen des Herzens rasch sterben, aber auch jahrelang weiterleben sehen. Viele Patienten mit Tumoren, die nach Lehrbuch ein Weiterleben von maximal zwei Jahren zu erwarten hatten, haben viele Jahre ein lebenswertes Leben geführt. Viele Tumore können vom Körper jahrelang in Schach gehalten, in Einzelfällen sogar beseitigt werden.«[248]

»Ware Gesundheit« oder wahre Gesundheit

Kein Wirtschaftszweig beschäftigt heutzutage in Deutschland mehr Menschen als das Gesundheitswesen; in Österreich, der Schweiz und anderen westlichen Ländern ist es ähnlich. Laut Bundesministerium für Gesundheit sind über 12 Prozent aller Erwerbstätigen im

Gesundheitswesen tätig, rund 5,6 Millionen Menschen. Zählt man Wellness und Gesundheits-Tourismus hinzu, sind es sogar rund 16 Prozent aller Beschäftigten, etwa 7,6 Millionen, davon mehr als drei Viertel weiblich.[249] Damit ist die Gesundheitswirtschaft – gemessen an der Zahl der Beschäftigten – wichtiger als die Tourismusbranche, das Transportwesen, die Digitalwirtschaft, der Maschinenbau, die Elektro-, Auto-, Finanz-, Energie- und Lebensmittelindustrie.[250] Die schiere Größe des medizinischen Systems bedeutet aber noch lange nicht, dass es seine eigentliche Aufgabe gut erfüllt: die Heilung von Menschen.

Ganz im Gegenteil: Ein nicht mehr auf wahre Gesundheit, sondern auf die Ware Gesundheit ausgerichtetes System macht krank. Das hat Ivan Illich schon 1981 in seinem Buch »Die Nemesis der Medizin« beobachtet. Seine Thesen, hier notgedrungen verkürzt: Die Medizin habe Menschen ihre Autonomie und Lebenskraft genommen, indem sie sich das Definitionsmonopol über »gesund« und »krank« aneignete, um daraus Geld zu machen. Vernormung, Bürokratisierung und Technisierung hätten die Heilkunst im Sinne einer Beziehungskunst zwischen Ärztin und Patient veröden lassen. Übermedikalisierung fördere Krankheiten und Süchte. Überregulierung mache aus Menschen passiv Konsumierende, die nicht mehr wüssten, wie sie sich selbst heilen können. Der wortgewaltige Universalgelehrte Illich, in allen Kontinenten und elf Sprachen zu Hause, ließ seinen eigenen Gesichtstumor nicht behandeln; er starb letztlich daran. Nein, diese Formulierung würde er nicht akzeptieren: Er wählte lieber einen selbstbestimmten Tod als die Abhängigkeit von einer Gesundheitsmaschinerie, der er zutiefst misstraute.

Würde Illich heute noch leben, würde er konstatieren, es sei alles noch viel schlechter geworden. Vor allem in den USA: Das fast durchweg privatisierte und deshalb teuerste Gesundheitssystem der Welt sticht durch Ineffizienz und extreme soziale Härten hervor; die Säuglingssterblichkeit liegt dort ungefähr auf demselben Niveau wie in Malaysia.[251]

Die neoliberale Mode der 1990er führte aber auch in Deutschland dazu, dass heute etwa die Hälfte der Krankenhäuser privatisiert sind.[252] Vor 1985 war es gesetzlich sogar *verboten*, in Kliniken Gewinne zu machen. Dieses Verbot wurde sukzessive gelockert und mit der Einführung standardisierter *Diagnosis Related Groups* (DRGs, diagnosebezogene Fallgruppen) gänzlich aufgehoben. Diese fungieren wie Festpreise für bestimmte Krankheiten. Sie schreiben vor, dass Arztpraxen und Kliniken gegenüber den Krankenkassen nach diesen Fallgruppen und nicht nach der tatsächlich aufgewendeten Zeit für ihre Heilkunst abrechnen. Chirurg Hontschik beschreibt die Folgen so: »Die Liegezeit von Kranken wird nun mit allen Mitteln reduziert, die Fallzahlen werden mit allen Mitteln erhöht, und die Diagnosen werden so stark wie möglich dramatisiert, um in eine höhere Bezahlgruppe der DRG zu gelangen.« Wenn eine Klinik die von der Geschäftsleitung vorgegebenen Zahlen nicht erreiche, drohe Unterfinanzierung, Verkauf oder Schließung. So würden Ärzte und Pflegepersonal »zu einem ökonomischen Denken in Gewinn- und Verlustkategorien gezwungen und verlieren dabei notgedrungen den eigentlichen ärztlichen und pflegerischen Auftrag immer mehr aus dem Auge.«[253]

Wie das im Alltag aussieht, erhellt folgende Szene, die uns eine Vertrauensperson erzählte: »Der Chefarzt sagte zum Stationsarzt: Die Verwaltung hat angerufen, Sie müssen Herrn X entlassen, für den bekommen wir kein Geld mehr. Der Stationsarzt entgegnete: Dem geht es aber noch ziemlich schlecht. Der Chefarzt daraufhin: Egal, der muss raus oder ins Heim verlegen oder notfalls entlassen und morgen mit einer neuen Diagnose wieder aufnehmen.« Und ein Berliner Pfleger berichtet: »Unser Arbeitspensum ist in den letzten Jahren immer mehr gestiegen. Stationen wurden zusammengelegt und immer stärker belegt. Und weil nicht mehr wie früher pro Bett, sondern pro Fall abgerechnet wird, werden die Menschen so schnell wie möglich wieder entlassen … Wenn man nicht weiß, wie man seine Arbeit schaffen soll, schaut man, welche Aufgaben man weglassen kann. Früher haben wir jeden Tag die Betten gemacht, das gibt es schon lange nicht mehr. Die Patienten werden auch seltener gewaschen als früher. An den Zeiten für die Desinfektion der Hände wird gespart.«[254]

Ärzte werden gezwungen, nach Fallpauschalen abzurechnen, wie sie von Frederick Taylor hätten stammen können, dem Erfinder der standardisierten Arbeitsprozesse und der industriellen Fließbandproduktion. Klinikärztinnen verbringen wohl fast die Hälfte ihrer Arbeitszeit mit bürokratischer Dokumentation, obwohl sie damit ihre Zuwendung zu Kranken geradezu kriminell reduzieren müssen.[255] Hätten Letztere ein Wort mitzureden, dann würden sie sicherlich diejenigen Mediziner am besten bezahlen, die sich viel Zeit für sie nehmen. Die Kunst des Zuhörens aber wird von den Krankenkassen nicht honoriert. Ärzte kämpfen im Alltag der Praxen und Kliniken ständig mit der Zeit. Im Schnitt unterbrechen sie ihre »Kundschaft« beim Gespräch schon nach 15 Sekunden.[256]

Auch die solidarische Krankenversicherung, einstmals von Reichskanzler Bismarck eingeführt, wurde systematisch durchlöchert. Kassenversicherte müssen immer mehr Leistungen ganz oder teilweise selbst bezahlen: von A wie Akupunktur bis Z wie Zeckenbiss-Prophylaxe, auch Präventionsprogramme, die den Krankenkassen viele Folgekosten sparen, oder mikroinvasive Operationen und Traumatherapien. »Wozu sind wir überhaupt noch versichert?« fragen sich viele.

Bernd Hontschik hält diese ganze Entwicklung für keinen Zufall: Die Vorstellung vom »Menschen als Maschine« sei unverzichtbar für das heutige industrialisierte Gesundheitssystem mit seiner Abrechnung nach Fallgruppen. Die heilende Arzt-Patient-Beziehung habe in diesem System keinen Platz: »Das Gesundheitswesen wird zur Zeit in rasantem Tempo zu einer großen Profitmaschine transformiert.«[257]

Zum Glück wurde das in Coronazeiten weitgehend außer Kraft gesetzt: Leere Intensivbetten, die den Klinikchefs weit weniger einbringen als etwa orthopädische Operationen, wurden bereitgestellt. Das System der Fallpauschalen sei gescheitert, kritisierten Gerald

Gaß von der Deutschen Krankenhausgesellschaft und Medizinethiker Giovanni Maio. Das bisherige System habe zu einem »Regime der Knappheit« geführt, so Maio, gespart worden sei an Personal, Patientenkontakt und vermeintlich unwirtschaftlichen Behandlungen. Das habe zu »künstlichem Stress« und zu einer Medizin geführt, die fachfremde Erwägungen der Wirtschaftlichkeit berücksichtigen müsse.[258] Wo Kliniken und Altenheime am konsequentesten privatisiert wurden, verursachte das Virus am meisten Tote. Und die Pharmaindustrie hat sich bislang kaum für Viren und Bakterien interessiert: Für die Forschung zu Profit versprechenden Pillen gegen Fettleibigkeit gab sie weit mehr Geld aus als für Medikamente gegen Infektions- und Virenkrankheiten, die weltweit an der Spitze der Todesursachen stehen.[259]

All das begrenzt die Heilkunst. Es ist ein Alarmzeichen, dass wir im Schnitt zwar älter werden, aber die Anzahl unserer »gesunden Lebensjahre« inzwischen sogar sinkt, wir also am Ende bloß länger in krankem Zustand leben.[260] Die Patientenschaft von heute ist überdiagnostiziert und untertherapiert. Allgegenwärtige Apparate messen alle möglichen Körperwerte, Diagnosen werden immer genauer, aber Therapien damit keineswegs besser. »Das Messbare, etwa ein Laborwert, ist nicht ein Wert an sich«, warnt der Medizinjournalist Werner Bartens. Er müsse »übereinstimmen mit dem Erleben des Einzelnen. Manche Menschen werden mit stark erhöhten Cholesterinwerten neunzig Jahre alt, weil sie zufrieden, gelassen und ausgeglichen sind und ihr Körper genügend Schutzfunktionen entwickelt hat, sodass die vermehrten Blutfette ihnen nicht schaden. Andere Menschen mit normalen Blutwerten sterben im Alter von vierzig Jahren am Infarkt, ohne dass dies eindeutig auf eine körperliche Ursache zurückgeführt werden kann.«[261] Da hilft es auch nicht, dass manche Menschen im Wahn der neoliberalen Selbstoptimierung nur noch mit Gesundheits-App joggen gehen und bei jedem Schritt Blutdruck und Herzfrequenz kontrollieren.

WEIBLICHES UND MÄNNLICHES MASS

Kann man in der Medizin überhaupt von einem menschlichen Maß reden? In den 1980er-Jahren entdeckte die US-Kardiologin Marianne Legato, die Begründerin der »Gendermedizin«, dass die Symptome für Herzinfarkt bei Frauen anders ausfallen als bei Männern, dass es also in der Heilkunst ein »weibliches« und »männliches« Maß gebe. Und vielleicht weitere für Inter- und Transsexuelle oder auch für Babys und Kinder.

Das hatte die – vorwiegend männliche – Forschungsgemeinschaft bisher übersehen. Der Körper des Mannes galt als Norm des Menschen. Medikamente wurden fast nur an jungen Männern erprobt, weil Messwerte von Frauen aufgrund des weiblichen Hormonzyklus als unzuverlässig betrachtet wurden. Anfang der 1990er erschienen dann Studien, wonach Medikamente bei Frauen anders wirken als bei Männern – etwa Aspirin oder das Schlafmittel Zolpidem. Dies vielleicht auch, weil Tabletten für den Weg durch den weiblichen Körper doppelt so lange brauchen wie durch den männlichen. Zudem erkranken Frauen tendenziell anders als Männer.[262]

Und sie werden auch anders behandelt: Würden Männer Kinder kriegen, dann würde dem existenziellen Vorgang einer Geburt wohl sehr viel mehr Raum, Zeit, Geld und vor allem Wertschätzung entgegengebracht. Freiberufliche Hebammen etwa leisten in ihren anstrengenden Schichtdiensten unschätzbare Arbeit, werden aber, verglichen damit, extrem schlecht behandelt und bezahlt. Seit 2014 müssen sie hohe Summen für eine Berufshaftpflicht aufbringen, zudem wurden Hausgeburten durch bürokratische Vorgaben eingeschränkt. Viele gaben deshalb ihren Beruf auf – sehr zum Schaden von Schwangeren. Dass der Bundestag nun den Beruf per Gesetz aufwerten will, kommt wohl zu spät.

Der Zusammenhang zwischen
Gesundheit und Glück

Was macht uns gesund und glücklich? Laut internationaler Glücksforschung sind das weitgehend dieselben Faktoren. Am allerwichtigsten ist Bindung: Liebe, Freundschaften, Beziehungen zu Nachbarn, Eingebundensein in Gemeinschaften, Freundschaft mit nichtmenschlichen Lebewesen und Naturerlebnisse.[263] Das vermittelt uns Sicherheit, Geborgenheit und Seelenfrieden. Laut Studien in Westeuropa und den USA verlängern Freundschaften auch die Lebensdauer – und die Lebensqualität sowieso.[264]

Positive Gefühle wie Zufriedenheit, Dankbarkeit und Fröhlichkeit schützen nachweisbar unsere Gesundheit und fördern Heilung. Der neue Zweig der Psychoneuro-Immunologie hat herausgefunden: Menschen mit guten sozialen Kontakten und vielen Freunden haben einen besseren Herzrhythmus und ein geringeres Infarktrisiko, ihr Immunsystem wehrt Entzündungen besser ab. Freundschaften wirken also »entzündungshemmend«. Brustkrebs-Patientinnen in Selbsthilfegruppen und mit guter psychosozialer Versorgung gesunden schneller, Leute in Studentenheimen, die sich mögen, stecken sich weniger gegenseitig an.[265]

Bindung schützt, Bindungslosigkeit hingegen schadet: Sie fördert Unglück, Einsamkeit, Depressionen und daraus resultierende Krankheiten. Hier wirkt die knallbunte Welt der Billigwaren womöglich auf die Beziehungswelt zurück: Wer ständig neue Smartphones kauft und Klamotten nach dem dritten Tragen wegwirft, wer glaubt, alles sei schnell ersetzbar, läuft Gefahr, so auch mit Menschen umzugehen. Auf dem Liebesmarkt der digitalen Apps warten ja scheinbar unendlich viel neue Partner, die man anklicken, wegwischen und ablegen kann. Wird die Fähigkeit zur Bindung nicht ständig trainiert, geht diese wichtigste aller gesellschaftsbildenden Kräfte verloren. Mögliche Folgen: Angst, Wut und Hass »freier Radikaler«, also Menschen, die sich wie die gleichnamigen Moleküle mit nichts mehr verbunden fühlen.

Auffälligerweise tummeln sich diese »freien Radikalen« vor allem in Staaten mit hoher Ungleichheit. In solchen Ländern, so eine Studie von Kate Pickett und Richard Wilkinson, sind Menschen im Schnitt unglücklicher, depressiver, misstrauischer, einsamer, gehetzter, ausgebrannter und kränker als in vergleichsweise egalitären Gesellschaften. Ungleichheit durchdringt Gesellschaften wie Schadstoff. Und sorgt dafür, dass Arme bis zu zwölf Jahre früher sterben als Reiche.[266]

Ungleiche und ungerechte Zustände machen *alle* Menschen unglücklich, auch die Reichen – wenn auch in geringerem Maße. Wer oben steht, den ergreift oft Statuspanik: Er muss ständig Angst haben abzusteigen, Geld und Ansehen zu verlieren, Opfer von Neidern und Kriminellen zu werden. Das Mienenspiel des meist schlecht gelaunten US-Präsidenten Donald Trump spricht hier Bände. Superreiche in ungleichen Ländern sind kaum weniger gestresst und unglücklich als der Durchschnitt, auch weil sie keine Zeit haben für das Wichtigste im Leben: Liebe, Familie, Freundschaft. In solchen Ländern herrscht extrem viel Misstrauen, und das wiederum befördert Gewalt und Kriminalität und setzt Stresshormone bei Über- wie Unterprivilegierten frei.

Umgekehrt gilt: In vergleichsweise egalitären Ländern sind Menschen eindeutig glücklicher. Je weniger Statusunterschiede, desto besser. Das erklärt auch, warum skandinavische Gesellschaften in fast allen Glücksrankings regelmäßig oben stehen: Bei ihnen herrscht vergleichsweise hohe Gleichheit zwischen Frauen und Männern, zwischen Arm und Reich. Das bekämpft Neid und fördert Vertrauen. Letzteres produziert Glückshormone, und die wiederum stützen Gesundheit und körperliches Wohlergehen. Die Bundesrepublik schneidet beim UN-Glücksranking nur mittelmäßig ab – gemessen am Reichtum des Landes, könnten ihre Einwohner zufriedener sein.

In Deutschland selbst steht jenes Bundesland regelmäßig an der Spitze, das dem skandinavischen Dänemark am nächsten liegt:

Schleswig-Holstein. Laut Glücksatlas von 2019 sind die dort Lebenden am zufriedensten mit Arbeit, Einkommen, Familienstand und Gesundheit, gefolgt von Hessen und Hamburg. Am unteren Ende der Tabelle befinden sich Sachsen-Anhalt, Mecklenburg-Vorpommern und Brandenburg.[267] Warum sind die Menschen im hohen Norden zufriedener? Dort gibt es doch keine Großindustrie, kaum Großstädte, keine großen Einkommensunterschiede? Wohl genau deshalb.

Pflege: ein Vergleich zwischen Deutschland und Skandinavien

In Deutschland wird ins Pflegeheim gebracht, wer keine betreuenden Angehörigen hat. Doch für Alte und Demente ist das wie Gift, weil sie damit Selbstbestimmung und Selbstvertrauen verlieren. Dass die Pflegekasse umso mehr bezahlt, je unselbstständiger und pflegebedürftiger ein Mensch ist, hält der gemeinnützige Verein »Pflegeethik Initiative« für einen völlig falschen Anreiz: »In keinem anderen Land endet die Lebenslaufbahn so häufig im Heim und dies zumeist im Zustand vollständiger Abhängigkeit und Fremdbestimmung.« Und weiter: »Deutschland ist auf dem traurigen Weg, Nation mit der höchsten Demenzrate zu werden.«[268]

Seit den 1990ern haben finanzindustrielle »Heuschrecken« immer mehr Krankenhäuser, Reha-Kliniken, Alten- und Pflegeheime und sogar Arzt- und Zahnarztpraxen aufgekauft. Sie heißen ECM Equity Capital, Waterland Private Equity, Korian, StarCapital, Nordic Capital oder Carlyle, ein US-Rüstungs- und Finanzkonzern.[269] Der Geschäftszweck solcher Fonds besteht darin, ein Unternehmen über standardisierte Abläufe, Lohndrückerei und andere Maßnahmen auf hohe Profite zu trimmen und dann möglichst schnell wieder abzustoßen. Die Risiken sind minimal: Kann ein Heimbewohner nicht zahlen, springen Sozialhilfe und Steuerzahler ein. Und die Aussichten auf verlässliche Profite sind aufgrund des demografischen Wandels glänzend.

Die Kosten für Pflegeplätze steigen dadurch immens, während die Bausubstanz der Heime verfällt, Pflegekräfte schlecht entlohnt und Alte schlecht betreut werden. 10 bis 20 Prozent der Betroffenen bekamen laut Qualitätsberichten zu wenig zu essen und zu trinken, bei rund 25 Prozent wurden Wunden nicht ausreichend versorgt.[270] Die Pflegekräfte trifft meist keine Schuld – sie sind chronisch überlastet. »Mein Beruf könnte so schön sein«, berichtet eine Pflegerin. Doch der Zeitdruck sei »unmenschlich«. Sie habe Sterbende allein lassen müssen, weil »die anderen Bewohner auch versorgt werden mussten«.[271] Die Folgen beschreibt Pflegeexpertin Cornelia Heintze so: »Um den höchst belastenden, auf Dauer krank machenden Arbeitsbedingungen zu entgehen, greifen Pflegende im Wesentlichen zu drei Ausweichreaktionen: Sie arbeiten Teilzeit, geben den Beruf auf oder wandern in Länder ab, die bessere Arbeits- und Entlohnungsbedingungen bieten.« Mit der Schaffung der Pflegeversicherung wurde eine öffentliche Aufgabe an den Markt delegiert, damit seien Kranke und Alte »Mittel zum Zweck der Generierung von Erlösen und Gewinnen« geworden.[272]

Was wäre die Alternative? Skandinavien macht es vor: Dort betreiben Gemeinden die steuerfinanzierten Krankenhäuser und Altenheime selbst, die Pflegekräfte genießen eine akademische Ausbildung, Ansehen und eine gute Bezahlung. Die Kommunen unterstützen Ältere so lange wie möglich dabei, selbstbestimmt zu leben; sie entscheiden vor Ort, wer welche Hilfe erhält, organisieren Tagesbetreuung, Begegnungsstätten, Fahrdienste und Lohnausgleich für pflegende Angehörige. Wer in Dänemark über 75 Jahre alt ist, dem bietet die Kommune automatisch zweimal im Jahr einen Hausbesuch an.[273] Expertin Heintze hebt auch den Betreuungsschlüssel hervor: In Dänemark und Norwegen kämen 2 Vollzeitpflegekräfte auf ein Bett, in Deutschland müsse 1 Fachkraft im Schnitt 13 Kranke betreuen. »Wollte Deutschland diesen Standard erreichen, müssten mehr als eine halbe Million Pflegekräfte zusätzlich eingestellt werden.«[274]

»Heilung ist Beziehungskunst«

Herr Huber, Sie waren Präsident der Berliner Ärztekammer und sind heute Vorstandsmitglied des Paritätischen Wohlfahrtverbandes Berlin und des Berufsverbandes der Präventologen. Wie würden Sie Gesundheit definieren?

Ellis Huber: Meine kürzeste Definition stammt vom französischen Chirurgen René Leriche: Gesundheit ist das Schweigen der Organe. Etwas länger: Gesundheit ist meine Fähigkeit, mit den inneren und äußeren Widrigkeiten des Lebens konstruktiv und kreativ umzugehen und dabei die Unterstützung von Gemeinschaft zu haben sowie das Empfinden, dass mein Leben Sinn und Bedeutung hat. Oder noch etwas anders: Ich bin den Herausforderungen des Lebens gewachsen, kann sie meistern und bin dabei nicht allein. Schon Thomas von Aquin wusste: Gesundheit ist weniger ein Zustand und mehr eine Haltung. Sie gedeiht in der Freude am Leben. Wenn ich als Arzt *mit* den Betroffenen – und nicht *für* sie – herausfinde, was ihre Lebensfreude trotz Krankheiten und Gebrechen stärkt, ermögliche ich Heilung. Stellvertretend für jemanden handeln – das ist nie sinnvoll, sondern Fürsorge-Stalinismus oder sozialdemokratische Bevormundung.

Die Weltgesundheitsorganisation WHO definierte 1946, Gesundheit sei »ein Zustand des vollständigen körperlichen, geistigen und sozialen Wohlergehens und nicht nur das Fehlen von Krankheit und Gebrechen«.

Dieser niemals erreichbare Zustand verführte den medizinisch-industriellen Komplex dazu zu glauben, er müsse immer mehr liefern. Die beiden Gesundheitswissenschaftler Helmut Milz und Ilona Kickbusch haben deshalb in der Ottawa Charta von 1986 dagegengestellt: Gesundheit wird von Menschen selbst geschaffen. Ich hatte 1980 den ersten Gesundheitstag in Berlin als Gegenveranstaltung zum Ärztetag organisiert, und auf dem zweiten 1981 in Hamburg schrieben wir: »Wir sind keine Ärzte mit neuen oder besseren Rezepten, wir sind anders. Wir sind Ärzte, die sich weigern, stellvertretend für die Menschen zu definieren, was ihre Gesundheit ist.«

Sie sind seit 2007 Vorsitzender des Berufsverbandes der Präventologen. Sehen die das auch so?

Ja. Das sind Fachleute für die gesunden Kräfte. Wir definieren unsere Haltung in vier Dimensionen: Wir sehen uns als professionelle Helfer, die mit anderen Professionen gleichberechtigt und kooperativ Probleme lösen. In einem Paradigmenwechsel schauen wir uns nicht länger Defizite und Schwächen an, sondern freuen uns über Potenziale und Ressourcen von Persönlichkeiten und verstärken diese. Wir handeln nicht für, sondern mit den Menschen. Wir arbeiten in sozialer Verantwortung und machen transparent, wie viel wir verdienen.

Zum Beispiel machen wir unter dem Motto »Schlaue Gemeinden« Kurse mit Bürgermeistern in der Eifel. Wir schauen: Wer unternimmt was im Dorf? Welche Ressourcen und Stärken gibt es? Die Menschen haben eine unendliche Sehnsucht nach Geborgenheit in guten Lebenswelten. Dabei gibt es enorme Unterschiede zwischen den Dörfern. Manche haben ein intaktes Sozialleben, in manchen sind Familien über Generationen zerstritten. Man kann dort anhand der Krankenstatistiken ablesen, was los ist.

Wie definieren Sie Regeneration und Heilung?

Regeneration und Rekreation sind Freiraum zur Beziehungsentwicklung. Vor 250 Jahren gab es neben den Sanatorien auch »Rekreatorien«. Wir brauchen eine Kultur der Erholung und Entspannung. Die Lebensumstände beschleunigen sich immer mehr, und die Spaltungsenergie des Kapitalismus sorgt dafür, dass Menschen immer stärker unter Isolierung, Konkurrenz und psychosozialem Stress leiden. Die häufigsten Krankheiten in Deutschland sind heute Depressionen, Ängste, hoher Blutdruck, Rückenschmerzen. Doch das Gesundheitssystem will nicht anerkennen, dass es Beziehungen sind, die heilen, nicht Ärzte oder Krankenhäuser. Ich habe das mal in die Slogans gefasst »Liebe statt Valium« und »Handeln statt schlucken«.

Zu Zeiten des Medizinpioniers Rudolf Virchow wurde die Medizin aufgespalten in eine reduktionistisch-technische, die das Leben als mechanischen Prozess sieht, und eine kulturbildende, wie sie etwa in der Psychoanalyse zum Ausdruck kommt. Heute sehen wir in der Psychoneuro-Immunologie, dass beides wieder zusammengeht, dass geistige und soziale Kräfte direkte körperliche Auswirkungen haben. Schiller sagt: Es ist der Geist, der den Körper schafft. Und Sepp Herberger: Das Fußballspiel wird im Kopf entschieden.

Was folgt daraus? Wie sähe ein »gesundes«
Gesundheitssystem aus?

Es würde vor allem die Gesundheitskompetenz der Menschen entwickeln, von der Schwangerschaft und Geburt bis zum Tod. Und er würde fragen: Welche Verhältnisse hindern Menschen daran, für die eigene Gesundheit tätig zu werden? Für mich lauten die zentralen Begriffe »Selbstorganisation« und »Selbstwirksamkeit« in einer liebevollen solidarischen Gemeinschaft.

Sie sprachen über Ihre Arbeit mit Bürgermeistern –
das Gesundheitssystem sollte also kommunal und
selbstorganisiert sein?

Genau. Und auch hier gilt: mit den Menschen, nicht für sie. Wir brauchen keine Kliniken, sondern Häuser für Gesundheitsbildung, für Kranke und Gesunde. Das Gesundheitssystem sollte nach dem Vorbild eines lebendigen Organismus gebildet werden. Körperzellen und Körperorgane agieren dezentral und selbstorganisiert, koordiniert vom Gehirn, das ihnen dient, und mit anderen Organen in Gemeinschaft.

Was heißt das heruntergebrochen auf
die heutige Wirklichkeit?

Im Deutschen Reich hat Bismarck die Krankenversicherung einge-führt, um das Volk von der Revolution abzuhalten. Sozial inklusive Systeme sind gesundheitsfördernd und stärken die gemeinsame Produktivität. Das unterscheidet Europa immer noch fundamental von den USA. Im Schnitt zahlt jede Person heute rund 3.000 Euro pro Jahr in die gesetzliche und private Krankenversicherung ein. Das macht bei 80 Millionen Personen in Deutschland 240 Milliar-den. Eine Riesensumme. Leider glaubt die Politik, dass man die Aufwendungen durch einen Riesenapparat ständig kontrollieren muss. Diese misstrauensbasierten Prozesse verschlingen ungefähr die Hälfte der Summe, also etwa 120 Milliarden. Ich schätze, dass nur 10 bis 20 Prozent für Kontrollmaßnahmen genügen würden. Das heißt, ungefähr ein Drittel der Ressourcen werden vergeudet und könnten in bessere Bedingungen investiert werden.

Was würden Sie tun, wenn Sie
Gesundheitsminister wären?

Ich würde diese Gelder nach dem Subsidiaritäts-Prinzip durch Kommunen und Bezirke selbst verwalten lassen, denn dann würde es den Menschen dort viel besser gehen. Ein Dorf mit 1.000 Ein-wohnern hätte drei Millionen Euro, eine Stadt mit 100.000 etwa 300 Millionen, die für eine ökosoziale Heilkultur eingesetzt wer-den könnten. Gemeinden mit hoher Erwerbslosenrate sollten mehr bekommen, andere dafür weniger. Die Kommunen hätten aller-dings eine Berichtspflicht über die Ergebnisse. Das heißt, gewisse Kontroll- und Managementkosten entstünden schon. Das soziale System braucht ein Qualitätsmanagement, das der Goldenen Regel humaner Gemeinschaft folgt: Ich behandele dich so, wie ich selbst behandelt werden möchte. Wenn Sie als Patientin den Eindruck haben, das geschieht nicht, dann sollten Sie eine Instanz anrufen können. Das wäre kein Kontrollorgan im alten Sinne, sondern eine dem Ganzen dienende Instanz, die via Supervision, Mediation und

Weiterbildung für gute Ärzte sorgt und die schlechteren entweder qualifiziert oder manchmal aus dem System nimmt. Die drei Elemente Selbstorganisation, Geldtransparenz und Ergebnisbewertung sind inzwischen in vielen Unternehmen üblich – warum dann nicht im Gesundheitssystem?

Und was ist mit den Krankenkassen?
Ich würde eine einheitliche Bürgerversicherung für alle einführen, ungefähr so wie in der Schweiz, ohne Privilegien für Beamte und Bessergestellte. Alle hätten die Wahlfreiheit, die Kasse zu wählen, die ihnen am besten gefällt. Ingenieursgläubige brauchen andere Kassen als Kräutergläubige. Leben ist Vielfalt. Wenn alles transparent offengelegt wird, besteht kein Grund zum Misstrauen. Auch die Arztgehälter könnten transparent sein. Ein tayloristisches Honorarsystem wie das jetzige, das Einzelleistungen bezahlt, ist nicht nur dysfunktional für die Patienten, sondern auch für die Ärzte, letztlich ist es ein soziales Verbrechen. Der Zimmermann bekommt ja auch kein Geld für einen einzelnen Hammerschlag.

Und was sollte stattdessen honoriert werden?
Die Zeit, die ein Arzt, eine Ärztin dem Patienten widmet. Also die heilende Beziehungskunst. Alle Ärzte würden ein einheitliches Zeithonorar erhalten. Die Aufgabe der Medizin ist Heilkunst, nicht die Reparatur von Krankheiten und ihren Symptomen. Medizinische Apparate würden als preisgünstige Ausstattung bereitgestellt. Ärzte, die durch besondere Heilkünste auffallen, würden zu Lehrern der anderen und etwas mehr Geld bekommen. Die meisten Ärzte agieren ja nicht aus Geldgier, sondern weil sie Menschen helfen wollen. Heute erhalten sie im Schnitt rund 250.000 Euro Honorar im Jahr, wobei ausgerechnet diejenigen, die viele Geräte einsetzen, etwa Radiologen, weit mehr bekommen. Diejenigen, die ihren Patienten viel Zeit widmen und ihnen zuhören, werden dafür bestraft. Meiner Einschätzung nach würden 150.000 bis 200.000 Euro brutto pro Jahr genügend Einkommenssicherheit für Ärzte bieten.

Wie sollte die Pflege organisiert werden?

Zuerst sollte in den Gemeinden alles getan werden, damit Pflege erst gar nicht nötig wird. Dafür gibt es mit der »Nonnenstudie« des US-Epidemiologen David Snowdon ein eindrucksvolles Beispiel. Er hatte 678 Nonnen untersucht, 75 bis 106 Jahre alt, die in denselben Umständen lebten und sich gleich ernährten. Zu seiner Überraschung wiesen Gehirne verstorbener Ordensschwestern schwere Alzheimer-Plaques auf, obwohl diese zu Lebzeiten keinerlei Symptome gezeigt und bis zum Tod geistig anspruchsvolle Aufgaben ausgeführt hatten. Schwester Maria etwa musste Alzheimer gehabt haben, wie ihn die Welt noch nicht gesehen hat, doch ihr war nichts anzumerken. Ihr Lebensstil hatte offenbar dazu geführt, dass die neuroplastische Umbaufähigkeit ihres Gehirns erhalten blieb und Ausfälle kompensieren konnte. Mit anderen Worten: Wenn Demente weiter tätig gefordert werden, also selbst kochen, sich um andere Menschen, Haustiere und Pflanzen kümmern, können sie ihre Symptomatik jahrelang hinauszögern. Wenn sie jedoch in allem entmündigt werden, dann bauen sie schnell ab. Demenz ist die Rache der Alten für ihre gesellschaftliche Ausgrenzung.

Und wenn eine Unterbringung doch nötig wird?

Dann bitte nur in selbstorganisierten dezentralen kommunalen Einrichtungen. Ich würde Pflegewohnungen mit nur fünf bis sechs Plätzen einrichten, etwa die Hälfte der Aufgaben hätten die dort Wohnenden selbst zu erledigen. Wichtig ist, ihre individuellen Ressourcen zu stärken: Ein Schreiner muss weiter seine Hände beschäftigen dürfen. Freiwillige und Nachbarn könnten mithelfen, betreutes Wandern oder begeisternde Gespräche unterstützen.

Es ist ein Skandal, dass heute immer mehr Pflegeheime privatisiert werden, um daraus Profite zu schlagen. Mit der Pflegeversicherung Aktionäre zu finanzieren halte ich für ein politisches Verbrechen. Die niederländische Organisation Buurtzorg zeigt, dass ein menschliches Pflegesystem viel besser funktioniert. Dort kommt auf 700 Beschäftigte 1 Person in der Verwaltung – das ist machbar!

Hierzulande wird gern auf den
»Pflegenotstand« verwiesen.

Der ist hausgemacht. Laut Studien halten es Pflegekräfte im Schnitt nur sieben Jahre in diesem Beruf aus. Wir haben also im Prinzip fünfmal so viel Pflegekompetenz im Land, wie gerade eingesetzt wird. Wir bräuchten keine Pflegerinnen aus Südkorea oder Mexiko! Aber die hiesigen halten die Gängelung, die schlechte Bezahlung, die miesen Arbeitsbedingungen nicht aus. Sie werden von entseelten Apparatschiks in ein entwürdigendes tayloristisches Prinzip gezwungen, wo sie für die Einzelleistungen bezahlt werden. Sie müssten nach Zeit bezahlt werden. So schmeißen sie lieber hin und setzen sich hinter eine Supermarktkasse.

DIE CARE-REVOLUTION
VON BUURTZORG

Ha!, freut sich Rikki Boot. Zusammen mit ihrer Zwillingsschwester hat sie erfolgreich das alljährliche Amsterdamer Rollator-Rennen absolviert. Ein Kilometer pro Stunde, wenn das nichts ist. Nein, es geht hier nicht um Schnelligkeit. Sondern darum, zusammen mit anderen alten Damen und Herren draußen zu sein, ums Vergnügen. »Der Rollator ist ein Geschenk des Himmels«, findet sie. Und das Rollator-Rennen eine Idee kreativer Gemeindeschwestern von Buurtzorg – gesprochen »Bürtsorch«, zu Deutsch »Nachbarschaftshilfe«.

Der selbstgeführte Pflegedienst lässt seine Teams autonom arbeiten, zudem erhalten diese einen für den Care-Sektor fürstlichen Stundensatz. Der Verzicht auf Bürokratie und mittleres Management macht's möglich. Mit rund 14.000 Beschäftigten in 950 Teams und 400 Millionen Jahresumsatz ist Buurtzorg inzwischen landesweit das größte Unternehmen für ambulante Pflege. Das Personal aus anderen Organisationen lief scharenweise über. Viermal hintereinander wurde es zum beliebtesten Arbeitgeber des Landes gewählt.

In seinem Buch »Menschlichkeit über Bürokratie« und in einem TED-Talk berichtet Gründer Jos de Blok, warum er einen Pflegedienst aufbauen wollte, der Betreuende und Betreute in ihrer Autonomie und Selbstbestimmung unterstützt. Der studierte Ökonom war selbst mit Freude als Krankenpfleger tätig. Bis 1993. Dann nämlich beschloss die niederländische Politik, dass Gemeindeschwestern und -pfleger »professioneller« arbeiten sollten. Für jede Krankenbehandlung wurden Zeitnormen aufgestellt: 15 Minuten für ein Bad, 10 für Spritzen, 2½ für das Wechseln von Stützstrümpfen. Die Behandlungen wurden »Produkte« genannt und an spezialisierte Pflegekräfte übertragen, überwacht und kontrolliert von einem wachsenden Heer von Managern. Folge: Demente wurde manchmal pro Monat mit 30 bis 40 verschiedenen Pflegenden konfrontiert und sollten jedes Mal neu erklären, was sie brauchen.

Umgekehrt fanden auch die Pflegekräfte ihre verbürokratisierten Arbeitsbedingungen zum Verzweifeln. »Dieses elektronische System zur Registrierung, das man den ganzen Tag mitschleppen muss, macht einen wahnsinnig«, zitiert Jos de Blok eine Krankenschwester. »An manchen Abenden musste ich 19 Patienten behandeln. Dabei hat man gerade mal Zeit, in die Wohnung zu rennen, einem Menschen zu erklären, eine Spritze zu geben und weiterzufahren. Man kann keine gute Arbeit leisten.« Die neoliberale Reform sollte die Pflegedienste effektiver machen, doch das Ergebnis war genau das Gegenteil: Die Kosten explodierten und verdoppelten sich in nur zehn Jahren, parallel dazu sank die Qualität in den Keller. Ein Schlamassel.

Kranke und Gemeindeschwestern waren extrem unzufrieden. Übrigens nicht nur in den Niederlanden. Auch in Deutschland und weiteren Ländern sorgten »Gesundheitsreformen« für ähnliche Zustände. Jede Handlung von Pflegekräften wurde nach Zeitnormen bürokratisch zerlegt und muss entsprechend abgerechnet werden, als handle es sich um Fließbandarbeit. Der Faktor Mensch geriet dabei unter die Räder dieser Maschinerie.

2007 hatte Jos de Blok endgültig die Nase voll. Zusammen mit vier Gemeindeschwestern gründete er Buurtzorg. Sie wollten einen Pflegedienst aufbauen, der auf Menschlichkeit, Vertrauen und Selbstbestimmung beruhte. »Das erste Jahr war ein Experiment an zehn Orten«, berichtet er. »Pflegekräfte organisierten sich nach diesen Werten, und innerhalb weniger Monate arbeiteten sie kostendeckend. Es gab kein Finanzproblem. Ab 2008 entstanden monatlich 10 bis 20 Teams.« Eines der Geheimnisse: Die sogenannten Overhead-Kosten für Bürokratie und Management sanken von etwa 25 auf 8 Prozent.

Die Organisation wuchs exponenziell, zusammengehalten von einem bloß 50 Köpfe zählenden Hauptquartier in Almelo. Dieses kümmert sich vor allem um Abrechnungen und Datenbankpflege, damit die Beschäftigten – die meisten davon weiblich – Zeit haben für ihre eigentliche Aufgabe: liebevolle Patientenbetreuung. Wenn Jos de Blok etwas entscheiden soll, fragt er über seinen Internetblog seine Leute nach ihrer Meinung und zieht aus ihren Kommentaren seine Schlüsse.

Eine Studie von Ernst&Young kam 2009 zu einem bemerkenswerten Ergebnis: Obwohl oder gerade weil sich die Pflegerinnen Zeit nehmen für Gespräche mit Kranken, für Kaffee im Kreis ihrer Familien oder für die Einbeziehung der Nachbarschaft in die Betreuung, arbeitet Buurtzorg um 40 Prozent effizienter als herkömmliche Dienste. Patienten bleiben halb so lang in der Pflege, genesen schneller, werden früher selbstständig. Notaufnahmen in einer Klinik konnten um ein Drittel vermindert werden. Auch organisationsintern ist der Krankenstand um die Hälfte bis zwei Drittel geringer als in herkömmlichen Diensten – was dem nationalen Gesundheitswesen rund zwei Milliarden Euro Kosten spart. »Vertrauen ist gut, Kontrolle ist besser«, predigte einstmals Lenin. Buurtzorg hält es genau andersherum: Vertrauen ist gut, besser, am besten.

Jedes Buurtzorg-Team von 10 bis 12 Personen ist für etwa 50 Menschen in einer Nachbarschaft zuständig, verteilt Aufgaben untereinander und wählt Neumitglieder eigenständig aus. Es analysiert selbstständig seine Probleme, erstellt Pläne, kümmert sich um Weiterbildung und verteilt Aufgaben. Das interne »buurtzorgweb« dient als Austauschforum und Weiterbildung: Wenn eine Gruppe etwa ein Programm zur Sturzprävention entwickelt, können alle darauf zurückgreifen. Neu gebildeten

Teams wird ein Fortbildungskurs über »lösungsorientierte Interaktion« angeboten. Hier lernen sie intensives Zuhören und achtsame Kommunikation. Vorgesetzte mit großen Gehältern und ebenso großen Egos gibt es nicht, nur Beratende, die auf Anfrage helfen.

Manche meinen, der Erfolg von Buurtzorg beruhe auf speziellen Voraussetzungen in den Niederlanden. Dem ist jedoch nicht so. »Die Lage war dort genauso schlecht wie hierzulande«, berichtet Uta Kirchner, die mit Care4Me einen ähnlichen Dienst in Berlin aufbaut. »Aber Jos de Blok hat immer viel Wert auf Transparenz gelegt, alles sorgfältig dokumentiert und den Krankenkassen vorgelegt. Das überzeugte sie von dem Modell. Buurtzorg darf nun nach Zeitaufwand abrechnen. Aber das dauerte zehn Jahre.« Inzwischen gibt es Nachahmer in 24 Ländern.

Buurtzorg wächst derweil langsamer als zu Beginn, weil es – zum Glück – nicht unendlich viele Kranke gibt. Dennoch hat es weitere Aufgaben übernommen: Kinder- und Jugenddienste, Sterbebegleitung, psychiatrische Hilfe. Und seine Mitarbeitenden kommen immer wieder auf neue Ideen. Etwa eine Radiosendung namens »Stützstrümpfe«. Oder eben die Organisation von Rollator-Rennen durch Amsterdam.[275]

ZUSAMMENFASSUNG

Unser Leben könnte bis zum Ende viel stärker selbstbestimmt verlaufen. Skandinavien und die Niederlande beweisen, dass eine kommunale Gesundheits- und Pflegeversorgung möglich ist – zu höherem Nutzen der Kranken und Alten und niedrigeren Kosten für die ganze Gesellschaft. Wahre Gesundheit erringen wir, wenn Gesundheit nicht länger Ware ist. Und Glück, wenn wir in Nachbarschaften füreinander sorgen und in Gemeinschaften aufgefangen werden.

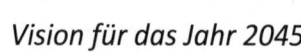

Vision für das Jahr 2045

»Komm, Tuzan, ich stütze dich, damit du nicht stolperst!«, ruft Jane. »Deine Gelenke sind ja nicht mehr die Besten.« Tuzan, schon recht gebeugt, knurrt vor sich hin: »Rostig sind sie, und wie! Hörst du sie quietschen?« Jane schüttelt den Kopf: »Ach was, alles Einbildung. Mit 90 Jahren haben Menschen ein Anrecht auf Arthrose. Völlig üblich so etwas.« Lucy stapft auf einem Waldweg neben den beiden her: »Und was soll ich da sagen mit meinen 55? Es piekst mir auch schon im Knie!«

Wildnis dehnt sich vor ihnen, neben ihnen, über ihnen aus. Bäume neigen ihre Wipfel, als wollten sie sich küssen, umschlungen von Moos, Efeu und wildem Knöterich. Die Sonne tänzelt durch das Laub, lässt Blätter in hellen und dunklen Grüntönen leuchten. Finken und Stieglitze hüpfen durch Äste und plustern bunte Brustfedern zum Singen. »Ach, was für eine Landschaft«, atmet Jane durch. »Jetzt ja«, merkt Lucy an. »Ich war hier schon mal vor 25 Jahren. Endlose Mais- und Rapsfelder bis zum Horizont. Heute kann man sich kaum mehr vorstellen, dass Mecklenburg-Vorpommern vor allem aus Monokultur bestand.«

Nach der Coronakrise erkannte eine Allianz aus Naturschützern und Öko-Unternehmen die Zeichen der Zeit und pflanzte überall »Gesundheitswälder«. Diese trugen in jeder Hinsicht zur Gesundung bei: Im Boden sammelten sich wieder Humus und gesundheitsfördernde Mikroben, die Luft wurde besser, der lungenbelastende Feinstaub gebunden, das Grundwasser reinigte sich wieder selbst, die Artenvielfalt erholte sich, Menschen konnten »waldbaden« – eine in Japan entstandene medizinisch anerkannte

Kur, die nachweislich die Stresshormone Adrenalin und Cortisol, die Herzfrequenz, Blutdruck und Blutzucker senkt.[276]

»Wusstet ihr, dass laut einer Studie schon ein einziger Baum vor dem Haus für mehr Gesundheit und Wohlbefinden sorgt?«, fragt Lucy. »Etwa zwanzig Bäume mehr in einem Wohnviertel machen einen um fast anderthalb Jahre jünger.[277] Meck-Pomm ist auch deshalb zu einer riesigen Kurlandschaft geworden, damit die Menschen draußen gesund bleiben können.«

»Früher wäre das nicht möglich gewesen«, sinniert Jane. »Waldbaden als Familienkur? Hat doch keine Krankenkasse bezahlt. Das ging erst, nachdem die Privatisierung des Gesundheitswesens zurückgenommen wurde und sich endlich niemand mehr an der Krankheit anderer eine goldene Nase verdienen durfte.«

Jane rupft einen Grashalm aus und kaut darauf herum. »Also, ich muss auch sagen, diese neuen Gesundheitsbegleiter in der Kita meiner Kinder – die sind echt gut. Sie machen viele Bewegungsspiele mit den Kleinen, und sie kochen und essen mit ihnen. Meistens Grünzeugs aus dem Kita-eigenen Garten, das die Kinder selbst säen und gießen. Neulich haben sie sogar eine eigene Marke kreiert: Meck Pommsa, gesunde Kartoffelschnitze.«

Tuzan humpelt etwas mühsam neben ihnen her. Er lächelt: »Ich habe die ersten Projekte als Leuchtturm begleitet. ›Geschmacksbildung‹ nennt sich das. Inzwischen lässt sich klar sagen, dass geschmacksgebildete Jugendliche gesünder sind als andere.«

»Ja, wenn ich daran denke, was wir früher alles in Kinder reingestopft haben«, kommentiert Lucy. »Pommes, Cola, Fertigpizza und Süßkram – kein Wunder, dass Fettsucht und Diabetes zu Allerweltskrankheiten wurden. Irreführende Werbung durch Lebensmittelkonzerne ist heute glücklicherweise verboten. Einige wurden dafür sogar verurteilt – dank mutiger Juristinnen.«

Jane spuckt den fertig durchgekauten Grashalm aus. »Heute gibt es ja so viel interdisziplinäre Zusammenarbeit von Wissenschaft, Medizin und Kultur, so viele kommunale Heilakademien. Diese haben ja nicht nur das Waldbaden eingeführt, sondern auch sonst wiederentdeckt, wie Natur heilt. Zum Beispiel werden Kranke schneller gesund, wenn sie aus dem Klinikfenster auf Grün sehen.«

»Hmm«, macht Lucy. »Ich muss also nur ein Töpfchen Petersilie vor mein krankes Knie stellen?«

Kapitel 5

Demokratie:
sinnstiftend – nah – offen

Demokratie ist die Regierung des Volkes
durch das Volk für das Volk.

ABRAHAM LINCOLN

Verantwortung, das Grundelement moralischen
Verhaltens, entsteht aus der Nähe des
Anderen. Nähe bedeutet Verantwortung, und
Verantwortung ist Nähe.

ZYGMUNT BAUMAN

Die Parteiendemokratie ist unübersehbar in der Krise – in Deutschland wie in ganz Europa und vielen anderen Ländern der Welt. Das zeigt sich an der schwindenden Wahlbeteiligung, an sinkenden Mitgliederzahlen der Parteien, am steigenden Hass auf Politiker, am Rechtspopulismus.

Die Ursachen dafür sind vielfältig und komplex. Eine davon lautet: Sprechen Politiker der Bevölkerung die Fähigkeit zur Mit- und Selbstbestimmung ab, schaffen sie Wutbürger. Wir wollen Selbstbe*stimm*ung und Mitbe*stimm*ung, wir wollen ab*stimmen* und übereins*timmen*, wir wollen *Anhörung* und *Ansehen*. Denn wir alle haben ein starkes körperseelisches Bedürfnis danach, unsere

Stimme erheben zu können. Sie ist unser wichtigstes soziales Organ. Wir reden liebend gerne, jeden Tag zusammengerechnet an die vier Stunden – Frauen noch etwas mehr als Männer. Wenn ich nicht mitreden kann und mich ausgeschlossen fühle, wenn Resonanz und Antworten ausbleiben, reagiere ich entweder mit Angst und Depression oder mit Aggression und Hass.

In Wahldemokratien dürfen wir bloß alle vier bis fünf Jahre unsere Stimme abgeben und bezeichnenderweise in eine Urne werfen. Wir können dabei nur »Parteipakete« wählen, als wären sie verschiedene Waschmittel – und so verhalten sich ihre Redner im Wahlkampf auch: »Wir sind die Besten! Keiner wäscht reiner!« Wir können aber meistens weder die Personen auswählen, weil diese vorher durch die Parteigremien festgelegt wurden, noch unsere Meinung zu politischen Grundsatzfragen abgeben. Warum bekommen wir nicht Fragen vorgelegt wie: Sind Sie für die Ausrichtung der Wirtschaft aufs Gemeinwohl? Für Militäreinsätze? Für oder gegen die Förderung von künstlicher Intelligenz? Und das Ganze mit nuancierten Ablehnungsmöglichkeiten auf einer Skala von 1 bis 10.

Demokratie ist ein großartiges Versprechen, das aber zu selten gehalten wird. In der Schule lernen wir ganz andere Dinge über die Demokratie, als wir dann in der Realität erleben. Das aus den antiken griechischen Stadtstaaten stammende Wort leitet sich ab von *demos*, Volk, und *kratein*, regieren oder herrschen. Es bedeutet also Selbstregierung der Bevölkerung. Auf der Athener Agora trafen sich die – ausschließlich männlichen – freien Bürger, besprachen täglich ihre Angelegenheiten und wählten ihren Magistrat und ihre Richter per Losverfahren. Schätzungsweise 50 bis 70 Prozent der »Freien und Gleichen« hatten auf diese Weise irgendwann ein Amt inne. Regierende und Regierte fielen zusammen.

Wahldemokratie mit direkter und konsultativer Demokratie ergänzen

Dass Frauen, Sklaven und Nichtgriechen kein Stimmrecht hatten, also die überwältigende Mehrheit der Bevölkerung, war natürlich nicht vorbildlich. Wohl aber die Kunst der alten Griechen, alle Angelegenheiten selbst und direkt zu regeln. Die repräsentative Demokratie würde sehr an Zuspruch gewinnen, wenn sie durch direkte und konsultative Elemente angereichert würde.

Bürgerräte, wie im antiken Griechenland per Zufallslos zusammengesetzt, sind solch ein konsultatives Element. Sie beraten Ministerinnen und Politiker, indem sie eine Stellungnahme oder ein Bürgergutachten zu einem umstrittenen Thema verfassen. Die Beteiligten werden repräsentativ ausgelost: Falls zunächst vor allem alte weiße Männer oder vorwiegend junge schwarze Frauen ausgewählt werden, wird weiter gelost, bis in Bezug auf Geschlecht, Alter, Herkunft und Bildungsgrad *die Gesamtbevölkerung repräsentiert wird*. Zufällig ausgeloste Bürgerräte haben den riesigen Vorteil, dass sie frei von Partei-Interessen und Lobby-Einflüsterungen als befristet gebildete Gruppen ein Sachthema erörtern können. Die meisten Ausgelosten sind begeistert dabei, weil ihre Stimme endlich gehört wird.

Und mehr noch: Bürgerräte können sogar zur individuellen Heilung und zur gesellschaftlichen Regeneration von Demokratie beitragen. Denn sie öffnen Freiräume, erlauben überraschende Lösungen und lassen diejenigen zu Wort kommen, die sonst nie gehört werden. Geradezu anrührend ist die Geschichte des irischen Lastwagen- und Gabelstaplerfahrers Finnbar O'Brien, der als Kind von einem Homosexuellen missbraucht worden war und deshalb Schwule hasste. Für Politik interessierte er sich nicht. Dann wurde er 2013 per Zufallslos in einen Bürgerrat berufen und sollte über die Homoehe beraten. Dort erlebte er Schwule als zugewandte Menschen, schloss echte Freundschaften mit ihnen und wurde durch diesen Prozess zum Unterstützer der Homoehe. Seine Beteiligung an der politischen Diskussion heilte sein Trauma und seine Lebensangst. Zudem erfüllte es ihn mit Stolz, mitberaten zu dürfen. Am Ende bilanzierte er: Das sei »eine der besten Erfahrungen meines Lebens« gewesen.[278]

Irland ist ein Beispiel dafür, wie gut sich repräsentative, konsultative und direkte Demokratie ergänzen und welches Potenzial sie haben, eine Gesellschaft zu befrieden. Im Auftrag des irischen Parlaments diskutierte dort eine Bürgerversammlung über verschiedene Verfassungsparagrafen. Ihr gehörten 100 Personen an – 66 ausgeloste Laien, einschließlich O'Brien, 33 Politiker, ein Vorsitzender. Sie tagte ein ganzes Jahr lang, immer ein bezahltes Wochenende pro Monat, beriet unter Medienbegleitung ausführlich jedes Pro und Kontra und gab schließlich mit 77 Stimmen eine Pro-Empfehlung für die Homoehe ab. Mitte 2015 ließ die Regierung darüber ein Referendum abhalten. Ergebnis: 62 Prozent stimmten der Verfassungsänderung zu. Und das wohlgemerkt im erzkatholischen Irland. Im ebenfalls katholisch geprägten Frankreich führte die Einführung der Homoehe ohne vorherige Bürgerkonsultationen zu Protestdemonstrationen von Hunderttausenden.

Hätte sich Großbritannien bei der Brexit-Frage an das irische Modell gehalten, hätte es die hasserfüllte Spaltung seiner Gesellschaft vermeiden können. Ein geloster Bürgerrat hätte ein Jahr lang öffentlich und sachlich das Pro und Kontra eines EU-Austritts diskutieren und am Ende ein Bürgergutachten oder einen Gesetzesvorschlag verabschieden können. Das Unterhaus hätte bei Bedarf ein gegenteiliges Gesetz vorlegen können. Darüber hätte die Bevölkerung in einem Referendum abstimmen können. Vorher hätte man vielleicht noch eine Fairnessklausel vereinbart: Wenn keine klare Mehrheit von 55 Prozent und mehr zustande kommt, muss neu verhandelt werden. Wie auch immer die Sache ausgegangen wäre – der britischen Gesellschaft wäre eine der größten Krisen ihrer Geschichte erspart geblieben.

In Deutschland und Österreich gibt es solche konsultativen Elemente auf Kommunal- und Landesebene, aber nicht auf Bundesebene, in der Schweiz gar nicht. Der bundesweite Verein »Mehr Demokratie« möchte das ändern und organisierte im Sommer 2019 einen 157-köpfigen ausgelosten Bürgerrat zum Thema »Demokratisierung der Demokratie«. Vorbereitende Regionalkonferenzen in verschiedenen Bundesländern mit je 40 bis 80 Menschen, die an kleinen Tischen darüber diskutierten, stießen im Sommer 2019 laut »Mehr Demokratie« auf »überwältigende Resonanz«. Die am Bürgerrat Beteiligten waren begeistert. Es fielen Kommentare wie: »Großartig, die Idee mit dem deutschlandweiten Bürgerrat. Genau das brauchen wir jetzt: Mehr Demokratie zum Mitmachen.« Bürgerräte seien »ein echtes Minideutschland, das ganze Land klein oder fein an einem Tisch«.[279] Statt Parteienmüdigkeit: plötzlich Euphorie.

Im November 2019 überreichte »Mehr Demokratie« dem Bundestagspräsidenten Wolfgang Schäuble die in einem »Bürgergutachten« zusammengefassten Empfehlungen des neuen Gremiums. Die wichtigsten lauteten: Repräsentative Demokratie solle durch direkte und konsultative ergänzt werden. Das Gremium »bundesweiter Bürgerrat« solle gesetzlich verankert werden. Volksentscheiden solle stets ein Bürgerrat vorgeschaltet werden – wie in Irland. Bei Gesetzen solle es ein Vetorecht durch Volksentscheid geben können – wie in der Schweiz. Im Parlament solle durch ein Lobbyregister mehr Transparenz hergestellt werden. Staatlich finanzierte Institutionen sollen Bürgerbeteiligung fördern. Schäuble reagierte positiv: »Der Ansatz ist richtig. Und notwendig ist er auf jeden Fall.«[280] Er versprach, sich im Bundestag für Bürgerräte starkzumachen.

Auch die Klima- und Artenschutzbewegung »Extinction Rebellion« hält ausgeloste Bürgerräte, die unbeeinflusst von Lobbyisten die am schnellsten wirksamen Maßnahmen zusammentragen, für das beste Mittel einer Klimapolitik. In Frankreich hat Präsident Macron bereits einen per Zufallslos bestimmten Klimarat eingesetzt.

In seiner Studie »Bundesrepublik 3.0« wertete das Umweltbundesamt das Potenzial konsultativer Verfahren in Irland, Island,

Kanada und anderswo aus. Man könne diese unter dem Dach einer ständigen »Bundesbeteiligungs-Werkstatt« zusammenfassen, schlagen Jascha Rohr und sein Autorenteam vor. Die neuen Formate könnten »die Arbeit von Legislative und Exekutive unterstützen, ergänzen und anreichern«. Voraussetzung sei allerdings, dass zuständige Gremien wie Bundesregierung oder Bundestag eine »Befassungspflicht« mit den Bürgeranliegen haben oder Volksabstimmungen über die vorgelegten Bürgergutachten und Gesetzesinitiativen stattfänden.[281] Denn wenn Bürger und Einwohnerinnen zunächst einbezogen werden, die Politik dann aber ihre Vorschläge übergeht, ist die Wut am Ende vielleicht noch größer als ganz ohne Bürgerbeteiligung.

Konsensieren statt Mehrheitsprinzip

Der Sieg einer Mehrheit bei Abstimmungen in Parlamenten und Parteien hinterlässt oft eine frustrierte oder gar wütende Minderheit. Als Alternative haben die Österreicher Erich Visotschnig und Siegfried Schrotta seit 2001 das »systemische Konsensieren« entwickelt. Oft ergibt sich dabei eine kreative Lösung, mit der vorher niemand gerechnet hat.

Beim Konsensieren werden zuerst alle Vorschläge zu einem Thema gesammelt und dann die Beteiligten gefragt, welcher bei ihnen *am wenigsten Widerstand* hervorruft. Das können sie in einer Versammlung durch Gesten von »Arme ganz hoch« bis »Arme ganz unten« signalisieren oder in einem Meeting durch Punktvergabe auf der Liste der Vorschläge. Sie können es auch digital angeben oder in der Wahlkabine ankreuzen.

Beispiel Gentechnik: Soll sie gänzlich verboten werden? Soll sie bei menschlichen Embryonen erlaubt sein? Bei der Züchtung menschlicher Ersatzorgane in Tieren? Bei Nutztieren? Bei Pflanzen? Bei Mikroorganismen? Soll die »Genschere« CRISPR zugelassen werden? Soll alles erlaubt sein?

Aus diesen völlig verschiedenen Vorstellungen kann man unmöglich einen mehrheitsfähigen Kompromiss schmieden. Aber man kann per Konsensierung messen, welcher Vorschlag auf den geringsten Widerstand stößt. So können die Kontrahenten behutsam aufeinander zugehen und einen Konsens finden, der von einer breiten Mehrheit getragen wird und die Bedenken der Minderheit einbezieht.

Konsensieren ändere die Spielregeln, sagt der Mathematiker Visotschnig und macht das am Beispiel des Kinderspiels »Stuhltanz« klar, vielen als »Reise nach Jerusalem« bekannt. Dessen Regel lautet: Wenn ein Menschlein keinen Sitzplatz mehr findet, sobald die Musik stoppt, scheidet es aus; die nächste Runde startet mit einem Stuhl weniger. Eine neue Regel aber könnte besagen: Auf den verbleibenden Stühlen dürfen mehrere sitzen. Dann gibt es keine Verlierer mehr. Und Runde für Runde wird das Spiel lustiger, weil alle gemeinsam auf immer weniger Stühlen Platz finden. Visotschnig berichtet, in einem seiner Seminare hätten am Ende 13 Erwachsene gemeinsam auf einem Stuhl gesessen – Rekord.[282]

Der große Vorteil des Konsensierens: Alle denken gemeinsam über Vorschläge nach, mit dem alle leben können. Niemand unterliegt, niemand ist sauer, niemand sinnt auf Rache oder eine Gegenabstimmung. Parteien oder Gremien, die konsensieren würden – von der kommunalen bis zur EU-Ebene –, könnten mit Sicherheit Wählerherzen gewinnen. Bisher aber sind es nur zivilgesellschaftliche Bewegungen, die in Versammlungen so verfahren, etwa attac oder Gremien der Gemeinwohl-Demokratie.

DEMOKRATIE UND GEFÜHLE

In der Bundesrepublik der Nachkriegszeit schämten sich viele Deutsche dafür, dass sie sich »von Hitler verführen haben lassen«. Politiker jener Zeit – fast durchweg Männer – traten deshalb so nüchtern wie möglich auf und vermieden bewusst jede emotionale Regung. Bis heute rufen sie bei Streitthemen gerne zur »Entemotionalisierung« auf. Gefühle werden als »weibisch« und »schädlich« gebrandmarkt, weil sie angeblich Irrationalität fördern und Entscheidungen verfälschen.

Das ist Unsinn. Entscheidungen sind überhaupt nicht denkbar ohne Emotionen, denn diese lenken unsere Urteilsfähigkeit darüber, was »gut« und »schlecht« bzw. »böse« ist. Ohne Gefühle kann sich keine Moral bilden und ohne Moral kein Gemeinwesen. Eine Demokratie, die Gefühle unterdrückt, funktioniert nicht nach menschlichem Maß.

Als Gemeinschaften brauchen wir daher Orte, in denen wir Gefühle zeigen und teilen dürfen: die Angst, wenn Katastrophen uns ereilen; die Trauer, wenn Menschen sterben; den Schmerz, wenn die Natur leidet; die Wut, wenn Regierende die Regierten manipulieren; die Freude, wenn etwas gelungen ist. Es ist tragisch, dass wir dafür heutzutage kaum mehr Räume und Rituale haben und viele sich schämen, Angst und Trauer offen zu zeigen. Das löst keine Probleme und schafft neue. Zum Beispiel den Rechtspopulismus, dessen Anhänger nicht selten quälende Angstgefühle in ihrem Inneren auf andere projizieren, auf Fremde und Migrantinnen.

»Geteilte Freude ist doppelte Freude«, heißt ein altes Sprichwort. Und ein anderes: »Geteiltes Leid ist halbes Leid.« Sie mögen abgedroschen klingen, aber sie transportieren tiefe psychologische Wahrheiten. Menschen, die Diskriminierung und Gewalt erlebt haben, müssen davon berichten können, sonst heilen ihre Verletzungen nie. Nach dem Krieg in Ex-Jugoslawien organisierte die Deutschkroatin Bosiljka Schedlich »Erzähl-Cafés«, in denen Überlebende aus verfeindeten Ethnien berichten konnten, was ihnen widerfahren ist. Der Schmerz der Erinnerungen wird auf viele Schultern verteilt und damit für die Einzelnen erträglicher. Und ehemalige »Feinde« können erkennen, dass sie sich als trauernde Menschen ähneln.

Rechtspopulistische Angstbewirtschaftung

»Angst ist der schäbigste Raum im Haus. Ich möchte, dass du in einer besseren Umgebung lebst.«[283] Das wünschte sich der persischer Dichter Hafis schon Mitte des 14. Jahrhunderts. Diktatoren festigen ihre Macht durch Angstbewirtschaftung: Ihre Staatsapparate, Geheimdienste und Militärs verbreiten Angst und Terror, die dafür sorgen, dass Empathie und Mitgefühl gesellschaftlich ausgeschaltet werden. So können bestimmte Menschengruppen – vorzugsweise Minderheiten – als »Feinde« verfolgt oder gar vernichtet werden, während der Diktator unangefochten bleibt.

Rechtspopulistische und rassistische Politiker arbeiten ebenfalls mit Angst und Hass. Sie inszenieren sich gerne als Anführer einer Bewegung, die zum »Großreinemachen« ansetzt gegen den »Dreck« von »Fremden« und »Fremdkörpern«. Und propagieren das Fantasiebild eines einheitlich reinen »Volkskörpers«. Dieser sei einer Invasion von wahlweise jüdischen, muslimischen oder lateinamerikanischen *Fremd-Körpern*, »Parasiten«, »Blutegeln«, »Zecken« und »Linksgrünversifften« ausgesetzt. Diese Sprachbilder von »rein« versus »schmutzig« und »verseucht« sind wirksam, weil sie an archaische Ängste anknüpfen und Ekel erregen – zwei Gefühle, die laut Sozialstudien bei fremdenfeindlich denkenden Menschen stärker ausgeprägt sind als bei anderen.[284] Ein weiteres Gefühl, das Rechtspopulisten stark prägt, ist Neid. »Die Flüchtlinge kriegen alles, und ich kriege nichts« – so denken viele von ihnen, obwohl Flüchtlinge oft alles verloren haben und hierzulande nur gekürzte Hartz-IV-Sätze erhalten.

Warum Rechtspopulisten in den letzten Jahren so viel Auftrieb erfuhren, dazu gibt es diverse Erklärungen, die sich eher ergänzen als widersprechen. Der britische Journalist David Goodhart glaubt, dass sich heimatverbundene *Somewheres* von kosmopolitischen Eliten der *Anywheres* bedroht fühlen.[285] Feministinnen verweisen auf die Statuspanik des weißen Mannes, der sich von Frauen und Nichtweißen in seiner Machtposition bedroht fühlt.[286] Medienbeobachter machen die Echokammern asozialer Medien wie Facebook und Twitter für ihren Aufstieg mitverantwortlich.[287] Theodor W. Adorno fand in der Nachkriegszeit empirisch heraus, dass Rechtspopulisten und Rechtsextreme tendenziell innerlich erstarrt sind, Autoritäten blind folgen und innere Konflikte auf »Feinde« projizieren, während Linksliberale hingegen eher »durchlässige« Charaktere haben.[288] Der Psychoanalytiker Otto Kernberg thematisiert die fatale Wechselwirkung zwischen angriffslustigen Anführern und regressiven Großgruppen, die eigenes Denken und Fühlen aufgeben und an Führerfiguren delegieren.[289]

Der Kinderarzt Herbert Renz-Polster verweist auf Erziehungsstile: Wer als Kind viel physische oder psychische Gewalt erlebt hat, neige dazu, das als Erwachsene(r) weiterzugeben; wer als Kind keine Willkommenskultur erfahren hat, heiße später auch andere nicht willkommen. Aussagekräftige Beispiele seien Donald Trump und Recep Tayyip Erdogan mit ihren kalten und harten Vätern. Er schlussfolgert: »Je härter die Kindheit, desto härter die Politik«.[290] Und die ostdeutsche Sozialdemokratin Petra Köpping erklärt die spezielle Befindlichkeit der Ostdeutschen mit deren Erfahrung doppelter Fremdbestimmung. Erst hätten sie im DDR-Regime nichts zu sagen gehabt, dann sei ihre Lebensleistung unter die Räder westdeutscher »Abwickler« geraten – das AfD-Wählen sei deshalb eine Art Rache.[291]

Wie dem auch sei: Es gibt Hoffnung. Die Gewalt gegen Kinder in Deutschland und anderen Ländern geht zurück, sodass es später weniger Erwachsene geben dürfte, die zu Gewalt und Rechtsradikalismus neigen. Und laut alljährlichen Umfragen des World Values Survey nehmen liberale, tolerante und demokratische Haltungen weltweit allmählich zu. Die Orientierung an »säkular-rationalen Werten« wie Freiheit, Frauen- und Menschenrechten verdrängt »Überlebenswerte« traditioneller Clans und ihrer Anführer, die die »Ehre der Frau« hochhalten und Homosexualität, Sex vor der Ehe und Abtreibung verdammen.[292] Die gegenwärtige Welle von rechtspopulistischen und fundamentalistischen Bewegungen.könnte also auch »nur« eine Abwehrreaktion auf die Zunahme menschenfreundlicher Einstellungen sein. Das macht sie allerdings nicht weniger gefährlich.

In kleinteilig organisierten demokratischen Gemeinwesen verhalten sich Menschen hingegen meist kooperativ und vertrauensvoll. Wenn persönliche Nähe zunimmt, dann verringert sich sadistisches und verantwortungsloses Verhalten, so das Ergebnis von unterschiedlichen Experimenten vieler Sozialpsychologen. In Regionen mit starken sozialen Zusammenschlüssen arbeiten laut einer viel zitierten Studie des US-Sozialwissenschaftlers Robert Putnam auch Regierungen besser, weil sie durch das öffentliche Leben besser kontrolliert werden.[293] Bürgersinn beruht auf Vertrauen und schafft Vertrauen, beruht auf Verantwortung und fördert Verantwortung. Freundliche Umgebungen fördern freundliche Menschen. »Survival of the kindest«, das »Überleben der Freundlichsten«, hat das der Philosoph und Psychotherapeut Piero Ferrucci genannt.[294]

Die Schweizer Demokratie und die »Gletscherinitiative«

Die Schweiz hat die mit Abstand ausgeprägteste direkte Demokratie der Welt. In der langen Geschichte der Alten und Neuen Eidgenossenschaft haben sich ihre selbstverwalteten freien Gemeinden zu einem einzigartigen Gebilde entwickelt: einem viersprachigen, mehrreligiösen, selbstregierten Freistaat. Sobald eine Gruppe von Menschen 100.000 Unterschriften zu einem Thema gesammelt hat, kann eine Volksabstimmung starten. Die Schweizer stimmen an jährlich vier Terminen über durchschnittlich zehn Gesetze, Initiativen oder Referenden auf Bundesebene ab und über noch mehr auf Kantons- und Gemeindeebene.

Bevor es dazu kommt, beraten Regierung und Parlament über die Initiative und unterbreiten Gegenvorschläge oder Empfehlungen. Alle Schweizer bekommen dann ein »Abstimmungsbüchlein«, das die zur Wahl stehenden Vorlagen enthält, Pro- und Kontra-Argumente, die Meinung des Bundesrats, der Kantonsregierung oder des Gemeinderats sowie Ergebnisse früherer Beratungen. Das sorgt für Gespräche in Kantinen, Kneipen und Küchen, Versammlungen und Vereinssitzungen. Direkte Demokratie ist eine ständige Schule der Demokratie, macht die Bevölkerung selbstbewusster und die Regierung vorsichtiger.

Weltweit ebenfalls einmalig: Die Schweiz hat seit gut 150 Jahren mehr oder weniger dieselbe Regierung, die stabilste der Welt. Die drei größten Parteien senden je zwei Mitglieder, die viertgrößte Partei ein Mitglied ins siebenköpfige Regierungskabinett, den »Bundesrat« in Bern. Mindestens zwei Bundesratsmitglieder stammen aus der französischen oder italienischen Schweiz. Die Abgeordneten im Parlament, dem »Nationalrat«, bilden keine Regierungskoalitionen und können sich auf Sachpolitik konzentrieren.

In den 26 Kantonen bestimmen die jeweiligen Landesverfassungen, was »vors Volk« muss. In manchen hat der Volkssouverän sämtliche kantonalen Gesetze mehrheitlich zu billigen, auch Finanzhaushalte und Steuersätze. Das macht auch Kantonalpolitiker vorsichtiger und bescheidener. Die Parlamente in den Kantonen Appenzell Innerrhoden und Glarus dürfen sogar nur beraten. Die eigentliche Gesetzgebung findet in »Landsgemeinden« statt: Hunderte oder Tausende von Menschen diskutieren unter freiem Himmel Gesetze und Finanzhaushalte.

Auf Bundesebene hat eine Volksabstimmung nur dann Erfolg, wenn sie die Mehrheit aller Stimmen (»Volksmehr«) *und* die Mehrheit in den Kantonen (»Ständemehr«) erhält. Dann muss das Parlament das Ergebnis beraten und gegebenenfalls in der Verfassung verankern. Die Schweiz hat zwar kein Verfassungsgericht, das zentrale Werte hütet und Volksabstimmungen etwa über die Einführung der Todesstrafe verhindern könnte. Aber dass es dazu nie kam, zeigt die Widerstandsfähigkeit der Schweizer Demokratie. In mehr als 150 Jahren gab es bisher nur 20 Volksinitiativen, die sich gegen Minderheitenrechte richteten, und nur 4 wurden angenommen.[295]

Der Schweizer Journalist und Klimaaktivist Marcel Hänggi will die direkte Demokratie nutzen, um dem Klima- und Gletscherschutz auf weltweit einmalige Weise voranzubringen. Per Volksabstimmung über die von ihm angeschobene »Gletscher-Initiative« soll folgender Artikel in die Verfassung aufgenommen werden: »Ab 2050 werden in der Schweiz keine fossilen Brenn- und Treibstoffe mehr in Verkehr gebracht. Ausnahmen sind zulässig für technisch nicht substituierbare Anwendungen, soweit sichere Treibhausgas-Senken im Inland die dadurch verursachte Wirkung auf das Klima dauerhaft ausgleichen.« Die Chancen, dass die Schweizer irgendwann mehrheitlich zustimmen, stehen gut.[296]

Die Imperien werden zerfallen

Staaten, in denen mehr als 300 Millionen Menschen leben, seien »unregierbar«, glaubt der US-Autor Kirkpatrick Sale. Diese Scheinriesen sind in seinen Augen ineffizient und undemokratisch. In seinem Aufsatz zählt Sale nach: Von 223 Ländern auf der Welt – kleine Inselreiche mitgerechnet – umfassten 45 weniger als 250.000 Einwohner, 67 weniger als eine Million, 100 weniger als fünf Millionen macht 130, also mehr als die Hälfte aller Staaten. Viele reiche Länder seien klein, viele mit hoher Freiheit ebenso, und auch in Sachen Bildung, Gesundheit und Lebensstandards lägen die Kleinstaaten weit vorn. Er leitet daraus, nicht uneitel, folgendes »Gesetz von Sale« ab: »Wirtschaftliches und soziales Elend nimmt direkt proportional zur Größe und Macht der Zentralregierung einer Nation zu.« Deshalb gebe es für die USA nur eine Hoffnung: »Sezession«, also die Unabhängigkeitserklärung möglichst vieler Bundesstaaten.[297]

So radikal argumentieren dort die wenigsten. Dennoch gibt es in den USA schon länger eine breite Debatte über »Lokalismus«. Was auf lokaler Ebene getan werden kann, sollte nicht an den Staat delegiert werden. »Wir haben Liberalismus und Konservatismus ausprobiert, und nun probieren wir es mit Populismus. Vielleicht wird die nächste Phase des öffentlichen Lebens durch die Wiedergeburt des Lokalismus definiert«, schreibt der konservative US-Wirtschaftsjournalist David Brooks. Lokalismus gedeihe als Philosophie und Praxis, weil die nationale Regierung dysfunktional sei. Und weiter: »Lokalismus ist wirklich eine Revolution. Er meint buchstäblich das Wegschnippen der Machtstruktur.« Die wahre Expertise sitze nicht in den Thinktanks, sondern bei jenen mit lokalem Wissen: »Der Landespolitiker fragt: ›Was können wir gegen Obdachlosigkeit tun?‹ Die lokale Person fragt Fred oder Mary, was sie brauchen, um ein Heim zu haben.« Lokalismus bringe »Konservative und Liberale rund um den Gedanken zusammen, dass Leute am glücklichsten sind, wenn ihr Leben in Beziehungen von Angesicht zu Angesicht verwoben ist«.[298]

Wenn Leopold Kohr das lesen könnte, würde er sich bestätigt fühlen. In »kleinsten sozialen Einheiten wie Familie, Dorf, Bezirk oder Provinz« könnten wir »fast immer glücklich sein«, meinte er. »Eigentlich sind dies die einzigen Einheiten, in denen wir überhaupt glücklich sein können.«[299] Nun ja, das stimmt keineswegs immer. Familien können Terroreinheiten bilden, Gemeinschaften können fies autoritär sein, die starke soziale Kontrolle in Dörfern kann nervig und minderheitenfeindlich und der Horizont sehr eng sein. Deshalb ist es unabdingbar, in allen lokalen und regionalen Gremien universelle Werte wie Menschenrechte und Demokratie ausdrücklich zu verankern. Nur dann kann sich kosmopolitischer Lokalismus entfalten.

Es ist eine Einladung zur Blamage, vorhersagen zu wollen, wann und wie die riesigen Imperien der USA, Chinas und Russlands auseinanderfallen und ob das eher auf politischer oder wirtschaftlicher Ebene stattfinden wird. Aber sie werden es tun, früher oder später. Der einfache Grund: Ihre Imperien beruhen auf Raubbau, der nicht unendlich fortsetzbar ist.

US-Amerikaner sind stolz auf ihren »American Way of Life«. Doch der ist im Grunde ein Saudi Way of Life oder auch Fracking Way of Life, denn er hängt so stark wie in keiner anderen Nation von Billigöl ab. Ohne das funktioniert nichts mehr, keine Versorgung, keine Produktion, keine Mobilität in den Vorortsiedlungen, die ohne Auto unerreichbar sind, weil der öffentliche Verkehr systematisch zerstört wurde. Steigende Ölpreise könnten dort sezessionistische Bewegungen stärken, die nach Relokalisierung rufen. Und sinkende können den Bankrott der Frackingindustrie hervorrufen, so wie es sich derzeit abzeichnet.

Würde die gesamte Weltbevölkerung die ressourcenverschwenderische Wirtschaftsweise der USA übernehmen, bräuchten wir fünf bis sechs Planeten. Der »American Dream«, der Traum vom unaufhaltsamen wirtschaftlichen Aufstieg der eigenen Kinder und Kindeskinder, ist ausgeträumt. Er könnte sich aufgrund begrenzter Ressourcen nicht mal dann realisieren lassen, wenn die USA den Rest der Welt direkt unterwerfen würden. Die Supermacht wird also absteigen. Definitiv. Fragt sich nur, wann, wie und zu welchem Preis.

China wird dann aber nicht der Sieger sein, sondern irgendwann ebenfalls absteigen oder zerfallen, wenn es seine Art des Wirtschaftens und Regierens nicht ändert. Die Bevölkerung wird systematisch im Internet und per »Gesichtserkennung« überwacht, Millionen Menschen in Straflager gesperrt, nur weil sie Minderheiten wie den Uiguren und Tibetern angehören. Kaum ein anderer Staat der Welt hat seine Luft so massiv vergiftet, seine Flüsse so verdreckt, seine Böden so verseucht und übernutzt wie das Riesenreich. Die zentralistische Regierung in Peking versucht ihre Untertanen mit Konsum stillzuhalten: Aus Millionen Fahrrädern wurden Millionen Autos, der Fleischkonsum steigt, die Reiselust ebenfalls. Aber damit auch der Smog, die Klimakrise, der Kollaps von Ökosystemen. Der Feinstaub in der Luft verursacht *pro Jahr* mehr als eine Million vorzeitige Todesfälle.[300]

Dass Chinas Staatschef Xi als »starker Mann« ein »Image weitgehender Unfehlbarkeit« pflegt und umgeben ist von Jasagern, kritisiert nicht nur der chinesische Politikprofessor Minxin Pei. Das habe die Regierung »viel anfälliger für politische Fehlentscheidungen gemacht«.[301] Auch das Coronavirus konnte sich nur deshalb so verhängnisvoll schnell ausbreiten, weil sein Mitentdecker, der später daran verstorbene Arzt Li Wenliang, mundtot gemacht wurde. Der Bürgermeister der zuerst betroffenen Stadt Wuhan musste wohl zudem erst bei der Staatsspitze um Erlaubnis bitten, bevor er die Existenz der Epidemie zugab.[302] Dadurch verstrichen mehrere Wochen wertvoller Zeit, in der sich das Virus ungehindert ausbreiten konnte. Später hat die chinesische Regierung umso energischer reagiert, die Pandemie aber auch zum Ausbau der Totalüberwachung genutzt.

Im UN-Weltglücksbericht von 2018 rangiert die Lebenszufriedenheit in China nur auf Platz 86, weit hinter Taiwan (Rang 26) und Hongkong (Platz 76) und auch noch hinter Libyen oder Weißrussland. Offenbar befeuert die zunehmende Ungleichheit im Reich der Mitte auch die Unzufriedenheit der Menschen. Viele versuchen bei Konsum und Statusgütern mit den Privilegierten gleichzuziehen und schaffen es doch nie – der Glücksforscher Mathias Binswanger nennt das »Tretmühlen des Glücks«. Deshalb gibt es längerfristig keinen Ausweg für China. Allein mit dem Versprechen »morgen bekommst du materiell mehr« ohne Aussicht auf mehr Freiheit kann dessen autoritäre Regierung nicht auf Dauer 1,4 Milliarden Menschen ruhig halten. Der Konflikt mit der Demokratiebewegung in Hongkong ist davon vielleicht nur ein Vorbote. Und der Drill in Schulen und Militär tötet viele kreative Potenziale in der Bevölkerung ab, die diese bräuchte, um selbstbestimmt und selbstorganisiert Probleme zu lösen. Es gibt dort jährlich Hunderte und Tausende von Aufständen – von denen wir bloß nichts mitbekommen, weil die chinesischen Medien so hart zensiert werden.

Die Regierenden in Russland stecken ebenfalls in einer schier ausweglosen Falle: Das flächenmäßig weltgrößte Land kann auf Dauer nicht von den Einnahmen aus seinen endlichen fossilen Energiereserven leben, seine autoritär-zentralistische Struktur wird deshalb immer dysfunktionaler. Mit seiner Wirtschaftskraft geht es merklich bergab, ebenso mit der Kaufkraft der Menschen. Und immer mehr sind mit der »gelenkten Demokratie« Putins unzufrieden, mit staatlichen Gewaltakten, Repressalien und Willkür, mit der Korruption, mit der organisierten Kriminalität. Noch im Jahr 2000 sahen sich laut Umfragen 84 Prozent alle Befragten als stolze russische »Patrioten«, 2016 waren es nur noch 46 Prozent. Und bloß 19 Prozent waren stolz auf den Lebensstandard in ihrem Land.[303]

Kleine Staaten funktionieren besser

Nicht zufällig zählten die Schweiz, Dänemark, Schweden, Norwegen und Island zu den »politisch und sozial am weitesten entwickelten Ländern der Welt«, befand Leopold Kohr schon in den 1980er-Jahren.[304] Der Weltglücksreport der UNO, der alljährlich ein Ranking der Gesellschaften mit der höchsten Lebenszufriedenheit veröffentlicht, bestätigt: Alle von Kohr genannten Länder nehmen dort seit Jahren erste Plätze ein. 2019 stand Finnland an der Spitze, gefolgt von Dänemark, Norwegen, Island, den Niederlanden, der Schweiz, Schweden, Neuseeland, Kanada und Österreich. Dabei wird »Glück« empirisch anhand der Aussagen von Befragten zu folgenden Themen gemessen: gefühlte Freiheit, Fürsorge, Großzügigkeit, Ehrlichkeit, Gesundheit, Einkommen und gute Regierungsführung. Deutschland nahm nur Platz 17 ein.[305]

Leopold Kohr glaubte, die »gefährlichste Ursache« politischer Brutalität sei physisch: »Sie ist Menge – bloße physische Menge. Denn Menge, Größe, Masse *führt* nicht nur zur Macht; wie auch Energie, *ist* sie Macht – Macht, eingefroren in die Dimension der Materie.«[306] »Wenn also kritische Macht die direkte Ursache sozialer Bösartigkeit ist, dann können wir sagen, dass kritische soziale Größe, der Urboden für das Anwachsen kritischer Macht, ihre letztendliche primäre Ursache ist.«[307] Sein Buch sei deshalb eine »soziophysikalische Interpretation der Geschichte«.[308] Und er kam zu dem Schluss: »Nur *kleine* Staaten können sich zu gesünderen, größeren Organismen vereinigen. Nur *kleine* Staaten sind föderalisierbar. Wo immer sich ein großer Staat an einem Staatenbund beteiligt, kann dieser Bund nicht von Dauer sein. Im Laufe der Zeit wird er entweder ein zentralisierter Staat werden, der im Interesse seines größten Mitgliedsstaates wirkt, oder er zerbricht in seine verschiedenen Teile.«[309] Wenn man das auf Deutschland in der EU bezieht, hat sich Kohr allerdings geirrt. Zumindest bislang.

Womöglich haben sich auch die »sozio-physikalischen« Bedingungen heutiger Macht geändert. Herrschaft hat sich wesentlich stärker dezentralisiert und demokratisiert, als Kohr vorausahnen konnte. Internet und Smartphones, teils mit dezentraler Solarenergie betrieben, wirken heute basisermächtigend bis hinein in afrikanische Dörfer und autoritäre Staaten, wo sie Oppositionellen trotz aller Internetüberwachung Nischen und Schlupflöcher bieten. Das zeigt(e) sich auch an den globalen Massenprotesten im Jahr 2019 in Ägypten, Algerien, Bolivien, Chile, Ecuador, Frankreich, Guinea, Haiti, Honduras, Hongkong, Kolumbien, Indien, Irak, Iran, Libanon, Peru, Russland, Serbien, Simbabwe, Spanien, Sudan, Tschechien und Venezuela.[310]

Mit zentralisierten Machtapparaten kann man heute ein Staatengebilde weit schlechter steuern als noch zu Kohrs Zeiten. Und umgekehrt gedacht, bedarf es heute nicht mehr einer Loslösung aus einem größeren Staat, um kleine funktionierende Einheiten zu bilden. Innerhalb der EU kann man beobachten, dass die Dezentralisierung einer Region durchaus funktioniert und der betreffenden Region sehr guttut. Eine 2009 veröffentlichte Studie zeigt, »dass die Ökonomien dezentralisierter Staaten europaweit signifikant bessere Leistungen erbringen als die von hochzentralisierten Staaten«. Das Subsidiaritäts-Prinzip sei »ein Schlüssel zum ökonomischen Erfolg«. Wenn Regionen größeren Einfluss auf die nationale Ebene hätten sowie mehr eigenständige Kompetenzen bei Finanzen, Infrastruktur, Kultur, Bildung, Wissenschaft und Gesundheit, dann seien sie erfolgreicher.[311]

Seit dem Mauerfall geht der europaweite Trend eindeutig Richtung Dezentralisierung und Stärkung lokaler Autonomie, vor allem in Osteuropa. Das ist das Ergebnis einer 2015 veröffentlichten EU-Untersuchung. Hier wurden für den Zeitraum von 1990 bis

2014 insgesamt 39 Länder anhand eines komplexen »Index Lokale Autonomie« miteinander verglichen.[312] Dazu gehörten die 28 EU-Mitgliedsstaaten sowie weitere Länder. Gemessen wurde unter anderem die finanzielle und organisatorische Selbstregierung. Kommunen und Regionen in der Schweiz, in Finnland, Island, Dänemark, Schweden und Norwegen haben demnach eine besonders ausgeprägte Autonomie. Auch die föderal organisierten Nationen Deutschland und Polen stehen vergleichsweise gut da.

Schweizer und Skandinavierinnen können über ihre kommunalen Gremien tatsächlich mitbestimmen, wohin ihre Steuergelder fließen. Das nationale Schulgesetz von Dänemark ist gerade mal sieben Seiten stark; alle Details regeln die autonomen Schuldirektionen auf kommunaler Ebene.[313] Interessanterweise ist sowohl die Steuermoral als auch die Lebenszufriedenheit in jenen Schweizer Kantonen am höchsten, die am meisten Selbst- und Mitbestimmung ihrer Bürger zulassen.[314]

Kommunen und Kleinstaaten sind überschaubar und funktionieren tendenziell wie große Familien. Zwar kennt nicht jeder jeden, aber doch viele sehr viele, und es ist üblich, miteinander zu reden und Kompromisse zu suchen. Wenn sie subsidiär organisiert sind, erhöht das die Kommunikationsdichte und die Zufriedenheit der dort Lebenden. Und ein organisatorisch bedingter enger Kontakt zwischen Regierten und Regierenden fördert wiederum die Resonanz. Viel weniger Menschen bleiben so ohne Antwort auf ihre Probleme.

Unsere These ist: Die Scheinriesen-Staaten werden zerfallen, die zu kleinen Staaten werden sich verbünden und zusammenfinden. Gut funktionierende Nationen umfassen 7 bis 30 Millionen Menschen, alles darunter sind eher Regionen, alles darüber Scheinriesen. Wenn sich die Menschen in Europa und der Welt nach diesem Schema organisieren könnten, wäre schon viel gewonnen.

Was ist der evolutionäre Nutzen unseres Gehirns, das ein Fünftel unserer gesamten Nahrungsenergie verschlingt? Warum schleppen Menschen so große Organe mit sich herum? So fragte der britische Primatenforscher, Anthropologe und Psychologe Robin Dunbar 1992 in einem viel beachteten Aufsatz.[315] Er kam nach allerlei Vergleichen mit anderen Primatenhirnen zum Ergebnis: Je größer das Gehirn, umso größer die soziale Gruppe. Unser Hirn ist das evolutionäre *Produkt* von Gemeinschaft und zugleich ihr *Treiber*. Oder in den Worten des Forschers: Es sei »das Bedürfnis« gewesen, »in immer größeren Gruppen zu leben«, das »die Evolution immer größerer Gehirne in Primaten vorantrieb«. Erst die sozialen Beziehungen machen Menschen zu Menschen, lassen symbolische Kommunikation und Sprache entstehen und natürlich auch Kultur.

Dunbar versuchte auch zu errechnen, welche Gruppengröße optimal für die Größe des menschlichen Hirns ist. Und kam hier auf die Zahl von 148 Personen. Ganz so exakt wollte er das aber nicht verstanden haben. Etwa 150 seien es, mit Schwankungsbreiten zwischen 100 und 230. Werden es mehr, dann seien wir aufgrund unseres begrenzten Platzes im Kopf nicht mehr in der Lage, dauerhafte, stabile und egalitäre Beziehungen untereinander zu pflegen. Hierarchien entstünden, Kontrollinstanzen seien praktisch unvermeidbar.

Die »Dunbar-Zahl« von etwa 150 lässt sich offenbar empirisch nachweisen. Dies belegte der Ulmer Gehirnforscher Manfred Spitzer anhand vieler Beispiele: In prähistorischen Zeiten streiften unsere Vorfahren in Horden von bis zu 150 Personen durch die afrikanische Steppe. Auch bei heutigen Indigenen findet sich laut Spitzer eine durchschnittliche Clan- oder Dorfgröße von 153 Mitgliedern »mit einer Spannbreite von 100 bis 230, die für alle untersuchten Stämme bis auf einen einzigen zutrifft«. Die neusteinzeitlichen Siedlungen des Mittleren Ostens wurden ebenfalls von 130 bis 160 Menschen bewohnt. Und auch in den religiösen Gemeinden der Hutterer oder Amish People in den USA leben ungefähr 150 Mitglieder; werden es mehr, teilen sie sich.[316]

Aber wieso leben wir dann heute überwiegend in großen Städten oder sogar Millionen-Metropolen? Schauen wir genauer hin, dann unterteilen sich anscheinend auch diese riesigen Massen bei ihrer Kommunikation in solche optimalen Gruppengrößen. Wenn man Leute fragt, wie viele Menschen sie um einen kleinen Gefallen bitten würden, kommt man im Schnitt auf 134. Mit ihren Weihnachts-Postkarten erreichen Briten nach einer weiteren Untersuchung von Dunbar durchschnittlich 153 Personen. Betriebe mit bis zu 150 Beschäftigten funktionieren weitgehend ohne Hierarchie – was Bill Gore, Erfinder der Gore-Tex-Kleidung, übrigens dazu motivierte, immer dann eine neue Fabrikationseinheit zu gründen, wenn die Belegschaft diese Zahl überschritt. Auch der erwähnte Scott Bader oder etliche »integrale Betriebe« orientier(t)en sich an solchen Gruppengrößen. Selbst in sozialen Netzwerken scheint sich die Dunbar-Zahl zu bestätigen: Bei Twitter unterhalten die Nutzenden zwischen 100 und 200 »stabile Beziehungen«.

Dunbar selbst sieht den Grund dafür auch in der begrenzten Zeit, die Menschen für Sozialpflege zur Verfügung steht. Und er differenziert: Im Schnitt hätten Menschen nur fünf intime Freundschaften – einschließlich der eigenen Familienmitglieder. Hinzu kämen ungefähr 15 enge Freundinnen und Freunde, 50 weitere Freunde und 80 gute Bekannte, was sich zu etwa 150 summiere.

Wie Verwaltungen (nicht) funktionieren

Eine andere Ursache für die Unzufriedenheit vieler Menschen an ihren Staaten findet sich in der Schwerfälligkeit der Verwaltungen. Fast überall versuchen neue Regierungen nach Wahlen, politische Handlungsfähigkeit zu beweisen, indem sie Neuzuschnitte und Umbenennungen von Ressorts vornehmen. Damit wird das Gegenteil des Gewollten erreicht. Das Stühlerücken kann ein bis zwei Jahre andauern und lähmt die inhaltliche Arbeit. Das Kanzleramt und seine Bundesministerien sind Großunternehmen, in den nachgeordneten Behörden arbeiten weit über 100.000 Personen. Kein Unternehmen gleicher Größenordnung würde es sich erlauben, so lange weite Teile des Betriebes lahmzulegen, nur weil das Spitzenpersonal ausgetauscht wird.

Deutschland ist zudem, wie viele andere westliche Länder, überentwickelt und überreguliert. Für jeden Bereich finden sich unzählige Gesetze, Regularien, Dokumentationspflichten, Vorschriften und Doppel- bis Zehnfach-Zuständigkeiten. Ein wesentlicher Teil der Arbeit im öffentlichen Dienst dreht sich um Kompenzstreitereien, wer sich in welches Fachgebiet einmischen darf und wem auf die Finger geklopft gehört.

Demokratie nach Verwaltungsstrukturen zu organisieren ist ein Weg ins Desaster. In Brandenburg und anderen Bundesländern haben Landesregierungen den Zorn vieler auf sich gezogen, als sie der angeblich größeren Effizienz wegen Kommunen entmachteten und Behörden zusammenlegten. Das spart zwar auf dem Papier Personal und Geld ein, aber auch die Lebenszufriedenheit der Bürger und Einwohnerinnen. Wenn öffentliche Institutionen räumlich abwandern, wenn Schulen, Kliniken und Ämter plötzlich kilometerweit entfernt in der nächsten oder übernächsten Stadt liegen, wächst daraus politische Distanz oder gar rechtspopulistische Wut.

In Berlin sparte Thilo Sarrazin, heute selbsternannter Islamkenner, in seiner Zeit als Finanzsenator den öffentlichen Dienst und die Infrastruktur so kaputt, dass sich beide davon bis heute nicht erholt haben. Was die staatliche Verwaltung stattdessen wirklich gebraucht hätte, das ging er jedoch nicht an: klar aufgeteilte Zuständigkeiten zwischen den Verwaltungen des Bundeslandes, der Stadt und den Bezirken. Berlin ist historisch aus Dörfern entstanden, die 1920 in der Einheitsgemeinde Großberlin aufgingen, ohne jemals ihre Dorfmentalität völlig aufgegeben zu haben. Jeder Bezirk hat seine Eigenarten und seine eigene Verwaltungsstruktur. Stadtratsposten werden jedoch nach Parteienproporz vergeben und nicht nach Qualifikation – sodass Bezirksstadträte über Themen entscheiden, von denen sie keinen blassen Schimmer haben. Die Zuschnitte für diese Posten variierten von Bezirk zu Bezirk, eine berlinweite Abstimmung zu bestimmten Themen ist also extrem kompliziert.

Die Behörden sind deshalb ständig überlastet. Wer heiraten oder eine Geburtsurkunde für sein neugeborenes Kind haben will, muss monatelang auf einen Termin warten. Für die Sanierung von Schulgebäuden und -toiletten war jahrelang kein Geld da; Schulkinder holten sich chronische Verstopfungen, weil sie sich vor stinkenden Örtchen ekelten. Für einen neuen Zebrastreifen muss mit drei Jahren Vorbereitungszeit gerechnet werden, denn dafür sind sage und schreibe 18 Verwaltungsschritte nötig: unter anderem von den Landesverkehrsbehörden, Bezirksbehörden, Rechnungsstellen, Ordnungsämtern, Polizei und Ingenieursbüros.[317] Drei Jahre Planungszeit für elf Pinselstriche – die Überlastung der Bürokratie ist schlicht hausgemacht. Behörden, die beweisen müssen, wie wichtig sie sind, produzieren eine Ineffizienz, die an die DDR-Planwirtschaft erinnert.

Die stets überlasteten Abteilungen scheinen darauf spezialisiert, die Verantwortung möglichst an andere zu delegieren. Angestellte in den Bezirken sagen: Die Landesebene ist zuständig. Beschäftigte der Landesebene sagen: Oh, das müssen wir erst dem Bezirksausschuss vorlegen. Und wenn beide Ebenen nicht zuständig sein wollen, ist halt die Bundesverwaltung oder Bundesregierung schuld, weil sie leider, leider die Bundesliegenschaften nicht freigibt oder für eine Gesetzesänderung keine Mehrheit hat.

In Berlin wurden im Zuge der letzten großen Verfassungsreform aus Spargründen 24 Stadtbezirke zu 12 Verwaltungsbezirken zusammengefasst – was die Verwaltung letztlich eher noch ineffizienter machte. Dort wohnen nun jeweils im Schnitt rund 300.000 Menschen, die maximal 55 »Bezirksverordnete« ins Kommunalparlament wählen, Bezirksverordnetenversammlung (BVV) genannt. Diese insgesamt 660 Verordneten arbeiten weitestgehend ehrenamtlich – in Organen, die nur beraten und empfehlen dürfen, über kein echtes Etatrecht verfügen und sich mit Bezirks- und Landesverwaltungen und 160 Landtagsabgeordneten koordinieren müssen. Erfahrene Bezirksverordnete geben an, dass mehr als 80 Prozent aller Beratungen und Beschlüsse für den Papierkorb verfasst worden sind. Viele, die voller Lust und Tatendrang in die Lokalpolitik einstiegen, geben angesichts dieser Zeitverschwendung früher oder später genervt auf. Berlins Verfassung macht seit Jahren systematisch den eigenen Politiknachwuchs kaputt.

Auf Druck der Straße und der aktivistischen Radlerbewegung hat die rot-rot-grüne Regierung zwar in Rekordzeit das fortschrittlichste »Mobilitätsgesetz« der Republik beschlossen. Doch die Umsetzung hakt, weil die Klärung der Zuständigkeiten in den Verwaltungen so viel Zeit braucht. Das Landesparlament müsse sich endlich auf seine ureigenste Aufgabe besinnen und »Leitbilder, Ideen, Ziele und Umsetzungsschritte für zum Beispiel die Mobilität, die Schule, den öffentlichen Raum von morgen« definieren sowie »Entscheidungs- und Leistungsstrukturen, die uns dahin bringen«, kritisiert der frühere Umweltstaatssekretär und Landesverfassungsrichter Klaus-Dieter Groth.[318]

Was würde sich an der Verwaltung ändern, wenn sie nicht länger in Kästen und Hierarchien denken, sondern sich als lebendige Selbstorganisation betrachten würde? Ressortübergreifende Teams könnte Politik als Projekte umsetzen. Eine wache Bürgerschaft könnte zusammen mit fachkundigen Wissenschaftlern an einem sozialen, gerechten, weltoffenen und friedlichen Berlin arbeiten.

Im Jahre 2018 probierten der Tagesspiegel, die Bertelsmann-Stiftung und weitere Partner ein neues Format von Politikdialog aus, das Creative Bureaucracy Festival. Sein Erfinder Charles Landry fasste das mögliche Umdenken einer Verwaltung so zusammen: Wenn jeder Politiker und jede Verwaltungsangestellte Anrufe, Bürgeranliegen und E-Mails nicht länger mit »Nein, weil«, sondern mit einem »Ja, wenn« beantworten würde, sähe die Welt ganz anders aus. Beim »Nein, geht nicht« will diese Person begründen, warum sie nicht zuständig sei oder warum bestehende Gesetze oder Verordnungen dem Anliegen im Wege stünden. Beim »Ja, geht, wenn« aber dreht sich alles um Gestalten statt Verwalten. Die Bürgerstimme bekommt eine Antwort.

POLITIK ALS FARBKREIS DENKEN

Als Software-Programmierer arbeite ich seit vielen Jahren für die Deutsche Bahn im Public Service, wie man so schön neudeutsch sagt. Fast jede gedruckte Information über Fahrpläne, etwa die Abfahrtspläne in den Bahnhöfen oder die Faltblätter in Intercity-Zügen, basieren auf einer Software, die ich mitprogrammiert habe. Damit können Beschäftigte der Bahn die aktuellen Fahrpläne automatisch in ihre Computer einlesen, um daraus Printprodukte zu erstellen.

Im Jahr 2000 plante die erste rot-grüne Bundesregierung unter Kanzler Gerhard Schröder ein ressortübergreifendes »Bund-Online-Paket«, um die Arbeit der Behörden mit dem Internet zu organisieren. Das Bundesinnenministerium beauftragte dazu unsere Firma, eine Art Fahrplanauskunft zu programmieren, damit jederzeit erkennbar war, in welchen Bereichen das Projekt wie weit vorangekommen war. Heraus kam eine Software, die Deutschland gehört und die wir als Berater und Dienstleister seitdem kontinuierlich gepflegt haben.

Dieses kleine Projekt war so erfolgreich, dass es wenige Jahre später beim Bundeskanzleramt zur zentralen Onlinedatenbank für Vorhaben der Bundesregierung weiterentwickelt wurde. Auch die Leitungsebenen anderer Bundesministerien sowie einige Staats- und Senatskanzleien entdeckten die Vorteile dieser Software. Sie nutzen diese für ihre hausinternen Leitungsabfragen, für die termingerechte Beantwortung parlamentarischer Anfragen und als »Fahrplan« für ihre strategische Planung.

Im Kern war und ist die Software eine politische Fahrplanauskunft. Wir als externe Dienstleister fragten immer mal wieder nach: Warum setzt die Bundesregierung nicht diese oder eine ähnliche Software zur externen Information aller Bürgerinnen und Einwohner ein? Der Vorschlag fand ministerienintern viel Zustimmung. Dennoch wurde er nicht umgesetzt. Der politischen Führung erschien schon dieses bisschen Transparenz offenbar zu viel. Vielleicht ist das ein Symptom der »Machtkrankheit«: Wer glaubt, an der Macht zu sein, möchte derjenige sein, der darüber bestimmt, wer wann was erfährt.

Als Programmierer muss man immer versuchen, ein schlüssiges mathematisches Grundmodell zu finden, von dem sich alles andere ableiten lässt. Meine Auskunfts-App für die Politik ist als Kreis mit zwölf Stationen modelliert, jede in einer anderen Farbe des Regenbogens. Der Kreis ist die egalitäre Urform menschlicher Gemeinschaft. Der Kompass mit seinen vier Windrichtungen, die Uhr mit ihren zwölf Stunden, das Jahr mit seinen zwölf Monaten sind als Kreis konzipiert. Mein Orientierungsmodell für die Politik nutzt als Kompass die vier wichtigsten Grundbedürfnisse mit je drei Aufgabenfeldern. Menschen in Gemeinschaften bedürfen der

* Verbindung und Entwicklung. Dazu gehören die Ressorts Soziales, Bildung und Wissenschaft.

* Ernährung und Versorgung. Dazu gehören Umwelt, (Land-)Wirtschaft und Netzdienste.

* Ordnung und Schutz. Dazu gehören Justiz, Sicherheit und Ordnungsdienste.

* Denken und Lenken. Dazu gehören Finanzen, Führungsverantwortung, Kultur.

Dieses Schema lässt sich auch auf den Homo vitruvianus von Leonardo da Vinci übertragen, der anfangs vorgestellt wurde. Denken und Lenken übernimmt der menschliche Kopf. Grob gesprochen, ist die linke Gehirnhälfte fürs Rechnen zuständig, die mittlere für Reden und Entscheiden und die rechte für das Kreative, für Musik, Kunst und Kultur. Das linksseitige Herz des Homo vitruvianus steht für Gesundheit, Pflege, Erziehung, Kindergarten, Schule und Wissenschaft. Die Seite mit der rechten Hand ist zuständig für Rechtsprechung und Schutz. Der Bauch soll uns ernähren und versorgen, die Beine sollen laufen oder ausruhen.

Dadurch entsteht ein universelles Ordnungsprinzip für die Politik. Der Unterschied zu herkömmlichen Organisationsschemata: Die üblichen Modelle sind hochkompliziert, ständige Streitereien um Kompetenzen, Intransparenz und Bürgerferne sind die Folge. Das gilt auch für das Verwaltungsmodell des Berliner Senats (siehe Abbildung Seite 62 oben). Niemand erkennt auf den ersten Blick, wer wofür zuständig ist. Ebenso wenig erschließt sich hier, was echte Verwaltung ist, was öffentliche Dienste sind (Bürgerämter, Finanzämter, Feuerwehr, Polizei) und was Betriebe der Daseinsfürsorge sind (Krankenhäuser, Schulen, Hochschulen, Stadtwerke). In der Berliner Verwaltung arbeiten über 100.000 Beschäftigte. Doch nur ein kleiner Teil davon, mit etwa 20.000 Menschen, ist echte Verwaltung. Der Rest ist im öffentlichen Dienst und in der Daseinsfürsorge beschäftigt.

Wenn man die Berliner Verwaltung hingegen nach dem Kreisprinzip ordnet, entsteht eine neue Übersichtlichkeit und Transparenz (siehe Abbildung Seite 63 oben). Die Grafik habe ich 2016 dem Regierenden Bürgermeister Michael Müller gezeigt. Seine Staatssekretärin Sabine Slomka, zuständig für Informations- und Kommunikationstechnologie, sah sie 2017; Frank Naegele, Staatssekretär für Verwaltungs- und Infrastruktur-Modernisierung, betrachtete sie 2018. Alle drei gaben zu, dass das Kreismodell viel besser und übersichtlicher sei. Aber alle drei glaubten an ein Weiter-so. Es sei doch schon viel gewonnen, wenn man Nachwuchskräfte für die überforderte Berliner Verwaltung finden würde. Ich vermute, das kann nicht gelingen. Wer es nicht wagt, Berlins Politik und Verwaltung von Grund auf neu zu denken, wird eher scheitern als Zukunft gestalten.

Der Zwölfer Kreis eignet sich für alle Regierungen, von der Kommunal- über die Landes- bis zur Bundes- und Europapolitik. Ein Koalitionsvertrag umfasst im Schnitt etwa 60 Seiten und enthält ungefähr 400 Vorhaben. Eine Leitung, die den Überblick behalten will, kann sie nach Themen ordnen und nach politischer und zeitlicher Priorität sortieren. Ich habe diese Art von Regierungsplanung viele Jahre als Public-Service-Dienstleister begleitet. Fast jede Regierung kam auf 1.200 bis 1.600 wichtige Vorhaben pro Legislatur, die politisch beschlossen und umgesetzt wurden. Also im Schnitt nur 100 pro Farbe. Das sind für vier Jahre Regieren bloß 25 pro Jahr und Farbe. Nicht viel, wenn man über ein System verfügt, in dem man schnell nachschauen kann, was der Stand der Dinge ist, was gerade in den verschiedenen Ressorts beraten oder beschlossen wurde.

Alle Macht dem Kleinen

Politik fängt im Kleinen an. Die Würde des Menschen ist unteilbar, also sollte in der Demokratie jede Stimme zählen. Wenn wir fragen, wer uns am nächsten steht, dann antworten die meisten: die Familie. Die Lebensgefährtin, der Partner, die Kinder, die Eltern, vielleicht auch noch Großeltern, Tanten und Onkel. Manchmal ist es auch eine Wahlverwandtschaft, kleine Gemeinschaft mit Freunden oder eine andere Art von Großfamilie. Auf jeden Fall eine sehr kleine Einheit, die unsere erweiterte Identität am meisten prägt und unsere Lebenszufriedenheit am stärksten beeinflusst. Sie umgibt unser verletzliches Ich als eine erste *Gemeinschaftshülle* und besteht hierzulande zumeist aus 2 bis höchstens 12 Personen. Interessanterweise können wir in Kleingruppen solcher Größe auch am besten und kreativsten arbeiten, weil wir uns in dieser überschaubaren Struktur am wohlsten fühlen. Sind es 8 oder mehr Menschen, werden Absprachen schon schwieriger, und spätestens ab 13 Personen nimmt die Komplexität der Verständigung so zu, dass es sich lohnt, die Gruppe zu teilen.

In Großgruppen, die entsprechend der Dunbar-Zahl 150 bis höchstens 300 Menschen umfassen, fühlen die meisten von uns sich immer noch wohl. Belegschaften, Versammlungen, Parlamente, Räte und Bürgerräte in dieser Gruppengröße funktionieren recht gut. Man kennt sich noch beim Namen und kann direkt miteinander reden. Das liegt wohl daran, wie Robin Dunbar vermutet, dass Homo sapiens die längste Zeit der Menschheitsgeschichte in Clans dieser Größe gelebt und seine sozialen Fähigkeiten danach ausgerichtet hat.

Diese Großgruppen sind unsere *zweite Gemeinschaftshülle*, die unseren Alltag und auch die Wirtschaft entscheidend prägen. In Deutschland existierten im Jahr 2017 knapp 3,5 Millionen Betriebe, die allermeisten davon sehr klein und unter der Dunbar-Zahl: 3,1 Millionen beschäftigten zwischen 1 und 9 Personen, 356.000 Unternehmen hatten eine Belegschaft zwischen 10 und

250 Menschen. Nur in einer Minderheit von rund 15.000 Unternehmen waren mehr als 250 Personen tätig.[319]

Zu dieser zweiten Hülle zählen auch funktionierende Nachbarschaften. In einem Dorf, einer Gemeinde, einem Kiez oder Großstadtbezirk fühlen wir uns wohl und geborgen, wenn wir dort die Menschen kennen. Es müssen um Himmels willen nicht alle dort Lebenden sein, aber doch eine Anzahl zwischen 30 und 300. Auf der Straße gegrüßt zu werden, hier und da ein Schwätzchen zu halten, sich nachbarschaftlich zu helfen, das ist eine Quelle von Lebensqualität. Dies gilt ganz besonders in Gesellschaften, in denen Großfamilien zerfallen sind, Scheidungen und Trennungen zunehmen und immer mehr Menschen sich in Single-Haushalten einsam fühlen.

Nachbarschaftliche Netze können dafür sorgen, dass Einsamkeit zurückgeht, dass Depressionen und Krankheiten vorgebeugt wird. Wir beide, die wir dieses Buch verfassten, haben das Privileg, in der »Papageiensiedlung« in Berlin-Zehlendorf zu wohnen, die von Bruno Taut in den 1920er-Jahren so gebaut wurde, dass ihre architektonischen Proportionen Nachbarschaftlichkeit fördern. Die Wohnblocks mit ihren Mietwohnungen und die fünf bis sechs Meter schmalen Reihenhäuschen samt Garten sind so klein konzipiert, dass Menschen sich begegnen *müssen*, aber sie sind groß genug, um sich zurückziehen zu können. Hier herrscht seit knapp hundert Jahren ein hilfsbereiter Geist der Nachbarschaftlichkeit – abgesehen von einzelnen Mufflern. Das steigert die Lebenszufriedenheit ungemein. Kinder wachsen, über Wirtschaftswege verbunden, mehrhäusig auf. Ältere fühlen sich sicherer. Für viele wirkt es sogar lebensverlängernd, in der Nachbarschaft sozial engagiert zu sein.

Gemeinden, Kommunen und Regionen brauchen Selbstbestimmungsrechte

Wir Menschen definieren uns sehr stark darüber, woher wir kommen und wo wir wohnen. Deshalb besteht die *dritte Gemeinschaftshülle*, die unsere Identität umgibt, normalerweise aus einer Gemeinde, einer Kleinstadt oder einem Stadtteil in der Großstadt. Nicht nur Alteingesessene, sondern auch Zugezogene identifizieren sich zuallererst mit dem Ort, in dem sie gerade leben. Lange bevor sie »Ich bin Deutscher« sagen, geben sie zum Beispiel an: »Ich bin ein Neuköllner.«

Eine Gemeinde oder Kleinstadt von 1.000 bis 30.000 Einwohnern ist noch übersichtlich. Politik auf direkter Augenhöhe ist dort möglich, sofern es dort eine Agora gibt, einen Platz oder eine Halle für Versammlungen, und eine halbwegs engagierte Bürgerschaft. Menschen wollen in ihrer Gemeinde, Kleinstadt oder ihrem Kiez mitreden, weil sie sich dort auskennen. Hier ist Politik noch sinnlich und nachvollziehbar, hier zählen Taten, die das Leben von Menschen verbessern. In einer dicht besiedelten Metropole ist auch ein Stadtteil mit 10.000 bis 100.000 Einwohnerinnen gerade noch überschaubar: In Berlin lebt es sich in den knapp hundert Stadtteilen wie in einer Kleinstadt. Viele Kieze haben eine Agora, die alte Ortsmitte ist oft das gemeinsame Stadtteilzentrum. In der Coronakrise haben viele erst wieder mitbekommen, dass ihre Landkreise oder Großstadtbezirke die entscheidenden kommunalen Verwaltungseinheiten darstellen. Dort müssen Gesundheitsämter und andere wichtige Behörden handlungsfähig bleiben.

Die *vierte Gemeinschaftshülle* besteht aus einer Großstadt, mehreren Landkreisen, einer Region oder einem kleinen Bundesland. In Deutschland ist die politische Identifikation mit den Regionen geschwächt, weil Menschen vor Ort zu wenig selbst bestimmen können. War die Bundesrepublik anfangs noch föderaler geprägt, so bestimmt der Bund heute über seine zentrale Gesetzgebung weite Bereiche der Kommunal- und Regionalpolitik. Und erzeugt damit viel Frust, weil die lokale oder regionale Umsetzung oft nicht funktioniert oder das Geld vom Bund in den Kommunen nicht ankommt.

Hier würde das Subsidiaritäts-Prinzip helfen. Politik und Steuern könnten viel stärker von den Kommunen und Regionen selbst bestimmt werden, nicht von der Hauptstadt – so wie in Skandinavien und der Schweiz. In Dänemark verfügen die Kommunen über 64 Prozent aller Staatsausgaben, in der Schweiz über 56 Prozent, in Schweden über 48 Prozent. In Deutschland sind es nur 16 Prozent. In Schweden zahlt jeder Bürger eine Basissteuer, die an die Kommunen geht. Deren Ratsfrauen und -herren können selbst beschließen, ob damit Schulen oder Kliniken gebaut werden. Steuerzahlen stößt auf hohe Akzeptanz, wenn die Leute *sehen*, was mit ihrem Geld vor Ort passiert. Ihre landesweiten Vorhaben finanziert die schwedische Regierung über eine progressive Reichensteuer ab 40.000 Euro Jahreseinkommen aufwärts, also über die Wohlhabenden und die Unternehmen.[320]

Man stelle sich mal vor, das würde auch hierzulande eingeführt: Gemeinden, Kommunen und Regionen erhielten mehr politische und finanzielle Hoheitsrechte. Ja, man hört sofort Aufschreie. Unverantwortlich! Die Steuern der Bürger mit dem Bau von Spaßbädern und Luftschlössern verprassen! Mitnichten. Laut einer Studie, die 110 Jahre Schweizer Geschichte auswertete, sind die Finanzen in den Kantonen der Eidgenossenschaft umso solider, je stärker die Bürgerschaft selbst über die Verwendung der Ausgaben mitreden kann. In 15 Kantonen wird ein sogenanntes Finanzreferendum einberufen, wenn ein öffentliches Investitionsprojekt die vorgegebene Höhe überschreitet. Kostenexplosionen wie bei »Stuttgart 21« sind dort kaum vorstellbar.[321]

Finnland hat das beste Schulsystem der Welt. Schweden gehört zu den Ländern mit der besten Kinderbetreuung weltweit. In Dänemark ist Pflege einmalig menschenfreundlich geregelt: Pflegekräfte werden bei den Kommunen angestellt und gut bezahlt, jeder alte Mensch kann einen Heimplatz aus der Grundrente bezahlen. Alles kein Zufall, sondern systembedingt: Die kleinen politischen Einheiten bestimmen, wo ihre Prioritäten liegen und wofür sie die Steuereinnahmen ausgeben. Wieder ein Beispiel dafür, dass ein guter selbstorganisierter institutioneller Rahmen das Beste aus Menschen herauskitzelt und Bedürfnisse im menschlichen Maß befriedigt.

Resonanz zwischen Wählenden und Gewählten

In Deutschland umfasst das kleinste Bundesland (Bremen) knapp 700.000 Einwohner und das größte (Nordrhein-Westfalen) fast 18 Millionen. In Österreich reicht die Spanne vom Burgenland mit knapp 300.000 bis Wien mit 1,9 Millionen. In der Schweiz hat der kleinste Kanton Appenzell-Innerrhoden nur 16.000 Bewohner, der größte ist Zürich mit 1,5 Millionen. Im kleinsten Kanton versammeln sich Landsgemeinden unter offenem Himmel, um in direkter Demokratie Gesetze und Budgets zu verabschieden. Für andere Regionen mit Millionen Bürgerinnen ist das rein physisch nicht möglich, sie kommen ohne gewählte Vertreter und Repräsentantinnen nicht mehr aus.

Aber wie sorgt man dafür, dass die Resonanz zwischen Wählenden und Gewählten erhalten bleibt? Dass Letztere auch wirklich die Interessen der Ersteren vertreten? Dass die politischen Gremien lebendig bleiben? Dass Abgeordnete von Lobbyisten unbeeinflusst agieren? Dass Partei-, Geld- und Karriereinteressen nicht alles andere überwuchern? Die repräsentative Demokratie bietet hier wenig an, weil es zwischen den Wahlen kaum Einflussmöglichkeiten für die kleine Frau und den kleinen Mann gibt.

Früher glaubten viele Linke, Räte seien die Antwort. Die Arbeiter- und Soldatenräte zu Beginn der Weimarer Republik waren mit einem »imperativen Mandat« ausgestattet. Das heißt: Auf der nächsthöheren Ebene hatten sie als Delegierte Beschlüsse zu vertreten, die auf Versammlungen in Fabriken und Militäreinheiten gefällt worden waren, egal, wie sie persönlich dazu standen. Das aber bedeutet, Diskussionen zu ersticken. Wenn sie nicht anders stimmen dürfen, als ihre »Basis« es will, zählt kein Argument mehr. Das führt zu erstarrten ideologisierten Positionen und ist eine untaugliche Einengung von Demokratie, die ja immer auch die Suche nach Konsens oder Kompromiss beinhaltet.

Besser wäre es, viele verschiedene Maßnahmen so zu kombinieren, dass Demokratie wieder ein lebendiger Prozess des Diskutierens wird und sinnlich Spaß macht. Das gilt erst recht für die Parlamente auf nationaler oder gar EU-Ebene, in denen Abgeordnete viele Millionen Menschen vertreten sollen.

Wie ginge das? Indem das Subsidiaritäts-Prinzip konsequent durchgesetzt wird. Immerhin ist es in der EU-»Charta der Grundrechte«, im deutschen Grundgesetz und anderen Verfassungen verankert. Gemeinden sollten Steuer- und Hoheitsrechte zurückbekommen und alle Angelegenheiten bürgernah regeln. Kommunen können sich auf die »Europäische Charta der kommunalen Selbstverwaltung« berufen, die der Europarat 1985 in Straßburg verabschiedete. Sie geht auf den Schweizer Historiker Adolf Gasser zurück, der sich nach 1945 für eine europäische Föderation der Gemeinden anstelle von Nationalstaaten einsetzte, und sie bekräftigt das Recht von Gemeinden auf ihre politische, verwaltungstechnische und finanzielle Selbstständigkeit.[122]

Umstrittene Sachfragen könnten in konsultativen Bürgerräten oder einer ausgelosten dritten Bürgerkammer des Parlaments verhandelt und dann in Volksabstimmungen »konsensiert« werden. Repräsentativ ausgeloste »Zukunftsräte« könnten über Zukunftsfragen wie Klimaschutz oder regenerative Wirtschaftsmodelle beraten, und zwar auf allen Ebenen von der Kommunalpolitik bis zur EU. »Bundesbeteiligungs-Werkstätten« könnten sämtliche Vorhaben begleiten, in denen Bürgern und Einwohnerinnen ein Beratungs- und Gestaltungsrecht zugestanden wird. Das alles gilt auch für die Schweiz, die keine konsultative Demokratie und kein Konsensieren kennt. Auch ihre Demokratie ist noch verbesserungsfähig.

Neue Gesetze sollten für eine strikte Trennung zwischen Politik und Ökonomie sorgen, Wirtschaftslobbyismus und »Drehtüreffekte« verbieten, also den Wechsel von Politikern in Unternehmen und umgekehrt. Ein Schema wie der vorgeschlagene Zwölfer-Farbkreis für Regierungen und Verwaltungen könnte für Übersichtlichkeit sorgen und bürokratische Kompetenzstreitereien vermeiden.

Wenn Regierungen nicht mehr nach dem Mehrheitsprinzip gebildet werden, sondern ähnlich wie in der Schweiz die wichtigsten politischen Strömungen repräsentieren, bräuchte man keine Regierungskoalitionen mehr. Dann wird auch der Fraktionszwang überflüssig, mit dem Abgeordnete der Regierungskoalition – übrigens grundgesetzwidrig – gezwungen werden, die Regierung um jeden Preis zu stützen und alles niederzustimmen, was von der Opposition kommt. Damit entfiele auch eine Ursache dafür, dass Parlamentsdebatten sterbenslangweilig sind und Argumente nicht zählen. Nach dem »Ibiza-Skandal« von 2019, der zum Sturz der blauschwarzen Regierung und zu einer überparteilichen Expertenregierung in Österreich führte, hat dessen Parlament gezeigt, welche Potenziale hier schlummern. Endlich wurde es – zumindest kurzzeitig – seiner Rolle als Legislative wieder gerecht und erarbeitete selbstbewusst eine Reihe von Gesetzen, etwa das landesweite Verbot des Ackergiftes Glyphosat. Auch lehnte es das Freihandelsabkommen Mercosur ab, das den brasilianischen Regenwald bedroht.[323]

Europa der Regionen

Nach unserer Vorstellung bilden kleine Staaten, die 7 bis 30 Millionen Menschen umfassen, die *fünfte Gemeinschaftshülle* der Identität. Das können etwa die Beneluxstaaten sein, in Deutschland wären es mittelgroße Bundesländer.

Die historisch entstandenen Nationen sind vielfach nur noch das Exoskelett für schwache Charaktere, die sich starke Männer und starke Staaten herbeisehnen. Geschichtlich betrachtet, existieren Nationen nicht länger als einen Wimpernschlag, in moderner Prägung mit Privateigentum, Verwaltung, Justiz und Armeen erst seit ungefähr 300 Jahren. Menschen, die Nationalextremismus fürchten, kämpfen deshalb für ein vereintes Europa, in dem die Rolle von Nationalstaaten sukzessive zurückgedrängt wird. Der Schriftsteller Robert Menasse und die Politikprofessorin Ulrike Guérot wünschen sich Europa als Bundesstaat seiner historisch gewachsenen Regionen. In ihrem gemeinsam verfassten Manifest, das Künstler und Schauspielerinnen 100 Jahre nach Ende des Ersten Weltkriegs am 10. November 2018 auf über 100 Balkonen und Plätzen Europas verlasen, riefen sie symbolisch eine neue gewaltengeteilte »Europäische Republik« der Städte und Regionen aus: »Das Europa der Nationalstaaten ist gescheitert. Die Idee des europäischen Einigungsprojektes wurde verraten. Der Binnenmarkt und der Euro konnten ohne politisches Dach zur leichten Beute einer neoliberalen Agenda werden, die der Idee der sozialen Gerechtigkeit widerspricht.« Und sie beschwören eine fiktive Zukunft: »Der Europäische Rat ist abgesetzt. Das Europäische Parlament hat gesetzgeberische Gewalt. Es wählt eine europäische Regierung, die dem Wohle aller europäischen Bürgerinnen und Bürger gleichermaßen verpflichtet ist.«[324]

Guérot und Menasse sind überzeugt, dass ein demokratisiertes »Europa der Regionen« den ewigen Streit elegant auflösen würde, ob die EU weiter Staatenbund bleiben oder Bundesstaat werden soll. Guérot wünscht sich dabei ein klassisches Zweikammer-System für die »Europäische Republik«: ein Abgeordnetenhaus mit vollem Initiativ- und Haushaltsrecht sowie einen Senat aus Gesandten der europäischen Regionen und autonomen Provinzen. Die Europäische Republik sei dann eine »Föderation vieler regionaler Einheiten ohne nationale Zwischeninstanz« und »ein horizontales Netzwerk aus autonomen Provinzen und Metropolen, die über eine einheitliche europäische Infrastruktur und einen zu definierenden fiskalischen Föderalismus miteinander verbunden sind«. Jene 50 bis 60 Regionen, die schon im Mittelalter existierten, hätten mit je 7 bis 15 Millionen Menschen eine »optimale staatliche Betriebsgröße«.[325] Alle Mitglieder dieser neuen Republik würden nach Guérots Vorstellung die europäische Staatsbürgerschaft bekommen – mit einheitlichem EU-Pass, Einheits-Erwerbslosenversicherung und bedingungslosem Grundeinkommen. Es gäbe einen Schuldenschnitt für überschuldete Länder und eine ökonomische Absicherung gegen Krisen durch gemeinsame Staatsanleihen. »Das wäre die Agenda des europäischen Vormärz und der großen Reformation Europas. Aufbruchstimmung in Europa!«[326]

»Rückfall in die Kleinstaaterei!«, schreit hier vielleicht manch anderer auf. Es wäre in der Tat ein Rückfall, wenn die autonomen Regionen machen und lassen könnten, was sie wollten – und schlimmstenfalls gegeneinander oder gegen andere in den Krieg ziehen. Deshalb wäre es zwingend, dass ein gemeinsames europäisches oder gar weltweites Wertedach die Regionen überwölbt. Wer zur Union gehören will, müsste eine Charta der Grundrechte unterschreiben und sich auf das Gemeinwohl und den Friedenserhalt verpflichten; wer dagegen verstößt, bekäme Sanktionen zu spüren. Denkbar wäre zum Beispiel, solche »Abtrünnigen« von der Nutzung von Ressourcen auszuschließen. Etwa von Fördergeldern oder Energienetzen oder den noch zu gründenden öffentlich-rechtlichen Internetdiensten und Suchmaschinen in der EU.

Wünschenswert wäre, wenn alle EU-Angehörigen längerfristig selbst entscheiden dürften, in welcher EU-Region mit »optimaler staatlicher Betriebsgröße« sie leben wollen.

Die Europäische Union wäre aber auch dann stark reformbedürftig, wenn man die Auflösung der Nationen für nicht wünschenswert oder illusionär hält. Da sie stolze 510 Millionen Menschen umfasst, sind ihre Abgeordneten in jetziger Form völlig überfordert damit, deren Willen zu vertreten. Hier würden dieselben Mittel helfen wie in ihren Mitgliedsstaaten, nämlich die repräsentative mit konsultativer und direkter Demokratie zu verbinden. Eine geloste Bürger- oder Zukunftskammer könnte sich großen Fragen widmen wie Generationengerechtigkeit, Klima- und Artenschutz, Digitalisierung, Energie- und Agrarwende. Bürgerbegehren und Volksabstimmungen sollten auf europäischer Ebene erlaubt werden. Das bisher überbürokratisierte und gleichzeitig lächerlich unverbindliche Verfahren der »Europäischen Bürgerinitiative«, das die Kommission bei Streitthemen zu nichts verpflichtet außer zu einer Stellungnahme, sollte zu einer echten Möglichkeit der Volksgesetzgebung ausgebaut werden. So würde die Europäische Union langsam zur *sechsten Gemeinschaftshülle* für unsere gefühlte Identität als Europäer.[327]

Weltbürger und Weltparlament

Die sechste Gemeinschaftshülle ist ein Bündnis kleiner Nationalstaaten und, global gesehen, eine Weltregion. Und die *siebte Hülle* ist in diesem Sinne dann unsere Identität als Weltbürger. In Ansätzen gibt es sie schon mindestens seit Gründung der Vereinten Nationen, verstärkt wurde sie durch die Mondlandung von 1969, die zum ersten Mal eindrucksvolle Bilder von der Schönheit und Verletzlichkeit unseres gemeinsamen Planeten lieferte. Die UNO wurde nach der globalen Verwüstung des Zweiten Weltkrieges als hoffnungsvolle internationale Kooperation zum Erhalt des Weltfriedens aufgebaut.

Doch die UNO hat ein noch schlimmeres Demokratie-Defizit als die EU, weil darin nur Regierungen und damit auch Despoten und Diktatoren das Sagen haben. Im UN-Sicherheitsrat sitzen die fünf Atomstaaten und größten Rüstungsexporteure der Welt, zudem blockieren sich die USA, China und Russland dort gegenseitig. Der UN-Wirtschafts- und Sozialrat darf nur beraten. Die Handels- und Wirtschaftsorganisationen WTO, Weltbank und Weltwährungsfonds sind dominiert von westlichen Interessen. Die UN-Unterorganisationen wie FAO oder WHO sind durchsetzt von Konzernlobbyisten. Doch so dürftig oft ihre Ergebnisse sind – noch viel schlimmer wäre es, wenn es überhaupt keine Architektur der internationalen Kooperation mehr gäbe. Donald Trump und andere sind bereits eifrig dabei, die funktionierenden Reste der UNO zu schreddern.

Die UNO müsste also nicht nur gerettet, sondern auch refinanziert und reorganisiert werden. Aber wie? Vielleicht mit einer UN-Parlamentsversammlung. Seit 2007 läuft eine internationale

Kampagne, um eine solche ins Leben zu rufen. Andreas Bummel, Vorsitzender des Vereins Democracy without Borders, ist der globale Koordinator des Komitees für eine demokratische UNO. Im Buch »Das demokratische Weltparlament« hat Bummel zusammen mit dem Sozialdemokraten Jo Leinen seine Vorstellungen skizziert: Mitglieder des UN-Parlaments sollten im ersten Schritt aus den nationalen Parlamenten entsandt werden und vor allem beratende Funktion haben. Danach könnten sie sukzessive in den Ländern direkt gewählt und mit neuen Befugnissen ausgestattet werden, um die UN-Exekutive zu kontrollieren. Die nationalen Regierungen, die in der UN-Generalversammlung vertreten sind, müssten der Gründung einer Parlamentarischen Versammlung zustimmen. Nach Einschätzung von Andreas Bummel erlaubt die UN-Charta die Einsetzung neuer Organe, sodass diese nicht in einem politisch riskanten Akt geändert werden müsste. Auch eine »Weltbürgerinitiative« hält er für nötig, damit Bürger und Einwohnerinnen aus allen Staaten analog der »Europäischen Bürgerinitiative« ein Thema auf die Tagesordnung der UN-Generalversammlung bringen können.[328] Über hundert zivilgesellschaftliche Organisationen, zusammengeschlossen unter dem Dach von »We the Peoples«, fordern genau dies.

Aber wäre ein nach Staaten sortiertes UN-Parlament überhaupt sinnvoll? Würden damit nicht die alten Konflikte zwischen Nationen neu aufbrechen? Wäre es nicht kontraproduktiv, sich damit der Dominanz der Regierungen Chinas und Indiens auszusetzen? Sie sind die bevölkerungsreichsten Staaten der Welt und würden somit auch die meisten Parlamentarier stellen: Es gäbe 17-mal so viele chinesische Abgeordnete und 16-mal so viele indische wie deutsche. Der britische Journalist und Aktivist George Monbiot schlägt deshalb ein Alternativmodell vor: Die Abgeordneten sollten weltweit in 600 Distrikten mit jeweils 10 Millionen Menschen direkt gewählt werden – was unseren kleinen Nationalstaaten entsprechen würde.[329] Er wisse, dass das heute utopisch klingt, aber jede revolutionäre Veränderung, sagt er, habe als utopische Idee begonnen. Monbiots Distrikte entsprechen von ihrer Einwohnerzahl in etwa unserer *fünften Hülle*. Wenn ein Europa der 50 Regionen denkbar ist, klingt dieser Vorschlag schon gar nicht mehr so utopisch.

Christian Felber schlägt einen anderen Weg vor, um das Weltgemeinwohl zu stärken: »ethische Handelszonen«. Diese könnten in Kraft treten, wenn 50 UN-Mitgliedsstaaten deren Gründungsurkunde ratifizieren. Kernidee: Es gäbe Zollaufschläge für diejenigen Unternehmen, die unethisch und unter Verstoß gegen Menschenrechte, Klima- und Artenschutzabkommen produzieren.[330] Das würde kleinbäuerliche vor agroindustriellen Strukturen schützen, lokale Märke vor fernen Konzernen, ethische Betriebe vor Profitmaschinen, öffentliche Güter und Allmenden vor Privatisierern.[331] In ethischen Handelszonen könnten die Größe und Macht globaler Konzerne begrenzt werden, etwa durch folgende Regeln: Kein Unternehmen darf mehr als ein Prozent Weltmarktanteil haben; keines darf mehr als 50 Milliarden Dollar Umsatz machen; keine Bank darf eine Bilanzsumme von mehr als 30 Milliarden Dollar haben.[332]

Das gesamte UN-System hat heute gerade mal ein Budget von etwa 46 Milliarden Dollar, um alle seine Aufgaben zu finanzieren. Für die Realisierung der UN-Nachhaltigkeitsziele bis 2030 – Armutsbeseitigung, Ernährungssicherung, Klimaschutz und vieles mehr – bräuchte es das 20-Fache, also ungefähr eine Billion Dollar zusätzlich. Würden die Superreichen mit nur zwei Prozent Reichensteuer belastet, würde das diese Summe locker einspielen. Eine Weltsteuerbehörde könnte das durchsetzen. Ihre Einrichtung wird von der sogenannten Stiglitz-Kommission, 2008 nach der Finanzkrise eingesetzt, ebenso befürwortet wie vom EU-Parlament.[333]

Die Verwirklichung der UN-Nachhaltigkeitsziele könnte zudem Wunden heilen, die Kolonialismus und Imperialismus in der Vergangenheit geschlagen haben. Denn im Kern bedeuten sie die Anerkennung, dass alle Menschen auf der Welt gleich sind. Jede Person, egal, wie viel Geld und welche Hautfarbe sie hat oder welcher Religion sie zugehörig ist, besitzt dieselbe Würde und dieselben

Menschenrechte. Sie hat ein Anrecht darauf, sich gesund zu ernähren, gut zu wohnen, in intakter Natur zu leben und sich im eigenen Gemeinwesen ohne Repressionen zu engagieren.

Globale Charta der Kommunen und Regionen

Die Menschenrechts-Charta der UN war das Ergebnis des katastrophalen Zweiten Weltkrieges. Die UN-Klima- und Artenschutzabkommen sind das Ergebnis ökologischer Katastrophen, mit ihnen wurden Atmosphäre, Wasser und Lebewesen internationale Rechtsgüter. Damit wir keinen katastrophalen Untergang der Demokratie erleben, wäre es an der Zeit, auch die universellen Rechte für Kommunen und Regionen festzuschreiben. Hongkong und viele andere Beispiele zeigen: Das Recht auf Selbstbestimmung und Selbstregierung ist unveräußerlich. Es darf keinesfalls den Imperien überlassen bleiben.

In vielen Nationalverfassungen wird die »kommunale Selbstverwaltung« als Grundrecht bereits garantiert, so im deutschen Grundgesetz, in der EU und auch in der US-Verfassung von 1776. Doch die Regierungen halten sich kaum daran – wohl auch, weil Machthaber versucht sind, möglichst viele Entscheidungsbefugnisse an sich zu ziehen. In Deutschland tendiert der Bund spätestens seit der Wiedervereinigung immer stärker zur Zentralisierung. Eine Verabschiedung einer globalen Charta der Kommunen und Regionen durch die UNO könnte das ändern.

Was sind denn die klassischen Gemeindeaufgaben? Zum einen die Verwaltung von Allmenden über Wasser-, Fischerei-, Weide-, Holz-, Erd- und Wegerechte. Zum anderen die Daseinsvorsorge, neudeutsch auch Public Service genannt, in den Bereichen Soziales, Gesundheit, Bildung, Wissenschaft, Wirtschaft und Kultur (siehe auch der Zwölfer-Ordnungskreis, Seite 63 oben). In Skandinavien und der Schweiz können Kommunen diese Bereiche weitgehend autonom gestalten, warum in Deutschland nicht?

Justiz, Sicherheit und Finanzkontrolle sollten hingegen bei Bundesbehörden verbleiben, damit staatliches Handeln frei bleibt von Willkür und Korruption. Gerichte oder Polizisten, die von einem Bürgermeister eingesetzt würden, wären nicht unabhängig. Und die Finanzämter sollten nach abgestimmten Regeln Steuern verwalten. Hier bedarf es noch viel Hirnschmalz, diese Regeln optimal zu gestalten, sodass Menschen in Kommunen und Regionen selbstbestimmt leben können und Steuerhinterziehung und Ämtergeschacher vermieden wird.

ZUSAMMENFASSUNG

Wir könnten uns eine glänzende Zukunft organisieren. Die repräsentative Demokratie könnte mit direkter und konsultativer Demokratie ergänzt werden, mit Volksabstimmungen, Bürgerräten und neuartigen Abstimmungsverfahren wie Konsensieren. Weil wir in kleinen Gruppen am glücklichsten sind und am besten zusammenarbeiten, brauchen Kommunen und Regionen neue Selbstbestimmungsrechte. Sie könnten durch das Subsidiaritäts-Prinzip viel Autonomie zurückerlangen – vorausgesetzt, sie bekennen sich zu den gemeinsamen Werten der EU. Verwaltungen könnten sich demokratisieren, indem sie sich verpflichten, auf Bürgeranliegen mit »Ja, wenn ...« zu antworten.

Vision für das Jahr 2050

»Lucy und Tuzan – wie schön, euch zu sehen!« Jane, mittlerweile 40 Jahre alt, empfängt freudestrahlend ihre Freunde. Sie steht in der Tür eines ehrwürdigen Patrizierhauses in der Altstadt von Brüssel, das innen zum Zentrum des Europäischen Zukunftsrates umgebaut wurde. Jane gehört zu jenen EU-Angehörigen, die über ein repräsentatives Losverfahren zum Mitglied des 250-köpfigen Zukunftsrates auserkoren wurden. Der Bürgerrat soll bei strittigen Zukunftsthemen »eine starke, unabhängige Stimme der Bürger und Einwohnerinnen Europas« bilden. So wurde es in der neuen bürgerbestimmten EU-Verfassung festgelegt. Sie wurde verabschiedet, als die Europäische Republik im Jahre 2048 ausgerufen wurde – symbolträchtig 150 Jahre nach dem Ersten und gut 100 Jahre nach dem Zweiten Weltkrieg.

Jane führt die beiden in den Versammlungssaal, wo der Zukunftsrat plenar oder in kleinen Arbeitsgruppen tagt. Die schönen alten Stühle sind holzgeschnitzt und stehen in einem riesigen Kreis. »Habt ihr kein Geld für Tische?«, fragt Lucy, mittlerweile 60, entgeistert. »Tische stören nur, sie sind psychologische Barrieren. Mitschreiben können wir auch auf unseren Tablets«, entgegnet Jane, stolz auf die vielen kleinen Elemente ihrer »konstruktiven Streitkultur«. »Und wie verständigt ihr euch? In der EU gibt es doch mehr als 24 Sprachen«, will Tuzan wissen, der mit seinen 95 Jahren nicht mehr auf dem neuesten technischen Stand ist. »Mit künstlicher Intelligenz. Automatische Übersetzungsdienste in Echtzeit sind heute kein Problem mehr«, erklärt Jane und zeigt ihrem Wahlgroßvater den drahtlosen kleinen »Babelfisch«, den sie sich dafür einfach nur ins Ohr stecken muss. »Magst du mal hören?« Sie will das Metallfischchen in seine rechte Ohrmuschel schieben. Doch Tuzan wehrt ab: »Fische im Ohr, Glibsch und Glibber, nein danke, mir reicht mein Tinnitus. Da brauche ich keine stecken gebliebene Fischschuppen, und ich will auch nicht so taub werden wie diese EU-Kommissare.«

»Die gibt es doch nicht mehr!«, grinst Jane. »Abgeschafft mit der Gründung der Europäischen Republik. Jetzt haben die Kommunen und Regionen das Sagen. In Brüssel existiert nur noch das Wertedach der Republik in Form von interdisziplinären Ethikräten und Wertekommissionen. Und das Fundament: die Finanzverwalter. Sie nehmen den Regionen die Abrechnungen von Einnahmen und Ausgaben ab. Oder kürzen die Überweisungen des bedingungslosen ökologischen Grundauskommens, wenn Gemeinden gegen die vereinbarten gemeinsamen Werte verstoßen.«

»Ökologisches Grundauskommen?« Tuzan ist wirklich nicht mehr auf der Höhe der Zeit. »Na ja, ein Scheck pro Bürger und Nase, der sich aus den EU-weiten Steuern für CO_2 und Ressourcenverbrauch finanziert. Musst du doch auch bekommen haben.« Tuzan kratzt sich an der großen roten Nase. »Mmh, hab ich wohl weggegehmiesen. Ich werde wohl langsam alt und rüttelig.«

»Und wie funktioniert das mit den Regionen?«, will Lucy wissen. »Ich habe gehört, es gibt da eine Experimentierklausel.« »Genau«, bestätigt ihre Nichte eifrig. »Ist aber alles erst im Aufbau. Die Europäische Republik gibt es erst zwei Jahre, da kannst du nicht zu viel erwarten. Der erste Schritt ist, Gemeinden und Regionen wieder echte Selbstbestimmung zu ermöglichen. Skandinavien und die Schweiz machen das schon lange vor. Nun werden die Verwaltungen überall umgebaut, sodass die Gemeindehäuser und kommunalen Selbstverwaltungsgremien selbst bestimmen können, wohin die Steuereinnahmen fließen. Sie bezahlen ihre Lehr- und Pflegekräfte selbst, auch ihre Beschäftigten in der öffentlichen Daseinsvorsorge. Diese sind in lauter autonome Teams eingeteilt, die selbstführend arbeiten. Wir nennen das die neue Vertrauensökonomie.«

»Und die Experimentierklausel?«, insistiert Lucy. »Die Menschen in den Regionen dürfen experimentieren, in welcher Form sie leben wollen, sie müssen das nur in Brüssel anmelden«, erklärt Jane. »Manche nutzen das, andere nicht. Manche haben Migranten eingeladen, sich dort anzusiedeln, und wollen von ihnen dürreresistente Landwirtschaft oder neue Kochkünste lernen. Andere spezialisieren sich ökonomisch, etwa auf Schuhwerk oder solarbiochemische Produkte.«

»Das ist ja ein Durcheinander«, brummelt Tuzan. »Nein, gar nicht«, widerspricht Jane. »Die meisten Gemeinden und Regionen wollen bleiben, wie sie sind.« »Und was plant ihr für den Fall, dass zwei Gemeinden diametral verschiedene Pläne haben und sich bekriegen?«, will Lucy wissen. »Dann wird ein Mediationsteam versuchen, eine Lösung zu finden. Erst wenn das nicht klappt, wird den Streithähnen als Sanktion das ökologische Grundauskommen entzogen.«

Geduldig erklärt Jane, dass die Gremien in Brüssel keineswegs die Zentralinstanzen sind, die alles regeln. Zuvörderst sollen die kommunalen und regionalen Bürgerräte selbst ihre Angelegenheiten klären. Erst wenn diese zu gegensätzlichen Entscheidungen kommen, gibt es Schlichtungsprozesse. Auch die Bezirksgremien von Großstädten erhalten neue Freiheiten und zehn Prozent des Stadtetats zur eigenen Gestaltung. Eine EU-weite Kultursteuer soll ferner dazu dienen, Zentren zur Pflege des historischen, lokalen, regionalen und globalen Kulturgutes aufzubauen sowie Feste und Veranstaltungen auszurichten. Einzige Bedingungen für eine Kommune: Die Hälfte des Geldes muss an eine andere Kommune in der EU verschenkt werden, um gegenseitige Bindungen und Beziehungsreichtum zu stärken.

»Also, ich weiß nicht.« Lucy runzelt streng die Stirn. »Mir gefällt diese neue Unübersichtlichkeit nicht. Ich weiß ja gar nicht mehr, wohin ich gehöre. Wieso konnte man es nicht bei den früheren Nationalstaaten belassen? Ich hab mich ganz wohlgefühlt in Deutschland.«

»Du weißt doch, wie das kam«, entgegnet Jane. »Viele in der EU hatten zunehmend Probleme mit der Dominanz der Deutschen, es gab immer mehr Spannungen und Streitereien. Allzu oft hat die Bundesregierung deutsche vor europäische Interessen gesetzt – denk nur mal an die kontraproduktive Sparpolitik, zu der sie die Griechen gezwungen hat. Als die neue EU-freundliche Bürgerbewegung ab 2040 eine Wahlreform nach dem Prinzip ›Eine Person – eine Stimme‹ forderte, war das wie eine salomonische Lösung. Die Deutschen haben dadurch mehr Stimmen in Brüssel bekommen, weil sie die größte Bevölkerungsgruppe stellen, haben dafür aber nationale Souveränitätsrechte abgetreten. Die EU als Ganzes hat das sichtlich befriedet.«

»Aber mich nicht«, grummelt Lucy.

»Was fehlt dir denn?«, fragt Jane.

»Eine Bundeskanzlerin, über die ich mich aufregen kann!«, schimpft Lucy.

Resümee
Abschied vom Größenwahn

Die Utopie, sie steht am Horizont.
Ich bewege mich zwei Schritte auf sie zu, und
sie entfernt sich um zwei Schritte.
Ich gehe weitere zehn Schritte, und sie entfernt
sich um zehn Schritte. Wofür ist sie also da,
die Utopie? Dafür ist sie da, um zu gehen.

EDUARDO GALEANO

Für dieses Buch haben wir viel gelesen, viel geredet, Zitate, Ideen und Mut machende Lösungen als Anregung für Sie zum Weiterlesen und Weiterdenken zusammengetragen. Da jeder anders denkt und jede sich ihr eigenes Bild macht, wollen wir in einem Dreiklang ein Resümee ziehen: als Zusammenfassung der wichtigsten Merksätze, als kleines ABC und als Optimisma-Vision.

Merksätze

Versuchen wir zusammenzufassen, wie sich die wichtigsten Regeln und Muster für ein menschliches und planetenfreundliches Maß in kurzen Sätzen beschreiben lassen:

Dieses Maß

* fördert Lebendigkeit und Glück;
* ist kleinteilig und überschaubar;
* ist beeinflussbar und veränderbar;
* ist artenvielfältig und vielstimmig;
* ist kooperativ statt konkurrenzlastig;
* fördert Gleichheit und Gerechtigkeit;
* ist selbstorganisiert und autonomiefördernd;
* schafft Vertrauen, Nähe und Verantwortung;
* ist kosmolokal und planetarisch ausgerichtet;
* ist lebewesenfreundlich, abfallfrei und giftfrei;
* erzeugt nachhaltig Resonanz und Stimmigkeit;
* ist regenerativ, auf Kreisläufe und Heilung ausgerichtet;
* ist begreifbar, gestaltbar, teilbar, partizipativ, fehlerfreundlich;
* ist nichthierarchisch in selbstführenden kleinen Einheiten organisiert;
* unterstützt Harmonie, Ausgleich, Fairness, Gerechtigkeit und Kooperation;
* erfüllt Grundbedürfnisse, ohne Menschen und fühlenden Lebewesen Leid zuzufügen;
* spricht alle Sinne an, ohne sie zu überreizen, ist abwechslungsreich, rhythmisch, farbig;
* schafft Beziehungsreichtum zu anderen Menschen, Lebewesen, Dingen und Umgebungen;
* folgt der Goldenen Regel: Was du nicht willst, das man dir tu, das tu auch keinem andern zu.

ABC der Menschen- und Planeten-
freundlichkeit

Aus den wichtigsten Regeln und Mustern des in diesem Buch beschriebenen ökosozialen Umbaus aller Lebensbereiche – Ernährung, Lebensorte, Wirtschaft, Gesundheit, Politik – ist folgendes kleines *ABC der ReGeneration* entstanden:

Alles zum Glück   Alles, was wir brauchen, ist einfach. Das Zusammenraffen von materiellem Reichtum ist stressig, genauso wie die Abwehr der Neider. Das Anhäufen von Eigentum über die Grundbedürfnisse hinaus macht Besitzende krank und schadet gleichzeitig allen anderen. Doch fast alles, was glücklich macht, ist gratis.

Bio-Organismen-Wirtschaft   Bei allen Entscheidungen in den kommenden Jahren sollten Ökologie und Regenerativität die höchste Priorität bekommen. Auf einem zerstörten Planeten gibt es keine Wirtschaft, kein Geld und kein menschenwürdiges Leben. Die bisherige Wirtschaftsweise hat aus lebendigen Organismen totes Material zur menschlichen Vernutzung gemacht und dadurch riesige Landflächen verödet. Wenn wir langfristig auf diesem Planeten überleben wollen, müssen wir es genau umgekehrt anstellen: eine regenerative Wirtschaft organisieren, die das Lebendige schützt, schätzt und noch lebendiger macht. Die Corona- und Klimakrise kann man auch als erdverbindende positive Kraft begreifen, die uns kollektives Handeln wiederentdecken lässt. Sie hilft dabei, uns im lokalen Tun mit allen anderen Lebewesen auf der Welt zu verbinden, statt in Ichlingskult und Egopubertät zu verharren.

Care first   Care-Berufe im »systemrelevanten« Gesundheits-, Pflege-, Erziehungs- und Versorgungsbereich, die vorwiegend von Frauen ausgeübt werden, halten das Lebendige lebendig. Sie sollten mindestens genauso gut bezahlt werden wie vorwiegend männliche Berufe, in denen es nur um totes Material geht: Geld, Kapital, Technik, Autos, Maschinen.

Demokratiekonsens   Demokratie lebt davon, dass die Stimme jedes und jeder Einzelnen gehört wird. Auf allen Ebenen, vom kleinsten Dorf bis zur UNO, sollten ihre repräsentativen Formen durch direkte und konsultative Demokratie ergänzt, stabilisiert und erweitert werden. Stets sollte gelten: Kontaktaufnahme und Verbindung steht vor konkreter Lösung, Konsensieren geht vor Mehrheitsentscheidungen.

Erdregeneration   Erde und Menschheit brauchen jetzt eine Zeit der Heilung, um die Wunden zu schließen, die in den letzten Jahrhunderten der Ausbeutung von Mensch und Natur geschlagen wurden. Nach der langen Zeit der DeGeneration ist jetzt Zeit für ReGeneration.

Friedenssinn   Für alle menschengemachten Organisationen und Institutionen, Betriebe und Verwaltungen gilt: Sie haben die universellen Erd-, Natur- und Menschenrechte zu achten. Alle Einheiten sollen sich weitestgehend selbstführend und kleinteilig organisieren, um mit menschlich-planetenfreundlichem Maß friedens- und sinnstiftend nach verbindenden Lösungen zu suchen. Mit solchen Strukturen wird zugleich das Beste aus Menschen hervorgelockt und gefördert.

Grund-**Maß-Einheit**   Grundbedürfnisse haben körperlich-seelisch-geistige Dimensionen, die uns immer wieder neue Dimensionen vom menschlichen und planetenfreundlichen Maß erkennen lassen.

Humus, **Humanis, Humor**   Humus und Humanität hängen eng zusammen. Um die Welternährung zu sichern, brauchen wir überall regenerative Landwirtschaft, möglichst in Form von Allmenden. Jeder Mensch sollte mit seiner Geburt ein Grundrecht auf genügend Boden für eine ihn versorgende regenerative Agrikultur bekommen. Damit verbunden ist die Aufgabe, zum Humusaufbau, zur Renaturierung der Wälder und zur Verbesserung von Luft und Wasser beizutragen – etwa in Form eines »Jahr des Humus«. Und für all das brauchen wir auch Humor – was vom Lateinischen »umor« kommt und Feuchtigkeit und Körperflüssigkeit bedeutete.

Ich-und-Du   In allen Verfassungen dieser Welt sollte das Grundrecht verankert werden, mit der eigenen Lebensweise niemandem zu schaden, so wie es der Kategorische Imperativ Kants und die »Goldene Regel« aller Kulturen und Religionen verlangen. Anders als Rechtspopulisten glauben, geht es niemandem besser, wenn es anderen schlechter geht.

Jede ist Teil der UNO   Jeder Mensch hat unabhängig von Geschlecht, Alter, Herkunft, Lebensort und Religion Anrecht auf Erfüllung seiner Menschenrechte und auf die Verwirklichung der UN-Nachhaltigkeitsziele.

Keiner ist allein   Kein einzelner Mensch ist in der Lage, das ganze Ausmaß von Gewalt und Elend auf der Welt allein emotional auszuhalten. Und nicht jeder ist für alles verantwortlich. Weltbürgertum beweist sich im lokalen moralischen Handeln und lebt vom globalen Teilen unseres Wissens und unserer Ressourcen.

Law of Communities and Commons   Längst ist die Zeit der nationalen Mauern vorbei. »My nation first« hat keine Zukunft. Grenzen lassen sich schon lange nicht mehr mit militärischen Mitteln verteidigen – und schon gar nicht gegen Viren. Aber die gewaltfreie Verteidigung der universellen Natur- und Menschenrechte wird noch auf lange Zeit Weltbürgerpflicht bleiben. Und

70 Jahre nach der Verabschiedung der UN-Menschenrechts-Charta wird es Zeit für die Formulierung und weltweite Anerkennung der allgemeinen Grundrechte der Kommunen, Regionen und ihrer Allmenden, einer »Charta of the Rights of Communities and Commons«.

Mehr teilen   Mehr und solidarisch teilen, das hilft beim Heilen. »Konsum führt zu mehr Wachstum, was zu mehr Ungleichheit führt, was wiederum zu mehr Konsum führt. Wenn wir jedoch für mehr Gleichheit sorgen, führt das zu weniger Konsum, was zu weniger Wachstum führt, was zu mehr Gleichheit führt.«[334]

Nie wieder   Niemand hat ein Recht, anderen vorsätzlich zu schaden. Auch Mächtige, Unternehmen oder Regierungen haben keine »Verschmutzungsrechte« und kein Recht auf strukturelle Gewalt oder gar Krieg, weder als Wirtschafts- noch als militärischer Krieg.

Ohne Frieden ist alles nichts.

Parlamente der nichtmenschlichen Lebewesen   Unsere Wirtschaft wird erst dann planetenfreundlich, wenn wir nicht weiter auf ökonomische Globalisierung setzen, sondern auf ökologische Planetarisierung. Die Rezepte von einst, etwa die von Schumpeter empfohlene »schöpferische Zerstörung«, führen nur zu einer zerstörten Schöpfung. Wirtschaft und Gesellschaft von morgen sind völlig anders: kleinteilig, artenvielfältig und lokal angepasst. Parlamente der nichtmenschlichen Lebewesen sollten das über ihre menschlichen Fürsprecher einfordern.

Quellen der Liebe   Quellen zur Steigerung des eigenen Wohlbefindens gibt es viele: liebevolle Verbindung mit anderen, Bewegung und Sport, Zeitwohlstand statt Warenwohlstand, Achtsamkeit, Aufmerksamkeit und Neugierde auf die Welt, Neues lernen, ehrenamtliches Engagement für andere. Shopping ist nicht dabei.[335] Die einen sagen dazu: Liebe deinen Nächsten wie dich selbst, andere sagen: Lebe gesund, geosozial und solidarisch.

Resilienz   Das ist angesichts der weltweiten Krisenanhäufung zwar ein Modewort geworden, aber ein notwendiges. Nur kleinteilig angepasste artenvielfältige Akteure können Krisen in der Ökonomie, Ökologie und Politik überstehen.

Sicher – gesund – klimafreundlich – lebendig   So sehen Städte für Menschen aus. Sie haben mit dem Primat des Autoverkehrs gebrochen und teilen ihre Flächen gerecht unter Fußgängern, Radlerinnen und anderen Verkehrsteilnehmern auf. Wo früher nur Autos auf der Straße spielen durften, tun das jetzt wieder die Kinder. Städte nach menschlichem und planetenfreundlichem Maß enthalten viele lebendige Treffpunkte und Naturoasen.

Trotz alledem   Trotz Klima- und anderer Katastrophen sollten wir unseren strategischen Optimismus nicht verlieren. Denn nur wenn wir überzeugt sind, dass wir als Menschheit gemeinsam diese globalen Krisen überwinden können, entstehen gute Pläne und positive Feedback-Schleifen, die die Lösung jener gigantischen Aufgaben möglich machen.

Ungiftig   Um die Zukunft der Menschheit zu sichern, brauchen wir weltweit eine regenerative Wirtschaft. Dafür ist eine der wichtigsten Regeln, dass jeder Betrieb öffentlich und nachvollziehbar nachweist, wie er seine Abfallstoffe bei sich oder in anderen Unternehmen als Ausgangsprodukt für neue Produkte nutzt oder giftfrei der Erde zurückgibt.

Vielzellerdenken   Viele Probleme sind global, alle Lösungen sind lokal, weil nur vor Ort umsetzbar. Zentralistische Großorganisationen werden zerfallen, und neue großtechnische Lösungen wie

Gentechnik oder Digitalisierung werden uns nicht retten. Vor Einführung jeder Sprunginnovation sollte ein repräsentativ ausgeloster Bürgerrat begutachten, wo die Chancen und Gefahren liegen. Wir sollten uns fragen: Wie werden wir in 50 Jahren darüber denken? Wird diese Technik dann ein weiterer Fehler auf der langen Liste der Irrtümer sein? Wirtschaft und Politik sind in kleinen, selbstorganisierten und Wissen weltweit teilenden Einheiten effektiver und flexibler. So machen sie Menschen glücklicher und Entscheidungen besser.

Wir haben nur eine Erde, die wir uns mit allen heutigen Lebewesen teilen und mit allen, die vor uns lebten und nach uns leben wollen. Es ist höchste Zeit, dass wir Egozentrismus in Geozentrismus verwandeln und das alte Motto »Macht euch die Erde untertan« verändern in: »Macht euch *der* Erde untertan.«

XY Das bleibt ungelöst. Wenn manche Fragen nicht ihr Geheimnis behalten dürfen, wird es langweilig auf Erden.

Zukunft Sie werden nur diejenigen gestalten, die sich einer Ökonomie der Planetarisierung nach menschlichem Maß verschreiben. Das alte Wirtschaftskonzept der Geld-, Macht- und Wirtschaftsglobalisierung siegt sich gerade zu Tode. Der Alternative Nobelpreisträger Manfred Max-Neef beschreibt die Zukunft der Planetarisierung so: Nötig sei »eine Ökonomie im menschlichen Maß, also die Ökonomie vom Kleinen. Die Ökonomie der Gemeinschaft, der Klein-Gesellschaft.«[336]

Vision für das Jahr 2055

»Herzlichen Glückwunsch, lieber Tuzan, zum 100. Geburtstag!« Jane und Lucy küssen ihren Freund ab. »Hast dich gut gehalten, altes Hochhaus!«, strahlt Jane und überreicht ihm einen Blumenstrauß. Tuzan lacht und bittet sie in sein Wohnzimmer, wo sich schon etliche Gäste tummeln. Gläser voller Holundersekt und Prosecco stoßen klirrend zusammen.

»Bevor das Büfett eröffnet wird, möchte ich ein Loblied auf unseren Jubilar anstimmen«, sagt Lucy, mittlerweile 65 Jahre alt und nach 40 Jahren Tramfahren in Rente. Das Gläserklirren hört auf, alle hören zu. Lucy räuspert sich – und fängt tatsächlich an zu singen. Jane vernimmt es mit Schrecken, ist doch ihre Tante Tram komplett unmusikalisch. »Wir feiern deinen Geburtstag heut, es kommen ja so viele Leut   Krüüüüüh-krüüüüh krrajajajiii   « Es hört sich an, als ob ein verrosteter Schraubstock mit einer Eisenfeile Tango tanzt.

Lucy bricht ab. Höflich-dünner Beifall. Schnell, bevor sich Lucy beleidigt zurückziehen kann, setzt Jane zu einer Lobrede auf Tuzan an. Wie alle hier wüssten, sagte sie, arbeite der Jubilar auch jetzt noch, lange nach seiner Pensionierung, als Leuchtturm, um die besten ökosozialen Projekte anzustrahlen. Er habe sich unendlich verdient gemacht, denn dadurch sei eine ganzheitliche Kultur der Heilung sichtbar geworden, als Synthese aus regenerativer Demokratie, regenerativer Landwirtschaft und regenerativer Wirtschaft. Stolz blickt sie ihn an – und Tuzan wird tatsächlich rot.

Nein, es sei nicht alles gut, fährt Jane fort. Die Gäste möchten sich bitte daran erinnern, dass die Klimakatastrophe weite Teile der Welt unbewohnbar gemacht habe. Viele Regionen in Afrika, Asien und Lateinamerika, in Spanien und Italien seien zu heiß geworden. Klimaflüchtlinge drängelten sich nun dort, wo noch Ernten möglich und Trinkwasser vorhanden sei. Auch Nordostdeutschland leide weiterhin unter periodischen Dürren, weil die globalen Windströmungen einschließlich Jetstream sich durch die Erwärmung des Nordpols verändert hätten. Die Situation sei eine große Herausforderung für die regenerative Agrikultur. Zum Glück habe man viele neue Mischwälder und Baumpflanzungen in Städten angelegt, die die Temperaturen herunterkühlten. Aus Israel, aus Wüstengebieten und auch von den Klimaflüchtlingen selbst habe man viele Ratschläge erhalten, wie man auch in Trockenzeiten pflanzen und ernten könne, zum Beispiel mit Tröpfchenbewässerung und weitflächig aufgespannten Netzen, an denen nächtlicher Tau hängen bleibe. Wegweisend seien auch die riesigen Seetangfarmen in den Ozeanen geworden, die eine Doppelfunktion erfüllten: Sie lieferten enorme Mengen Eiweiß für die Welternährung und speicherten im Tang gigantische Mengen Treibhausgase. Und stets sei der Jubilar zur Stelle gewesen, um als Leuchtturm auf diese Projekte der Hoffnung hinzuweisen. Beifall.

»Ich bin Mutter von zwei Kindern« fährt Jane fort, »Die Entscheidung, Kinder in diese Welt zu setzen, fiel mir, ehrlich gesagt, schwer. Ich habe mich immer wieder gefragt, ob die Menschheit überlebt und damit auch meine Kinder. Und wenn ja, ob sie auch ein gutes menschenwürdiges Leben führen können. Das sind schwierige Fragen, auf die man nie eine endgültige Antwort findet. Aber ich wollte Ja zu weiteren Generationen sagen. Und dazu hat Tuzan eine Menge beigetragen. Er hat mir immer wieder Hoffnung gemacht.« Noch mehr Beifall.

»Ist es vermessen, wenn man einem Hundertjährigen viele weitere glückliche Lebensjahre wünscht?«, fragt Jane. Und setzt ihre Rede fort, ohne eine Antwort der Zuhörenden abzuwarten. Vor allem, sagt sie, wünsche sie ihm Gesundheit. Die Voraussetzungen dafür seien gut. Nun seien ja überall, auch unter seiner Mithilfe, dezentrale Akademien der Heilkunst gegründet worden.

Und überhaupt ... Jane holt Luft, überhaupt sei eine bemerkenswerte neue Friedenskultur entstanden. Die Europäische Republik habe sich entschlossen, zwei Prozent ihres Haushalts für Friedensdialoge, internationalen Jugendaustausch und Versöhnungsprozesse auf allen Ebenen auszugeben – vom Dorf über die Regionen und Kontinente bis hin zur UNO. Das Geld stamme aus früheren Rüstungsausgaben, die nun unnötig geworden seien, zumal von den kleinen Staaten der Welt keine Gefahr ausgehe. »Sie wissen schon, wen ich meine«, lächelt Jane. »Diese kleinen Dinger, die aus dem Zerfall der USA, Chinas und Russlands hervorgegangen sind.«

Tuzan steht auf, dankt Jane und Lucy ganz herzlich, zwinkert ihnen fröhlich zu und richtet das Wort an seine Gäste: »Eigentlich wollte ich in meinen 100 Jahren noch den Weltfrieden erleben. Aber ehrlich gesagt, selbst ich hätte vor 30 Jahren nicht daran geglaubt, dass heute, im Jahre 2055, alle Religionsvorsteher weiblich sein werden: die Päpstin in Rom, die Nachfolgerin des Dalai-Lama in Tibet, die sunnitische Hofpredigerin in Saudi-Arabien, die schiitische im Iran sowie die Matriarchin in Moskau. Wie ihr seht, haben wir schon viel erreicht, aber die Utopie liegt noch vor uns.«

Horizonte eröffnen

Visionen zu entwickeln ist immer ein Wagnis. Weil sie von einer besseren Welt handeln, aber nicht die unzähligen Schwierigkeiten und Rückschläge auf dem Weg dorthin einbeziehen, erscheinen sie notgedrungen als naiv. Die Gefahr ist also groß, dass wir mit unseren Visionen komplett falschliegen werden. Bitte – ihr könnt uns gerne auslachen, wenn es so weit ist. Wir halten uns dennoch an das Motto der feministischen Publizistin Hedwig Dohm (1831–1919): »Glaube nicht: Es muss so sein, weil es nie anders war. Unmöglichkeiten sind Ausflüchte für sterile Gehirne. Schaffe Möglichkeiten.«

Unsere heutige »kalte« geld- und technikgesteuerte Welt braucht »warme« Visionen und Utopien mehr denn je. Nicht weil wir uns einbilden, dass das alles – Hokuspokus Fidibus – Wirklichkeit werden könnte. Auch wir sind angesichts des drohenden Zusammenbruchs von Ökosystemen nicht sehr optimistisch. Aber wenn Menschen und Gesellschaften an die bald eintretende Ökokalypse glauben, machen sie diese wahrscheinlicher. Sie handeln nicht mehr und verfallen in Schockstarre. Deshalb sind wir »Possibilisten«: Wir glauben wie Hedwig Dohm an Möglichkeiten und Möglichkeitsfenster. Und wir hegen einen »strategischen Optimismus«, der statt Teufelskreisen nach unten eine Positivspirale nach oben unterstützen möchte. Es gibt in Gesellschaften unzählige Feedbackschleifen: Wer an eine menschen- und naturfreundliche Zukunft glaubt, macht sie durch sein Handeln jeden Tag wahrscheinlicher.

Dafür wollen wir Horizonte eröffnen und nach dem Motto handeln »**Macht euch *der* Erde untertan!**«.

Anmerkungen

1 Mit Dank an den »Wortschmiede«-Workshop der taz panter Stiftung, Juli 2019.

2 Sachs, Wolfgang (2017): Regionalisierung als Antwort auf Globalisierung?, in: Sabine Kratz (Hrsg.): Vorträge des 2. ZeS-Kolloquiums, Trier 1996, S. 89 ff.

3 Vgl. West, Geoffrey (2019): Scale, Penguin.

4 Rammler, Stephan/Beer, Felix (2020): Resilienz als gesellschaftspolitisches Leitkonzept des 21. Jahrhunderts?

5 www.stockholmresilience.org/

6 Egbart, Jahn: Die wundersame Vermehrung der Nationalstaaten im Zeitalter der Globalisierung [https://link.springer.com/chapter/10.1007/978-3-658-05034-4_1].

7 Global Commission on the Geopolitics of Energy Transformation/IRENA (Hrsg.) (2019): A New World. The Geopolitics of the Energy Transformation [https://safety4sea.com/wp-content/uploads/2019/01/IRENAGlobal-commission-renewableenergy_2019_01.pdf].

8 Schultz, Stefan (2019): Marktmacht der Stromkonzerne sinkt, in: Spiegel Online, 11.11.2019.

9 Mündlicher Vortrag von Christoph Zink im Bruno Taut Laden Berlin, 13.12.2019.

10 Polanyi, Karl (1973): The Great Transformation, S. 88, 108, 243 ff.

11 O. V. (2015): Mehr als zwei Drittel der Amerikaner sind übergewichtig derstandard [at/2000017901820/Mehr-als-zwei-Drittel-der-Amerikaner-sind-uebergewichtig].

12 ofp 14 8 2011

13 www.boatinternational.com/yachts/the-register/top-200-largest-yachts--25027/page-20

14 Vgl. Koester, Elsa (2019): Platz da!, in: Der Freitag, 27/2019.

15 O. V. (2017): The Skyscraper Index [www.theifod.com/the-skyscraper-index/].

16 Katapult (2019): 100 Karten, die deine Sicht auf die Welt verändern, S. 106 f.

17 I.L.A.-Kollektiv (Hrsg.) (2017): Auf Kosten anderer?, S. 13.

18 I.L.A.-Kollektiv (Hrsg.) (2019): Das gute Leben für alle, S. 53.

19 KPMG International (2012): Expect the Unexpected [www.kpmg.com, 2012].

20 Kohr, Leopold (2002): Das Ende der Großen – Zurück zum menschlichen Maß, S. 152f.

21 Ebd., S. 88.

22 Schumacher, Ernst Friedrich (2013): Small is beautiful. Die Rückkehr zum menschlichen Maß, S. 49.

23 Ebd., S. 122.

24 Ebd., S. 65.

25 Ebd., S. 157.

26 Hopkins, Rob (2013): Einfach. Jetzt. Machen!

27 Bauer, Joachim (2019): Wie wir werden, wer wir sind.

28 Wehling, Elisabeth (2018): Politisches Framing, S. 68.

29 Vgl. Gebser, Jean (1973): Ursprung und Gegenwart.

30 Wehling, Elisabeth (2018): Politisches Framing, S. 39.

31 Ebd., S. 43.

32 Arvay, Clemens G. (2016): Der Biophilia-Effekt, S. 63.

33 Gronemeyer, Marianne (2018): Die Grenze, S. 75.

34 Koch, Thomas (2018): Nie war die Botschaft so wertlos wie heute, in: Wirtschaftswoche, 09.10.2018.

35 Schmelzer, Matthias, Andrea Vetter (2019): Degrowth/Postwachstum, S. 86.

36 Eisenstein, Charles (2019): Klima – eine neue Perspektive., S. 22f.

37 Hunecke, Michael (2013): Psychologie der Nachhaltigkeit.

38 Scheub, Ute (2006): Das falsche Leben, S. 283.

39 Schumacher, Ernst Friedrich (2013): Small is beautiful. Die Rückkehr zum menschlichen Maß, S. 40.

40 UN: World Happiness Report; Layard, Richard (2009): Die glückliche Gesellschaft; Stefan Klein (2002): Die Glücksformel.

41 Lessenich, Stephan (2018): Neben uns die Sintflut; I.L.A.-Kollektiv (Hrsg.) (2019): Das gute Leben für alle, S. 95.

42 Precht, Richard David (2019): Die Menschen lieben Verbote, in: Augsburger Allgemeine, 09.07.2019.

43 Bergmann Gustav / Daub, Jürgen (2012): Das menschliche Maß, S. 20.

44 Dürr, Hans-Peter (2011): Das Lebendige lebendiger werden lassen.

45 Schüring, Joachim (2003): Wie viele Zellen hat der Mensch?,

in: Spektrum der Wissenschaft, 27.07.2003.

46 Westphalen, Andreas von (2019): Die Wiederentdeckung des Menschen, S. 119.

47 Rees, Martin (2016): Ein blasser blauer Punkt. In: James Lovelock (Hg.): Die Erde und ich, S. 25.

48 UPI: Leistungen und Funktionen der Biosphäre – Ein System-Vergleich mit der menschlichen Zivilisation [http://www.upi-institut.de/upi15.htm].

49 Cramer, Friedrich (1998): Symphonie des Lebendigen. Versuch einer allgemeinen Resonanztheorie, S. 53.

50 Ebd., S. 80.

51 Ebd., S. 223.

52 Brensing, Karsten (2018): Die Sprache der Tiere., S. 29 ff., 43, 80, 95 f., 111, 185.

53 Brensing, Karsten (2019): Was kann das Tier? in: Diehl, Elke/Tuider, Jens (Hrsg.): Haben Tiere Rechte?, S. 336 ff.

54 Mancuso, Stefano/Viola, Alessandra (2015): Die Intelligenz der Pflanzen, S. 9 f., 92 ff., 125, 128.

55 Wohlleben, Peter (2015): Das geheime Leben der Bäume; ders. (2019): Das geheime Band zwischen Mensch und Natur.

56 Lanz, Martin/Baumgartner, Lucien (2017): Je mehr Wohlstand, desto weniger anteilige Ausgaben fürs Essen, in: NZZ, 02.11.2017.

57 Pollan, Michael (2017): Essen Sie nichts, was Ihre Großmutter nicht als Essen erkannt hätte.

58 I. L. A.-Kollektiv (Hrsg.) (2017): Auf Kosten anderer?, S. 67.

59 Ebd., S. 68.

60 Ebd., S. 39.

61 Grain (2013): Food, Climate Change and Healthy Soils, in: UNCTAD (Hrg): Wake Up Before It is Too Late. Trade And En-vironment Review, S. 20 ff.

62 Wallace, Rob (2020): Coronavirus: »Agrarindustrie würde Millionen Tote riskieren« [https://amerika21.de/analyse/238220/coronavirus-und-agrarindustrie].

63 Weiss, Sandra (2019): Pestizide kommen zurück nach Europa, in: Tagesspiegel, 01.07.2019.

64 Busse, Tanja (2015): Die Wegwerfkuh, S. 11.

65 Heubuch, Maria (2018): Jeder Hof zählt, S. 26.

66 I. L. A.-Kollektiv (Hrsg.) (2017): Auf Kosten anderer?, S. 65, 67.

67 www.zdf.de/dokumentation/planet-e/planet-e-wie-regional-sind-unsere-lebensmittel-beitrag-umfragewerte-100.html

68 Ökotest 9/2011.

69 Zu finden auf www.bmel.de.

70 www.euractiv.de/section/
eu-innenpolitik/news/
versorgung-mit-regionalen-
produkten-eu-regeln-machen-
es-kantinen-schwer/

71 Zasada, Ingo et al (2017): Food
beyond the city [www.science
direct.com].

72 Thurn, Valentin/Oertel, Gundula/
Pohl, Christine (2018): Genial lokal,
S. 31.

73 Joseph, Sarah (2016): Can regional, organic agriculture feed the
regional community? HafenCity
Universität.

74 Thurn, Valentin/Oertel, Gundula/
Pohl, Christine (2018): Genial
lokal, S. 32.

75 Ebd.

76 Ebd.

77 Scheub, Ute/Schwarzer, Stefan
(2017): Humusrevolution.

78 Hollricher, Katrin (2019): Kommt
bald das Ende der Monokultur in
der Landwirtschaft? [www.hori
zonte-magazin.ch; 05.12.2019].

79 Léger, François (2015): Etude
Maraîchage biologique perma-
culturel et performance
économique, Rapport final,
AgroParisTech [https://inra-
dam-front-resources-cdn.
brainsonic.com/ressources/
afile/362783-745d0-resource-rap
port-final-bec-hellouin.pdf].

80 Scheub, Ute/Schwarzer, Stefan
(2017): Humusrevolution.

81 Perrine and Charles Hervé-
Gruyer (2016): Miraculous Abun-
dance, S. 198.

82 www.querfeldein.bio

83 Heinrich-Böll-Stiftung et al.
(2018): Fleischatlas, S. 10 f.

84 Brensing, Karsten (2018): Die
Sprache der Tiere, S. 209.

85 Albert-Schweitzer-Stiftung
(2018): Vegan macht viele Menschen satt.

86 Nezik, Ann-Kathrin (2019):
Jeder Veganer spart jährlich zwei
Tonnen an Treibhausgasen,
in: Spiegel Online, 26.04.2019.

87 Scheub, Ute/Schwarzer, Stefan
(2017): Humusrevolution, S. 170;
Hawken, Paul (2019): Draw-
down – der Plan, S. 141, 380.

88 Johan Rockström et al. (2019):
Food in the Anthropocene. The
EAT-Lancet Commission on
healthy diets from sustainable
food systems. Zahlen leicht
gerundet.

89 Jahrberg, Heike (2019): Klimaforscher fordert Prämie von 30 Euro
für Bio-Lebensmittel, in: Tagesspiegel, 30.04.2019.

90 Schießl, Michaela (2020): Wie
sich die Landwirtschaft mit
zehn Euro pro Monat umkrempeln ließe, in: Spiegel Online,
13.01.2020.

91 Institut für Welternährung: Es grünt so grün. Kommentar von Wilfried Bommert, 14.01.2020.

92 Shiva, Vandana (2020): Rede beim »Suppn Talk« in der Heinrich-Böll-Stiftung, 18.01.2020.

93 Carrington, Damian (2019): Tree planting has mind-blowing potential to tackle climate crisis, in: Guardian, 04.07.2019.

94 www.plantfortheplanet.org/de

95 Eisenstein, Charles (2019): Klima – eine neue Perspektive. S. 60, 126, 129.

96 Ebd., S. 79, 123 ff.

97 I. L. A.-Kollektiv (Hrsg.) (2017): Auf Kosten anderer?, S. 61 ff.

98 Grace Foundation (Hrsg) (2019): Defend the Sacred – Wenn das Leben siegt, wird es keine Verlierer geben, S. 47 ff.

99 Ebd., S. 16.

100 Ebd., 48 ff.

101 Jacobs, Stefan (2019): Saubere Lösung, in: Tagesspiegel, 03.07.2019.

102 www.bluecommunityberlin.de

103 Wie wir den Amazonas retten können. Gespräch mit dem brasilianischen Klimatologen Carlos Nobre. Fluter, 17.09.2019.

104 Fersterer, Matthias: Wir sind Natur – was sonst?, in: Oya 43/17.

105 Niesen, Peter (2019): Menschen und Tiere: ein politisches Verhältnis, in: Diehl, Elke/Tuider, Jens (Hrsg.): Haben Tiere Rechte? bpb, S. 379 ff.

106 Drösser, Christoph (2018): Lassen sich auf fast allen Geldscheinen wirklich Spuren von Kokain nachweisen? In: Zeit-Online, 16.11.2018.

107 Gehl, Jan (2018): Städte für Menschen, S. 95.

108 Ebd., S. 59.

109 O. V. (2014): Die Menschen in Bewegung setzen – Interview mit Jan Gehl, in: Brandeins.

110 Ebd., S. 118.

111 Gehl, Jan (2018): Städte für Menschen, S. 140.

112 Ebd., S. 145 ff.

113 Ebd., S. 149 f.

114 Arvay, Clemens G. (2016): Der Biophilia-Effekt, S. 76.

115 Scheub, Ute et al. (2013): Terra Preta, S. 173 ff.

116 Guérot, Ulrike/Menasse, Robert (2016): Grenzen abschaffen und laufen lassen; Le Monde Diplomatique, 14.02.2016.

117 Van Hoof, Walter (2019): 3D-Druck in Omas Wohnzimmer, in: Tagesspiegel, 01.07.2019.

118 Koller, Andreas (2016): Das Wunder von Medellín. Zeitpunkt 147.

119 Mingels, Guido (2016): Früher war alles schlechter, in: Spiegel, 28.05.2016.

120 Ehlers, Manuel: Nie wieder abreißen, in: www-mag.de, 8/19.

121 www.verbietet-das-bauen.de

122 Heißenbüttel, Dietrich (2019): Spekulanten den Boden entziehen. Kontext 17.08.2019.

123 Schneller, besser, billiger, in: SZ-Beilage Webimmobilien, September 2019.

124 www.massivesmall.org

125 Helfrich, Silke/Bollier, David (2019): Frei, fair und lebendig – die Macht der Commons.

126 Widmer, Hans et al. (2016): Nach Hause kommen, S. 85ff.

127 Ebd., S. 47.

128 Stöcker, Christian (2019). Es gibt jetzt keine Ausreden mehr, in: Spiegel Online, 14.07.2019; ders: Klimawandel-Prognose, in: Spiegel Online, 12.07.2019.

129 O.V. (2019): Summer in the City: Strategien gegen Hitze, in: www.ingenieur.de; 05.08.2019.

130 O.V. (2019): Warnung an Städte weltweit, in: Spiegel Online, 17.07.2019.

131 Schaudwet, Christian (2019): Umwerfende Aussichten, in: Tagesspiegel, 15.07.2019.

132 Hoffmann, Marc (2019): Grüne Dächer als Hilfe bei Starkregen, in: NDR Info, 10.07.2019.

133 Wohlleben, Peter (2020): Man kann die Natur nicht kaputtmachen, in: Interview im Tagesspiegel, 19.01.2020.

134 Kravcík, Michal et al. (2007): Water for the Recovery of the Climate – A New Water Paradigm, www.waterparadigm.org.

135 Gensichen, Uta (2016): Stadt der Zukunft, in: Schrot & Korn, 02/16.

136 https://biotope-city.com/de

137 Müller-Meiningen, Julius (2012): Den Wald ans Haus holen, in: Deutschlandradio, 26.04.2012.

138 O.V. (2012): Großstadtdschungel, in: Süddeutsche, 01.08.2012.

139 O.V. (2020): Hanf wird innen und außen im Flat von Cambridgeshire verwendet, in: Die Architektur, 12.01.2020.

140 Scheub, Ute et al. (2017): Terra Preta, S. 66ff.

141 Paradiesische Zustände, in: taz, 07.09.2019.

142 Haas, Michaela (2018): Visionen eines Fungi-Tekten, in: Süddeutsche, 03.02.2018.

143 Mühle, Karsten (2019): Ein Waldgarten für Berlin. in: Wirtschaftswoche 04.09.2019.

144 Schrader, Christopher (2018): Wie Städte gegen den Klimawan-

del kämpfen, in: Süddeutsche, 18.09.2018.

145 https://globalparliamentof mayors.org/

146 Kern, Verena (2019): Die Not(wendigkeit) der Netzwerke, www-mag.de 8/19.

147 O. V. (2017): US-Gouverneure und Bürgermeister stellen sich gegen Trump, in: Zeit Online, 02.07.2017.

148 Schmitt, Stefan (2018): Die Mutmacher, in: ZEIT, 12.09.2018; Christopher Schrader (2018): Wie Städte gegen den Klimawandel kämpfen, in: Süddeutsche, 18.09.2018.

149 GermanZero (2019): Der 1,5-Grad-Klimaplan für Deutschland, www.germanzero.de.

150 Finn Mayer-Kuckuk (2019): Allgemeinheit trägt die Kosten für die Autos mit, in: taz, 27.08.2019.

151 Heinrich-Böll-Stiftung (2019): Mobilitätsatlas, S. 30.

152 Arvay, Clemens G. (2016): Der Biophilia-Effekt, S. 72.

153 Gehl, Jan (2018): Städte für Menschen, S. 179.

154 Ebd., S. 83.

155 Die Menschen in Bewegung setzen. Interview mit Jan Gehl, 2014.

156 Zentrum von Paris soll Fußgängerzone werden, in: Spiegel Online, 15.11.2018; Stefanie Jakob:

Revolutionäre Pläne: Bürgermeisterin will Paris umbauen, damit Autos verschwinden, in: Utopia.de, 13.02.2020.

157 O. V. (2019): Monheim: Nahverkehr künftig kostenlos, in: Spiegel Online 10.07.2019.

158 O. V. (2019): Erste französische Stadt führt für alle Straßen Tempo 30 ein, in: Zeit Online, 08.07.2019.

159 Vitoria-Gasteiz (2018): Grüne Stadt für Menschen, www.boell.de, 20.12.2018.

160 www.travelbook.de/ziele/staedte/ pontevedra-spanien

161 O. V. (2019): Wie in Utrecht: Erste deutsche Stadt hilft Bienen mit Bushaltestellen, in: Utopia.de, 26.07.2019.

162 O. V. (2019): Der niederländische Honey Highway: Wildblumen-Boom an Hollands Straßen, in: Trendsderzukunft, 10.07.2019.

163 Schulze, Ralph (2019): Dicke Luft in Spanien, in: Tagesspiegel, 29.07.2019.

164 I.L.A.-Kollektiv (Hrsg.) (2017): Auf Kosten anderer?, S. 80.

165 Merlot, Julia (2019): Flugverkehr schadet dem Klima mehr als gedacht, in: Spiegel Online, 27.06.2019; I.L.A.-Kollektiv (Hrsg.) (2017): Auf Kosten anderer?, S. 82.

166 O. V. (2019): Bundesbehörden unternahmen 2018 fast 230.000 Inlandsflüge, in: Spiegel Online, 25.07.2019.

167 Kopatz, Michael (2019): Schluss mit der Ökomoral!, S. 15.

168 Leonard, Annie (2005): The Story of Stuff, S. 295.

169 Ebd., S. 308.

170 www.sonnenseite.com/de/wirt schaft/diese-20-konzerne-treiben-die-klimakrise-voran.html

171 Felber, Christian (2017): Ethischer Welthandel, S. 58.

172 Ebd., S. 20.

173 Palan, Dietmar/Werle, Klaus (2011): Wenn 147 Konzerne die ganze Wirtschaft kontrollieren, in: Züricher Tagesanzeiger, 23.10.2011.

174 www.bpb.de/nachschlagen/ zahlen-und-fakten/globalisie rung/52602/finanzderivate

175 O. V. (2011): Studie vergleicht Händler mit Psychopathen, in: Manager-Magazin, 25.09.2011.

176 Oldag, Andreas (2011): Banker im Drogenrausch, in: Süddeutsche, 13.10.2011.

177 Schumann, Harald (2019): Kluge Regeln statt Konzernwirtschaft, in: Tagesspiegel, 14.04.2019.

178 Operation Bahn. Dokfilm, in: ARD, 18.11.2019.

179 Luik, Arno (2019): Schaden in der Oberleitung.

180 Fromm, Thomas/Schmidbauer, Jan (2019): Gib's mir, in: Süddeut-sche, 06.06.2019.

181 Diener, Ed et al. (1985): Happiness of the very Wealthy. In: Social Indicators Research 16, S. 263ff.

182 Laloux, Frédéric (2014): Reinven-ting Organzisations, S. 3f.

183 Hubschmid, Maris (2011): Ganz globaler Wahnsinn, in: Tagesspie-gel 04.09.2011.

184 Klein, Hanna (2019): Schlimmer als Kreuzfahrten – Modewahn-sinn zerstört Umwelt. Focus Online, 27.07.2019.

185 Bergmann, Gustav/Daub, Jürgen (2012): Das menschliche Maß, S. 82.

186 Bode, Thilo (2018): Diktatur der Konzerne, S. 83.

187 www.footprint-network.org

188 www.germanwatch.org/de/ overshoot

189 www.worldwatch.org

190 Jensen, Annette/Scheub, Ute (2015): Glücksökonomie, S. 19f.

191 Bernhard Pötter: Superminis-terium für die Umwelt, in: taz, 27.06.2019.

192 www.bertelsmann-stiftung.de/ de/presse/pressemitteilungen/ pressemitteilung/pid/umfrage-buerger-wollen-kein-wachstum-um-jeden-preis/

193 Schmelzer, Matthias, Andrea Vetter (2019): Degrowth/Postwachstum, S. 18.

194 Florian Diekmann: Deutsche wollen mehr Staat, in: Spiegel Online, 30.10.2019.

195 Wuppertal-Institut: Erfolgsbedingungen für Systemsprünge und Leitbilder einer ressourcenleichten Gesellschaft. Wuppertal Texte 84/2018.

196 www.gruene-bundestag.de, unter »Publikationen«.

197 Schluss mit WachstumWachstumWachstum, in: Zeit-Online, 17.09.2018.

198 Laloux, Frédéric (2014): Reinventing Organzisations, S. 76.

199 Ebd., S. 70.

200 West, Geoffrey (2019): Scale, Penguin S. 485ff.

201 www.br-online.de/jugend/izi/deutsch/Grundddaten_Jugend_Medien.pdf

202 www.presseportal.de/pm/67391/2240806

203 WZB: Schnelles Internet hilft populistischen Parteien, in: Pressemitteilung, 19.02.2020.

204 Westphalen, Andreas von (2019): Die Wiederentdeckung des Menschen, S. 40.

205 O. V. (2019): Ehrlichkeitstest mit verlorenem Portemonnaie – gibt der Finder es zurück?, in: Spiegel Online, 20.06.2019.

206 Westphalen, Andreas von (2019): Die Wiederentdeckung des Menschen, S. 71.

207 Precht, Richard David (2012): Die Kunst, kein Egoist zu sein, S. 316.

208 Westphalen, Andreas von (2019): Die Wiederentdeckung des Menschen, S. 156.

209 Ebd., S. 83.

210 Ebd., S. 113.

211 Ebd., S. 139.

212 Moulin, Margarete (2016): Die unterkuschelte Gesellschaft, in: taz, 30.04.2016.

213 Westphalen, Andreas von (2019): Die Wiederentdeckung des Menschen, S. 43.

214 Bauer, Joachim (2011): Schmerzgrenze.

215 Leonard: a.a.O., S. 275.

216 Westphalen, Andreas von (2019): Die Wiederentdeckung des Menschen, S. 46.

217 Kohn, Alfie (1992): No contest.

218 Wißmann, Christian (2015): Kontrolle ist gut. Vertrauen ist besser, in: Spiegel Online, 29.08.2015.

219 Laloux, Frédéric (2014): Reinventing Organizations, S. 136.

220 O. V. (2019): Was Chefs von oben entscheiden, bewirkt oft wenig, in: Spiegel Online, 27.03.2019.

221 Laloux, Frédéric (2014): Reinventing Organizations, S. 110.

222 Ebd., S. 128.

223 Ebd., S. 88f.

224 www.opensourceecology.org; www.opendesk.cc; https://openprosthetics.org

225 www.wikihouse.cc; www.open buildinginstitute.org; www.vivi house.cc; https://openfarm.cc; https://soliterre.openolitor.ch; www.openstreetmap.de; https://nextcloud.com

226 Dörries, Bernd (2019): Wo die Hoffnung wächst, in: Süddeutsche, 12.10.2019.

227 Rifkin, Jeremy (2014): Die Null-Grenzkosten-Gesellschaft, S. 136.

228 Ebd., S. 139.

229 https://www.youtube.com/watch?v=5-iDUcETjvo

230 Vetter, Andrea: Konviviale Technik. Unveröffentlichte Dissertation der Humboldt-Universität Berlin.

231 Benyus, Janine (2009): Biomimicry in action, TED Talk.

232 Kohr, Leopold (2002): Das Ende der Großen. Zurück zum menschlichen Maß, S. 136.

233 Hoch, Markus et al. (2019): Jobwende [www.prognos.com].

234 Vgl. dazu: Rammler, Stephan (2017): Volk ohne Wagen.

235 Waldtiere heilen sich selbst [naturwald-akademie.org]; Auch Tiere nehmen Medizin [www.scinexx.de].

236 O. V. (2017): Pflanzen wehren sich [www.planet-wissen.de].

237 Rosling, Hans (2018): Factfulness, S. 70, 72, 116, 285.

238 www.statista.com

239 Frietsch, Martina (2019): Psychosomatik [www.planet-wissen.de].

240 www.smartworkers.net/2018/03/schoene-neue-arbeitswelt-arbeitsrecht-mit-realitaetsverlust/

241 Bauer, Joachim (2015): Selbststeuerung, S. 119f.

242 Hontschik, Bernd (2015): Körper, Seele, Mensch., S. 41ff.

243 Sontag, Susan (2005): Krankheit als Metapher.

244 Gröbe, Sascha (2013): Worte sind Medizin, Risiken und Nebenwirkungen unserer Sprache. Unveröffentlichter Vortrag.

245 Bartens, Werner (2010): Körperglück, S. 25.

246 Bauer, Joachim (2015): Selbststeuerung, S. 124.

247 Ebd., S. 128.

248 Ebd., S. 132f.

249 O. V. (2019): Gesundheitswirtschaft als Job-motor. www.bundesgesundheitsministerium.de, 15.05.2019.

250 O.V. (2011): Das sind die größten Branchen in Deutschland, in: t-online.de, 23.12.2011.

251 Hontschik, Bernd (2015): Körper, Seele, Mensch, S. 17.

252 Hontschik, Bernd (2018): Das Märchen von den teuren Alten, in: taz, 04.11.2018.

253 Ebd.

254 Gürgen, Malene (2016): Krankenpflege stillgelegt, in: taz, 26.11.2016.

255 Fricke, Anno (2020): Klinikärzte stoßen an ihre Grenzen, in: Ärztezeitung, 23.1.2020.

256 Bartens, Werner (2010): Körperglück, S. 222.

257 Hontschik, Bernd (2015): Körper, Seele, Mensch, S. 23, 130.

258 O.V. (2020): Die Folgen der Fallpauschalen, Interview mit Gerald Gaß, in: Deutschlandfunk Kultur 02.04.2020; O.V. (2020): System der Fallpauschale ›in vielerlei Hinsicht gescheitert‹, Interview mit Giovanni Maio, in: Deutschlandfunk, 19.04.2020.

259 Quentin Ravelli (2020): Die Stunde von Big Pharma, in: Le Monde Diplomatique.

260 Grüne im Bundestag (Hrsg): Jahreswohlstandsbericht 2019, S. 34f.

261 Bartens, Werner (2010): Körperglück, S. 17.

262 Hellner, Clara (2019): Gendermedizin: Männer sind halt keine Patientinnen, in: ZEIT-online, 25.02.2019.

263 Vgl. dazu u.a.: Klein, Stefan (2002): Die Glücksformel; Layard, Richard (2009): Die glückliche Gesellschaft; UN (Hrsg.) (2012 bis 2019): World Happiness Reports.

264 Klein, Stefan (2002): Die Glücksformel, S. 172.

265 Ebd., S. 173, 196.

266 Pickett, Kate/Wilkinson, Richard (2009): Gleichheit ist Glück.

267 O.V. (2019): So glücklich wie zuletzt beim Mauerfall, in: KNA/epd, 05.11.2019.

268 http://demenzrisiko.de

269 O.V. (2018): Ziel: Profitmaximierung, https://gesundheit-soziales. verdi.de; Tina Groll (2018): Geld verdienen mit Pflege, in: Zeit Online, 23.12.2018.

270 3. Pflege-Qualitätsbericht des MDS, Essen, April 2012; epd und dpa 01.02.2018.

271 O.V. (2019): Mein Beruf könnte so schön sein, anonymisierter Bericht einer Pflegerin, in: Tagesspiegel, 04.11.2019.

272 Heintze, Cornelia (2018): Meilenweit entfernt von dänischen Verhältnissen, in: Zeit Online, 28.05.2018.

273 Bigalke, Silke (2014): Skandinavische Pfleger sind Akademiker, in: Stuttgarter Zeitung 24.01.2014.

274 Heintze, Cornelia (2018): Meilenweit entfernt von dänischen Verhältnissen, in: Zeit Online, 28.05.2018.

275 Der Text erschien zuerst in OXI, August 2019.

276 Arvay Clemens G. (2016): Der Biophilia-Effekt. S. 33, 117, 122 ff.

277 O. Kardan et al. (2015): Neighborhood greenspace and health in a large urban center, in: Scientific Reports, 5 [https://doi. org/10.1038/srep11610].

278 Berbner, Bastian/Stelzer, Tanja/ Uchatius, Wolfgang (2017): Rechtspopulismus, in: Zeit, 19.01.2017.

279 Nierth, Claudia (2019): Rundschreiben von Mehr Demokratie, 01.10.2019.

280 www.mehr-demokratie.de/ buergerrat/, www.youtube.com/ watch?v=gKq0RvjM4cc

281 Rohr, Jascha et al. (2019): Bundesrepublik 3.0. Umweltbundesamt, Texte 40/2019.

282 Visotschnig, Erich (2019): Nicht über unsere Köpfe, S. 9.

283 Zitiert nach Laloux, Frédéric (2014): Reinventing Organizations, S. 44.

284 Stephanie Rohde (2019): Wie der Ekel das politische Denken

bestimmt. Gespräch mit Philipp Hübl, in: Deutschlandfunk, 14.04.2019.

285 Goodhart, David (2017): The Road to Somewhere.

286 Scheub, Ute (2018): Statuspanik, www.republik.ch, 31.12.2018.

287 Lohse, Eckard (2016): Eine eigene Wirklichkeit für die Anhänger, in: FAZ, 31.11.2016.

288 Adorno, Theodor W. (1968): Der autoritäre Charakter.

289 O. V. (2019): Unehrlichkeit wird weitergegeben. Interview mit Otto Kernberg, in: taz, 10.08.2019.

290 Renz-Polster, Herbert (2019): Erziehung prägt Gesinnung.

291 Köpping, Petra (2018): Integriert doch erstmal uns!

292 Stephanie Rohde (2019): Wie der Ekel das politische Denken bestimmt. Gespräch mit Philipp Hübl, in: Deutschlandfunk, 14.04.2019; Inglehart, Ronald: World Values Survey [www. worldvaluessurvey.org].

293 Putnam, Robert (1993): Making Democracy Work.

294 Bergmann Gustav/Daub, Jürgen (2012): Das menschliche Maß, S. 107.

295 Mehr Demokratie (Hrsg.) (2016): Politik braucht Beteiligung!, S. 20.

296 Janzing, Bernward (2019): Null CO_2 ist das Ziel, in: Klimareporter, 07.08.2019.

297 Sale, Kirkpatrick (2015): To the Size of States there is a Limit, in: The Abbeville Review, 03.12.2015.

298 Brooks, David (2018): The Localist Revolution, in: New York Times, 19.07.2018.

299 Kohr, Leopold (2002): Das Ende der Großen. Zurück zum menschlichen Maß, S. 245.

300 O. V. (2019): Mehr als eine Million Feinstaub-Tote pro Jahr. Interview mit Hans Joachim Schellnhuber, in: Deutschlandfunk, 13.08.2019.

301 Pei, Minxin (2019): Quittung für den Alleinherrscher, in: Tagesspiegel 22.12.2019.

302 Kretschmar, Fabian (2020): Pekings Führung unter Druck, in: taz, 29.01.2020.

303 www.bpb.de/internationales/europa/russland/analysen/242792/umfrage-nationale-identitaet-patriotismus-world-values-survey-letzte-erhebungsphase-20102014-gesetz-ueber-auslaendische-agenten

304 Kohr, Leopold (2002): Das Ende der Großen. Zurück zum menschlichen Maß, S. 126.

305 World Happiness Report, New York 2019.

306 Kohr, Leopold (2002): Das Ende der Großen. Zurück zum menschlichen Maß, S. 74.

307 Ebd., S. 81.

308 Ebd., S. 99.

309 Ebd., S. 247.

310 O. V. (2019): Das Jahr der Entschlossenen, in: taz, 31.12.2019.

311 O. V. (2019): From Subsidiarity to Success: The impact of decentralisation on economic growth [https://aer.eu/].

312 EU-Commission (Hrg.) (2016): Supporting decentralisation, local governance, local development through a territorial approach.

313 Hentschel, Karl-Martin (2019): Demokratie für morgen, S. 73.

314 Frey, Bruno/Frey Marti, Claudia (2010): Glück – die Sicht der Ökonomie., S. 79ff.

315 Dunbar, Robin (1992): Neocortex size as a constraint on group size in primates. Journal of Human Evolution, S. 469ff.

316 Spitzer, Manfred (2011): Die Dunbar-Zahl: Zur Größe von Gehirnen und Freundeskreisen. Nervenheilkunde 30/2011, S. 713ff.

317 O. V. (2018): In der Regel drei Jahre, in: Tagesspiegel, 09.10.2018.

318 Groth, Klaus-Dieter (2019): Hundert Jahre Bräsigkeit, in: Tagesspiegel, 02.04.2019.

319 Angaben in www.statista.com.

320 Hentschel, Karl-Martin (2019): Demokratie für morgen, S. 71, 79.

321 Storbeck, Olaf (2011): Direkte Demokratie hält den Staat schlank, in: ZEIT, 28.12.2011.

322 Scheidler, Fabian (2017): Chaos, S. 174.

323 Münch, Peter (2019): Parlament im Akkord, in: Süddeutsche, 02.07.2019.

324 https://europeanbalconyproject. eu/en/manifesto

325 Guérot, Ulrike (2016): Warum Europa eine Republik werden muss, S. 150 ff.

326 Guérot, Ulrike (2017): Der neue Bürgerkrieg, S. 82.

327 Vgl. Scheub, Ute (2019): Europa – die unvollendete Demokratie.

328 Bummel, Andreas (2019): Die Weltbevölkerung braucht eine eigene Stimme bei der UNO, in: taz, 18.11.2019.

329 Monbiot, George (2004): Age of Consent.

330 Felber, Christian (2017): Ethischer Welthandel, S. 95, 108.

331 Ebd., S. 98.

332 Ebd., S. 124 f.

333 Ebd., S. 119, 123.

334 Gilding, Paul (2012): Der Klimawandel wird alles ändern – und zwar zum Besseren, S. 304.

335 Marks, Nic, Gründer des Center for Well-being an der New Economics Foundation, zitiert in Gilding, Paul (2012): Der Klimawandel wird alles ändern – und zwar zum Besseren, S. 275.

336 Von Lüpke, Geseko (2003): Politik des Herzens. Interview mit Manfred Max-Neef, S. 250.

Danksagung

Wir danken herzlich für ihre Unterstützung folgenden Personen in alphabetischer Reihenfolge: Thomas Dönnebrink, Annette Jensen, Laura Kohlrausch, Taletta Küttner, Volker Scheub.

Bildnachweis

S. 53 Homo vitruvianus, © caifas, stock.adobe.com

S. 54 **oben links und rechts, unten links** © Volker Scheub; **oben links** © Florian Pircher, pixabay.com

S. 55 **oben** © Volker Scheub; **unten** © WhisperingJane_ASMR, pixabay.com

S. 56 **oben** © Steve Buissinne, pixabay.com; **unten** © DarkWorkX, pixabay.com

S. 57 **oben** © Volker Scheub; **unten** © Rungroj pakdeejoho, shutterstock.com

S. 58 **oben links und unten** © Volker Scheub; **oben rechts** © Ute Scheub

S. 59 **oben** © Sabine van Erp, pixabay.com; **unten** © Spiroview Inc, shutterstock.com

S. 60 **oben** © ArTo, stock.adobe.com; **unten** © spuno, stock.adobe.com

S. 61 **oben rechts** WASP; **oben links** © Pack-Shot, shutterstock.com; **unten links** Tiny Foundation; **unten rechts** Thomas Dönnebrink

S. 62 **oben** Christian Küttner; **unten** © hareluya, shutterstock.com

S. 63 **oben** Christian Küttner; **unten** © Artram, shutterstock.com

S. 64 **oben links** Volker Scheub; **oben rechts** © Efraimstochter, pixabay.com; **unten** © Luidmila Kot, pixabay.com

 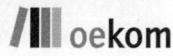